Die Entscheidung des ECOFIN-Rats über das Vorliegen eines übermäßigen Defizits

Kölner Schriften zu Recht und Staat

Herausgegeben von
Prof. Dr. Hartmut Schiedermair und
Prof. Dr. Bernhard Kempen

Band 30

PETER LANG
Frankfurt am Main · Berlin · Bern · Bruxelles · New York · Oxford · Wien

Julia Schäfer

Die Entscheidung des ECOFIN-Rats über das Vorliegen eines übermäßigen Defizits

Eine Entscheidung zwischen Politik und Recht

PETER LANG
Europäischer Verlag der Wissenschaften

Bibliografische Information der Deutschen Nationalbibliothek
Die Deutsche Nationalbibliothek verzeichnet diese Publikation in der Deutschen Nationalbibliografie; detaillierte bibliografische Daten sind im Internet über <http://www.d-nb.de> abrufbar.

Zugl.: Köln, Univ., Diss., 2006

Abbildung auf dem Umschlag:
Historisches Universitätssiegel
der Universität zu Köln.

D 38
ISSN 1433-0253
ISBN 3-631-55722-1
US-ISBN: 0-8204-8726-0

www.peterlang.de

Dem Gedenken an meine Großmutter
Elisabeth Krüllmann, geb. Hölker

Vorwort

Die vorliegende Arbeit wurde im Sommersemester 2006 von der Juristischen Fakultät der Universität zu Köln als Dissertation angenommen.

Ich möchte meinem Doktorvater, Professor Dr. Bernhard Kempen, besonderen Dank aussprechen. Er hat die Entstehung der Arbeit von Beginn an mit wertvollen Ratschlägen begleitet und durch seine Bereitschaft zu fachlichen Diskussionen die Entwicklung der Dissertation bereichert. Darüber hinaus hat er mir eine in fachlicher und persönlicher Hinsicht Gewinn bringende Zeit als Mitarbeiterin in seinem Institut ermöglicht. Ferner bin ich ihm und Professor Dr. Hartmut Schiedermair für die Aufnahme dieser Arbeit in die Schriftenreihe „Kölner Schriften zu Recht und Staat" verbunden. Des weiteren danke ich Professor Dr. Stephan Hobe für die Erstellung des Zweitgutachtens.

Gleichermaßen bedanke ich mich bei Frau Dr. Yvonne Dorf, die mir in allen Fragen bezüglich der Veröffentlichung beratend zur Seite stand.

Besonderer Dank gilt meinem Freund Adam Chaker, der für die arbeitsreichen Phasen meiner Dissertation viel Verständnis zeigte und es immer wieder verstand, mich zu motivieren. Dank schulde ich gleichermaßen meinen Eltern und meinen Freunden, die mich in meinem Vorhaben bestärkt haben.

Schließlich bin ich meinen Großeltern dankbar, dass sie mich während Studium und Promotion liebevoll unterstützt haben. Dem Gedenken an meine Großmutter, die kurz vor der Disputation verstarb, ist diese Arbeit gewidmet.

Inhaltsverzeichnis

Einleitung

A. Problemdarstellung

In den Defizitverfahren gegen Frankreich und Deutschland empfahl die Kommission dem Rat im Herbst 2003[1], festzustellen, dass die von Frankreich und Deutschland durchgeführten Maßnahmen zur erforderlichen Korrektur der jeweiligen Haushaltsdefizitquote ungeeignet seien, Art. 104 Abs. 8 EGV. Außerdem empfahl die Kommission dem Rat, die beiden Mitgliedstaaten mit der Maßgabe in Verzug zu setzen, geeignete Maßnahmen zur Defizitreduzierung vorzunehmen, Art. 104 Abs. 9 EGV. Der Rat in der Zusammensetzung der Wirtschafts- und Finanzminister (ECOFIN-Rat) nahm bei seiner Abstimmung am 25.11.2003[2] diese Empfehlungen jedoch nicht an, sondern setzte das Verfahren eigenmächtig aus. In der Folge dieses Beschlusses, der auch Gegenstand einer Nichtigkeitsklage vor dem EuGH[3] war, ist eine öffentliche Debatte über die Anwendung und Ausgestaltung des Defizitüberwachungsverfahrens entfacht:

Insbesondere bei den Haushaltssündern Deutschland und Frankreich wurde die Sorge geäußert, dass die 3%- Grenze des Staatsdefizits in Zeiten konjunktureller Schwäche konjunkturpolitisch schädlich sei: So kündigte Bundeskanzler Gerhard Schröder bereits im Vorfeld der Beratungen über den Haushalt 2004 an, den Vertrag „flexibel auszulegen", da es falsch wäre, in der Konjunkturflaute zusätzlich zu sparen, „um unter allen Umständen das Defizitkriterium zu erreichen"[4]. Noch deutlicher waren die Ausführungen von Frankreichs Staatspräsident Jâcques Chirac, der in der Ansprache zum 14. Juli 2003 forderte, die

---

[1] Bezüglich Deutschland: Empfehlung der Kommission vom 18.11.2003, Pressemitteilung der Kommission v. 18.11.2003, IP/03/1560; bezüglich Frankreich: Empfehlung der Kommission vm 8.10.2003, Pressemitteilung der Kommission v. 8.10.2003, IP/03/1353; Empfehlung der Kommission vom 21.10.2003, Pressemitteilung der Kommission vom 21.10.2003, IP/03/1420. Sämtliche Pressemitteilungen sind abrufbar unter http://europa.eu.int/rapid/searchActiondo.

[2] 2546. Tagung des Rates der Europäischen Union (Wirtschaft und Finanzen) vom 25. November 2003 in Brüssel, Protokoll v. 12.12.2003, Dok.-Nr. 15272/03.

Abrufbar unter http://register.consilium.eu.int/pdf/de/03/st15/st1572.de03.pdf.

[3] EuGH Rs. C-27/04 (Kommission/Rat), Vgl. EuGH Rs. C-27/04 (Kommission/Rat), Urteil v. 13.7.2004, Rn. 31, ABl. C 228, S. 16 v. 11.9.2004, vollständiger Text des Urteils abrufbar auf der Homepage des EuGH unter: http://curia.eu.int/de/content/juris/index.htm.

[4] Zitiert nach Financial Times Deutschland v. 5.6.2003, S.1 „Schröder stellt Wachstum über Stabilitätspakt".

Möglichkeiten für eine zeitweise Aussetzung des Stabilitäts- und Wachstumspakts müssten geprüft werden[5] .

Die Reformvorschläge des ECOFIN- Rates, die vom Europäischen Rat auf seiner Tagung am 22./23. März 2005 gebilligt wurden[6], nehmen die dargestellten Vorbehalte auf, indem sie der mitgliedstaatlichen Wirtschaftsentwicklung ein stärkeres Gewicht beimessen und beispielsweise eine stärkere Berücksichtigung von Zeiten eines geringeren Wirtschaftswachstums vorsehen. Insgesamt soll dadurch die Eigenverantwortung der Mitgliedstaaten für ihre Finanzpolitik gestärkt werden.

Wegen dieses Trends konjunkturpolitischer Vorbehalte bei der Anwendung und Ausgestaltung des Defizitverfahrens stellt sich die Frage, wie sich dies auf das Abstimmungsverhalten des Rates bei den Entscheidungen im Haushaltsüberwachungsverfahren auswirkt: Wie zuletzt der Beschluss des ECOFIN-Rates vom 25.11.2003 gezeigt hat, kann eine Paktierung der Wirtschafts- und Finanzminister aus Mitgliedstaaten, die selbst Schwierigkeiten mit der Einhaltung der Defizitgrenze haben oder solche befürchten, dazu führen, dass der Sanktionsmechanismus des Art. 104 EGV blockiert wird. Diese Entwicklung gibt Anlass dazu, die rechtlichen Grenzen des ECOFIN-Rates zu untersuchen, wenn er das Vorliegen eines übermäßigen Defizits nach Art. 104 Abs. 6 EGV feststellt. Dieser Beschluss nimmt eine Schlüsselstellung im Defizitüberwachungsverfahren ein, da er konstitutiv für alle weiteren Maßnahmen und Sanktionen nach Art. 104 EGV ist. Ziel der Arbeit ist es, rechtliche Grenzen des Entscheidungsspielraums zu entwickeln und dadurch zugleich einen Beitrag zur Kompetenzabgrenzung zwischen den Gemeinschaftsorganen im Defizitüberwachungsverfahren zu leisten.

B. Gang der Untersuchung

Zur Einführung in die oben aufgezeigte Problematik wird das Verfahren zur Haushaltsüberwachung nach Art. 104 EGV vorgestellt (Kapitel 1), indem dieses zunächst in das Recht der Wirtschafts- und Währungsunion eingeordnet wird. Dann wird die Ausgestaltung des Verfahrens sowohl durch Art. 104 EGV als auch durch primärrechtliche und sekundärrechtliche Ergänzungen des Verfahrens erläutert, die sodann zur Bestimmung wichtiger Begriffe i.R.d. Verfahrens

---

[5] Zitiert nach Financial Times Deutschland v. 15.07.2003, S. 1 „Chirac rüttelt am Stabilitätspakt".

[6] Tagung des Europäischen Rates, Brüssel, 22./23. März 2005, Schlussfolgerungen des Vorsitzes, 23.März 2005, Dok.-Nr. 7619/05.
Abrufbar im Internet unter http://ue.eu.int/ueDocs/cms_Data/docs/pressData/de/ec/84347.pdf.

wie „Defizit“, „übermäßiges Defizit“ und der Referenzwerte für das öffentliche Defizit und den öffentlichen Schuldenstand herangezogen werden. In einem Überblick über die Stadien des Verfahrens wird bereits das Augenmerk auf die in der Untersuchung interessierende Entscheidung des Rates über das Vorliegen eines übermäßigen Defizits (Art. 104 Abs. 6 EGV) gerichtet.

Im Folgenden werden Annäherungen an eine rechtliche Qualifizierung der Entscheidungsfreiheit (Kapitel 2) vorgenommen, wobei die Funktion und Wirkung von Entscheidungsfreiheit im Gemeinschaftsrecht von Bedeutung ist.

Den Schwerpunkt der Arbeit bildet die Entwicklung rechtlicher Kriterien, die der Entscheidungsfreiheit des Rates Grenzen ziehen können (Kapitel 3-5). Als mögliche Quellen für solche Maßstäbe werden zunächst gemeinschaftsrechtliche Zielbestimmungen untersucht (Kapitel 3). Hierbei wird die Frage von Interesse sein, wie sich allgemeine Zielbestimmungen zu Zielnormen in der Wirtschaftspolitik verhalten und welche Bedeutung der Preisstabilität gegenüber anderen wirtschaftspolitischen Zielnormen zukommt.

Im weiteren Fortgang der Untersuchung wird erörtert, welche inhaltlichen Grenzen sich aus dem Stabilitäts- und Wachstumspakt für die Entscheidung des Rates nach Art. 104 Abs. 6 EGV ergeben und welche Spielräume die einzelnen Elemente des Statbilitäts- und Wachstumspakts für weitere Konkretisierungen der Entscheidungsfreiheit im Rahmen von Reformen des Pakts bieten (Kapitel 4).

Einer eingehenden Untersuchung bedarf die Frage, ob die Grundsätze der Horizontalen Kompetenzverteilung zwischen Rat und Kommission als Rechtsquelle für Grenzen der Entscheidungsfreiheit des Rates dienen können (Kapitel 5). Dazu werden zunächst die allgemeinen Grundsätze der horizontalen Kompetenzverteilung in der EG erörtert. Hierbei erfolgt insbesondere eine Auseinandersetzung mit dem Prinzip des institutionellen Gleichgewichts, das daraufhin untersucht wird, inwiefern es als normatives Gestaltungsprinzip gelten kann.

Abschließend soll dargestellt werden, wie mögliche Überschreitungen der zuvor ermittelten Grenzen der Entscheidungsfindung gerichtlich überprüft werden können (Kapitel 6).

Das Manuskript wurde am 1. Juli 2005 geschlossen, so dass sich die angewandten Rechtsvorschriften auf den Stand zu diesem Zeitpunkt beziehen. Darüber hinaus wird im Rahmen der Ausführungen zum Stabilitäts- und Wachstumspakt auf die geänderten Fassungen der Verordnungen EG 1466/97[7] und 1467/97[8] hingewiesen, die als Abschluss der Reform des Stabilitäts- und Wachstumspakts vom Rat am 27.6.2005 beschlossen wurden[9]. Zur besseren Übersicht ist im Anhang die Verordnung 1467/97 und der entsprechende Vorschlag zur Änderungsverordnung abgedruckt.

Ebenfalls bis zum 1. Juli 2005 wurden die relevante Entscheidungspraxis von Kommission und Rat zum Defizitüberwachungsverfahren sowie die einschlägige Rechtsprechung des EuGH berücksichtigt.

---

7 Endgültige Fassung des Vorschlags der Kommission für eine Verordnung des Rates zur Änderung der Verordnung (EG) Nr. 1466/97 über den Ausbau der haushaltspolitischen Überwachung und der Überwachung und Koordinierung der Wirtschaftspolitiken, vom 20.4.2005, KOM (2005) 154 endgültig, Dok.- Nr. 2005/0064 (SYN).

Abrufbar unter
http://europa.eu.int/eurlex/lex/LexUriServ/site/de/com/2005/com2005_0154de01.pdf.

8 Endgültige Fassung des Vorschlags der Kommission für eine Verordnung des Rates zur Änderung der VO (EG) Nr. 1467/97 über die Beschleunigung und Klärung des Verfahrens bei einem übermäßigen Defizit, v. 20.4.2005, KOM (2005) 155 endgültig, Dok-Nr. 2005/0061 (CNS), im Internet abrufbar unter http://europa.eu.int/eur-lex/lex/LexUriServ/site/de/com/2005/com2005_0155de01.pdf.

9 Annahme der Vorschläge am 27.6.2005 bei der 2671. Sitzung des Rates (Transport, Telekommunikation und Energie), Pressemitteilung der EU, IP/05/798.

1. Kapitel: Das Verfahren zur Haushaltsüberwachung nach Art. 104 EGV

Zunächst soll als Grundlage für die anschließende Analyse der Entscheidung nach Art. 104 Abs. 6 das Verfahren zur Haushaltsüberwachung nach Art. 104 EGV insgesamt vorgestellt werden, da es in gesetzessystematischer und verfahrensrechtlicher Hinsicht der übergeordnete Bezugspunkt für die Entscheidung nach Abs. 6 darstellt.

Zu diesem Zweck ist das Verfahren in den Rechtsrahmen der Wirtschafts- und Währungsunion (WWU) einzuordnen (A), bevor dann die rechtliche Ausgestaltung des Verfahrens (B) und die verschiedenen Stadien des Verfahrens vorgestellt werden.

A. Die Einordnung des Verfahrens in das Recht der Wirtschafts- und Währungsunion (WWU)

Zur Einordnung des Verfahrens in das Recht der WWU sollen zunächst die Entwicklungsstadien zur WWU (I.) dargestellt werden, damit die Besonderheiten des rechtlichen Rahmens der WWU seit Maastricht (II.) darauf aufbauend herausgestellt werden können.

I. Die Entwicklungsstadien zur WWU

Das Ziel einer Wirtschafts- und Währungsunion fand in den Römischen Verträgen von 1957 noch keine Berücksichtigung: Dies ist vor dem Hintergrund zu sehen, dass nach Ende des 2. Weltkrieges viele Staaten mit marktwirtschaftlich ausgerichteter Volkswirtschaft das internationale System stabiler Wechselkurse von Bretton Woods einführen, das durch das Abkommen über den Internationalen Währungsfonds vom 22.7.1944 etabliert wurde[10]. Als 1957 der Vertrag zur Gründung der Europäischen Wirtschaftsgemeinschaft unterzeichnet wird, sind die sechs Mitgliedstaaten in das Bretton-Woods-System eingebunden und sehen im Vertrauen auf eine dauerhafte Stabilität der Währungen keine Veranlassung, eine gemeinsame Geld- und Währungspolitik festzulegen.

Nachdem sich in den 60er Jahren das Wirtschaftswachstum zunächst auf hohem Niveau stabil entwickelt hatte, kam es Ende der 60er Jahre zu Auf- und

[10] Übereinkommen über den Internationalen Währungsfonds vom 22.7.1944, in Kraft getreten am 27.12.1945, in Deutschland am 14.8.1952, BGBl. II, 1952, S. 632 ff; Fassung nach der 4. Änderung vom 23.9.1997 BGBl. 2000. S. 800 ff.

Abwertungen unter den europäischen Währungen und zwischen den europäischen Währungen und dem US-Dollar, was zu einer Wechselkurskrise führte[11].

1. Der Barre-Bericht

Unter dem Eindruck dieser Krise und im Bemühen darum, die Wechselkursstabilität für Europa zu sichern, legt der Franzose Raymond Barre 1969 einen Bericht („Barre-Bericht") vor, in dem er eine verstärkte Koordinierung der Wirtschaftspolitiken und eine intensivere währungspolitische Zusammenarbeit in der Gemeinschaft empfiehlt. Auf der Gipfelkonferenz in Den Haag im Dezember 1969 erklären die Staats- und Regierungschefs die Errichtung einer Wirtschafts- und Währungsunion offiziell zum Ziel und beschließen, dass der Rat hierfür einen Stufenplan ausarbeiten solle[12].

2. Der Werner-Bericht: Ökonomisten versus Monetaristen

Die vom Rat zu diesem Zwecke eingesetzte Gruppe um den luxemburgischen Ministerpräsidenten Pierre Werner (sog. Werner-Gruppe) legt im Oktober 1970 ihren Schlussbericht[13] vor, in dem sie die Errichtung einer Wirtschafts- und Währungsunion in drei Stufen vorsieht.

Als Ziel definiert Werner einen Währungsraum mit festgelegten, irreversiblen Wechselkursen und ein gemeinschaftliches Zentralbanksystem.

In einer ersten Stufe sollten die Wechselkursschwankungen zwischen den Währungen der Mitgliedstaaten dadurch verringert werden, dass die Wirtschafts- und Währungspolitiken der Mitgliedstaaten koordiniert werden.

In einer zweiten Stufe sollte der Kapitalverkehr vollständig liberalisiert werden.

Im Anschluss daran sah Werner für die dritte Stufe die Aufhebung der Wechselkursbandbreiten sowie die endgültige und unwiderrufliche Festlegung der Wechselkurse vor.

---

[11] Vgl. zur Vorgeschichte des Werner- Plans insgesamt VERDUN, in MAGNUSSON/STRATH (Hrsg.), From the Werner Plan to the EMU, S. 74 f.

[12] ABl. EG 1969, C 13/1.

[13] Bericht an Rat und Kommission über die stufenweise Verwirklichung der Wirtschafts- und Währungsunion in der Gemeinschaft („Werner-Plan"), Bulletin EG, Sonderbeilage 11/1970.

Werner stellt die erfolgreiche Herbeiführung einer Wirtschafts- und Währungsunion ausdrücklich unter die Prämisse, dass staatliche Hoheitsrechte auf die Gemeinschaft übertragen würden und insbesondere ein gemeinschaftliches wirtschaftspolitisches Entscheidungsgremium einzurichten sei.

Die Beratungen in der Werner-Gruppe über den Inhalt der 1. Stufe offenbaren die gegensätzlichen Auffassungen darüber, wie das Ziel einer WWU zu erreichen sei: Während Deutschland und die Niederlanden auf die Vergemeinschaftung der nationalen Wirtschaftspolitiken drängen (sog. „Ökonomisten"), wollen Belgien, Frankreich und Luxemburg sowie die Kommission zunächst (Währungskonvergenz) erreichen und vertrauen darauf, dass diese von selbst eine Konvergenz der Wirtschaftspolitiken auslösen würde (sog. Monetaristen)[14]

Dieser grundsätzliche Streit über den Weg zur WWU schlägt sich im Abschlussbericht dergestalt nieder, dass er einen Kompromiss zwischen beiden Wegen darstellt (sog. Parallelität) und für die ersten beiden Jahre der 1. Stufe lediglich Konsultationen und konsultative Ratssitzungen zur Koordinierung der Wirtschaftspolitik vorsieht. Eine Übertragung von Hoheitsrechten auf die Gemeinschaft im Bereich der Wirtschafts- und Währungspolitik wird nicht festgeschrieben[15].

Nach kontroversen Debatten über einzelne Empfehlungen der Werner-Gruppe wird der Stufenplan im März 1971 mit der Entschließung des Rates und der Vertreter der Regierungen der Mitgliedstaaten verabschiedet[16]. Allerdings wird lediglich für die 1. Stufe der genaue Inhalt beschlossen, so dass die den Werner-Plan bestimmende Vergemeinschaftung der Wirtschaftspolitik gerade nicht umgesetzt wird.

Bereits zu Beginn der 1. Stufe, in der die Bandbreiten für die Wechselkursschwankungen verringert werden sollten, erfährt das Ziel der WWU einen starken Rückschlag, als das Bretton-Woods-System 1971 zusammenbricht[17] und Amerika im August 1971 den US-Dollar floaten lässt. Die instabile Lage auf den Devisenmärkten führt zur Freigabe der Wechselkurse aller Mitgliedstaaten.

---

[14] Vgl. zu den Positionen der einzelnen Staaten Verdun, The Political Economy of the Werner and Delors Reports, S. 76 ; insbesondere zur Rolle Italiens ebenda Fn. 9.

[15] Eine kritische Würdigung des Kompromisses findet sich bei Verdun aaO. s. Fn. 1, S. 77, der Kruse mit dem Satz " Parallelism merely concealed the irreconcilable differences among the member states" zitiert.

[16] Entschließung des Rates und der Vertreter der Regierungen der Mitgliedstaaten vom 22.3.1971 über die stufenweise Verwirklichung der Wirtschafts- und Währungsunion in der Gemeinschaft, Abl. 1971 Nr. C 28 S. 1

[17] Vgl. dazu Klemmer, Handbuch Europäische Wirtschaftspolitik, J- 1.2.

Um diese Entwicklung aufzufangen, wird im März 1972 aufgrund einer Entschließung des Rates[18] der Europäische Wechselkursverbund zwischen den 6 Mitgliedstaten sowie dem Vereinigten Königreich, Irland und Dänemark eingerichtet. Dieser Verbund sieht einen Mechanismus zur Steuerung der Währungsschwankungen gegenüber dem US-Dollar vor (sog. „Schlange im Tunnel"[19]), der die Wechselkursschwankungen zwischen den beteiligten Währungen auf +-2,25% zum Leitkurs verringern will.

Wegen der anhaltenden Inflation und des Beginns der Erdölkrise 1973 sowie einer häufig wechselnden Zusammensetzung des Wechselkursverbunds konnte dieser die Wechselkursschwankungen nicht stabil verringern, so dass bereits das Ziel der 1. Stufe der Wirtschafts- und Währungsunion im vorgesehenen Zeitraum nicht erreicht werden konnte.

3. Einführung des Europäischen Währungssystems

Ein neuer Schritt in Richtung einer gemeinschaftlichen Währungsstabilität wird mit der Einführung eines Europäischen Währungssystems (EWS) 1979 unternommen: Auf die gemeinsame Initiative des französischen Staatspräsidenten Valéry Giscard d' Estaing und des deutschen Bundeskanzlers Helmut Schmidt hin verabschiedeten die Staats- und Regierungschefs der Mitgliedstaaten am 5.12.1978 eine „Entschließung über die Errichtung des Europäischen Währungssystems und damit zusammenhängende Fragen."[20] Nach Erlass von 2 Verordnungen[21] wurde 1979 ein „Abkommen zwischen den Zentralbanken der Mitgliedstaaten der Europäischen Wirtschaftsgemeinschaft über die Funktionsweise des Europäischen Währungssystems"[22] geschlossen, das erst zur Rechtsverbindlichkeit des EWS führte[23].

[18] Die Entschließung vom 21.3.1972, ABl. 1972 Nr. C 38 S.3.

[19] Im Bild von der „Schlange im Tunnel" stellen die Währungsschwankungen die Schlange dar, die sich gegenüber dem US-Dollar in einem Tunnel bewegt, der durch die Begrenzung der Schwankungsbandbreiten entsteht. Siehe dazu Tserkezis, Die Währungsunion, 20 f.

[20] Entschließung des Europäischen Rates vom 5. 12.1978 über die Errichtung des EWS und damit zusammenhängende Fragen, Bulletin EG Nr. 12 1978, S. 10.

[21] Verordnung (EWG) Nr. 3181/78, ABl. EG1978, L 379/2; Verordnung (EWG) Nr. 3180/78, ABl. EG 1978, L 379/1.

[22] Abkommen zwischen den Zentralbanken der Mitgliedstaaten der Europäischen Wirtschaftsgemeinschaft über die Funktionsweise des Europäischen Währungssystems vom 13.3.1979, abgedruckt bei Krägenau/Wetter, S. 124 ff.

[23] Siehe zu Besonderheiten bezüglich Rechtsgrundlage und Rechtsform wegen der Verbindung kommunitärer und nationaler Elemente im EWS Dauses- Hahn/Siebelt, Handbuch EU-Wirtschaftsrecht, 11. EL 2002, Bd. I , F I, Rn. 13.

Das EWS verfolgt das Ziel, die Wechselkurse zwischen den beteiligten Währungen zu stabilisieren und legt zu diesem Zwecke grundsätzlich feste Wechselkurse zwischen den EG-Währungen fest, die in engen Bandbreiten schwanken und, soweit erforderlich, durch Interventionen der Zentralbanken stabilisiert werden[24]. Wesentlich für das EWS ist die Einführung der ECU, einer europäischen Rechnungseinheit, die sich aus dem gewichtetem Durchschnitt der EWS-Währungen ergibt. Die Wechselkurse stützen sich auf einen Leitkurs, der in Relation zur ECU festgelegt ist.

In der Währungskrise 1992/93 wurde das EWS praktisch aufgegeben[25], obwohl es de iure fort bestand und für den Eintritt der Mitgliedstaaten in die Endstufe der WWU nach dem Maastrichtvertrag neue Bedeutung erlangte[26]. Nach Beginn der 3. Stufe wandelte sich die Bedeutung des EWS in einen Währungsverbund für EU-Mitgliedstaaten, bei denen die Voraussetzungen zur Einführung der gemeinsamen Währung noch nicht erfüllt sind (sog. EWS II[27]).

Das ursprüngliche EWS hat insgesamt innerhalb eines Jahrzehnts zu einer relativen Wechselkursstabilität in der Gemeinschaft geführt, mit der Folge, dass die Bereitschaft der Mitgliedstaaten für eine Wirtschafts- und Währungsunion neu belebt wurde.

4. Aufnahme der WWU in den Vertragstext

1987 wurde mit Verabschiedung der Einheitlichen Europäischen Akte (EEA) das Ziel der Wirtschafts- und Währungsunion erstmalig in den Vertrag aufgenommen (Präambel u. Art. 102 a) EWGV). Auf Beschluss des Europäischen Rats[28] in Hannover 1988 wurde einem Ausschuss unter dem Vorsitz von Kommissionspräsident Delors (sog. Delors-Ausschuss) die Aufgabe übertragen, die Etappen zur Verwirklichung der WWU zu entwickeln.

---

[24] Vgl. Oppermann, Europarecht, Rn. 997.

[25] Vgl. Klemmer, Handbuch der Europäischen Wirtschaftspolitik, J- 1.3 (S. 757), danach führte der Entschluss der Teilnehmerländer v. 2.8.1993, die zulässigen Bandbreiten auf +/- 15 % auszuweiten, de facto zu einer Freigabe der Bandbreiten.

[26] Nach Art. 121 Abs. 4. Spiegelstr. EGV ist Voraussetzung für den Eintritt in die 3. Stufe der WWU die zweijährige Mitgliedschaft im Wechselkursverband des EWS.

[27] Oder Wechselkursmechanismus II (WKM II) genannt: basiert auf einem Abkommen zwischen der EZB und den nationalen Zentralbanken der noch nicht teilnehmenden EU- Mitgliedsstaaten.

[28] Tagung des Europäischen Rates am 27. und 28. 6. 1988, Schlussfolgerungen des Vorsitzes; abgedruckt in Bulletin der Bundesregierung Nr. 90 /S. 841 v. 30.6.1988.

5. Das Konzept der WWU im Delors-Bericht

Im abschließenden Bericht des Ausschusses[29] (sog. Delors-Bericht) wird der bereits im Werner-Plan empfohlene Weg der Parallelität zwischen dem wirtschaftlichen und dem währungspolitischen Ansatz der Integration wieder aufgegriffen und in einen dreistufigen Plan zu einer Wirtschafts- und Währungsunion gefasst:

a) Erste Stufe

Ziel der 1. Stufe, die am 1.7.1990 zeitgleich mit der weitgehenden Liberalisierung des europäischen Kapitalverkehrs beginnen sollte, ist eine "größere Konvergenz der volkswirtschaftlichen Ergebnisse durch verstärkte Koordinierung der Wirtschafts- und Währungspolitik in dem bestehenden institutionellen Rahmen"[30]. Für die wirtschaftliche Integration sollte in dieser Phase der Binnenmarkt vollendet werden und in währungspolitischer Hinsicht wird die „Beseitigung aller Behinderungen der finanziellen Integration"[31] und eine intensivere währungspolitische Zusammenarbeit und Koordinierung empfohlen, die von der Unabhängigkeit der nationalen Zentralbanken sowie der Aufnahme aller mitgliedstaatlichen Währungen in das EWS flankiert werden sollten[32].

b) Zweite Stufe

Die 2. Stufe sollte der Vornahme von Vertragsänderungen sowie der Schaffung neuer Organe und Strukturen dienen, die für die Endstufe erforderlich sind.

Insbesondere ist der Aufbau eines Europäischen Zentralbankensystems (EZBS) vorgesehen und der Übergang von nationalen Geldpolitiken auf eine gemeinsame Geldpolitik[33].

---

[29] Bericht des Ausschusses zur Prüfung der Wirtschafts- und Währungsunion v. 12.4.1989, abgedruckt in Europa-Archiv, 1989. D 283 ff.

[30] Ausschuss zur Prüfung der Wirtschafts- und Währungsunion, Bericht zur Wirtschafts- und Währungsunion in der Europäischen Gemeinschaft, aaO. (Fn. 16), Rn. 50.

[31] Bericht zur Wirtschafts- und Währungsunion, aaO. Rn. 52.

[32] Ebenda.

[33] Bericht zur Wirtschafts- und Währungsunion, aaO., Rn. 57

c) Dritte Stufe

Zur Vollendung der WWU muss in dieser Stufe zum einen die Kapitalverkehrsfreiheit verwirklicht sein, zum anderen müssen die beteiligten Währungen unwiderruflich konvertibel sein und die Finanzmärkte sollen voll integriert sein. Die Integration der Geldpolitik findet ihren Abschluss in dem Übergang von den nationalen Geldpolitiken auf eine gemeinschaftliche Geldpolitik, die vom EZBS gesteuert wird[34]. Außerdem sind die Wechselkurse unwiderruflich festzulegen.

Auf der Grundlage dieses Berichtes beschließt der Europäische Rat im Juni 1989[35], die erste Phase der WWU zum 1.7.1990 mit der vollständigen Liberalisierung des Kapitalmarktverkehrs einzuleiten.

6. Der Vertrag von Maastricht: Die drei Stufen zur Wirtschafts- und Währungsunion

Um die notwendigen Vertragsänderungen für die WWU herbeizuführen, beschließt der Europäische Rat im Dezember 1989 die Einberufung einer Regierungskonferenz zur WWU und gleichzeitig einer Regierungskonferenz über die politische Union[36]. Die Regierungskonferenzen erarbeiten schließlich den Vertrag über die Europäische Union[37], der am 7. Februar 1992 in Maastricht unterzeichnet wird. Nach Ratifikation durch alle Mitgliedstaaten trat der Vertrag am 1.11.1993 in Kraft.

a) Erste Stufe

Seit Beginn der ersten Stufe am 1.7.1990[38] wird die Wirtschaftspolitik als eine „Angelegenheit von gemeinsamem Interesse" definiert, die im Rat zu koordinieren sei (Art. 99 Abs. 1 EGV). Dem Rat wird die Aufgabe übertragen, auf der Grundlage der Schlussfolgerungen des Europäischen Rates Empfehlungen zu den Grundzügen der Wirtschaftspolitik der Mitgliedstaaten und der Gemein-

---

[34] Bericht zur Wirtschafts- und Währungsunion, aaO., Rn. 60.

[35] Tagung des Europäischen Rates in Madrid am 26./27. Juni 1989, Schlussfolgerungen des Vorsitzes, abgedruckt im Bulletin der Bundesregierung Nr. 69/S. 605 vom 30.6.1989.

[36] Europäischer Rat in Straßburg, Tagung der Staats- und Regierungschefs der EG am 8. und 9.12.1989, Schlußfolgerungen des Rates, abgedruckt in: Europa-Archiv, 1990, D 5 ff.

[37] Vertrag über die Europäische Union v. 7.2.1992, ABl. C 191 v. 29.7.1992, S. 1 ff.

[38] Dieses Datum wurde bereits auf der Tagung des Europäischen Rates in Madrid am 26./27.Juni 1989 festgelegt, abgedruckt aaO.

schaft zu erstellen (Art. 99 Abs. 2 EGV). Diese Grundzüge stellen den Maßstab für die Wirtschaftspolitik dar (Art. 98 Abs. 1 EGV).

Außerdem soll der Rat die Entwicklung der Konvergenz in der Wirtschaftspolitik anhand von Kommissionsberichten bewerten (Art. 99 Abs. 3 EGV).

Den Mitgliedstaaten wurde gemäß Art. 116 Abs. 2 lit. a) 1.Spiegelstrich EGV auferlegt, bis zum Beginn der 2. Stufe Maßnahmen zu erlassen, die geeignet wären, die Beachtung folgender nun vertraglich festgelegter Verbote sicherzustellen: das Verbot von Beschränkungen des Kapital- und Zahlungsverkehrs (Art. 56 EGV), das Verbot von Zentralbankkrediten für öffentlich-rechtliche Körperschaften und öffentliche Unternehmen (Art. 101 EGV) sowie das Verbot des bevorrechtigten Zugangs öffentlicher Einrichtungen zu den Finanzinstituten (Art. 102 EGV).

In währungspolitischer Hinsicht bedeutsam ist, dass mit dem Beginn der 1. Stufe die Zusammensetzung des ECU-Währungskorbs festgelegt wird (Art. 118 Abs. 1 EGV)[39].

b) Zweite Stufe

Die 2. Stufe begann kraft Vertrags am 1.1.1994 (gemäß Art. 116 EGV). Sie sollte der Vorbereitung auf den Übergang in die Endstufe der WWU dienen[40]. Zu diesem Zwecke sollte eine hohe Konvergenz zwischen den Wirtschaftspolitiken der Mitgliedstaaten erreicht werden. Nach Art. 121 Abs.1 EGV i.V.m zwei Protokollen zum EUV sollten die Teilnehmer an der WWU die folgenden vier Konvergenzkriterien erfüllen[41]:

1. Ein hoher Grad an Preisstabilität, der an einer möglichst starken Annäherung der Inflationsrate an die Inflationsrate derjenigen drei Mitgliedstaaten mit der höchsten Preisstabilität abzulesen ist. Eine genauere Definition findet sich in Art. 1 des Protokolls über die Konvergenzkriterien[42] : dort wird eine „anhaltende Preisstabilität" gefordert und eine durchschnittliche Inflationsrate, die

[39] Die ECU war eine abstrakte Werteinheit, die sich als Währungskorb aus Anteilen der Währungen der Mitgliedstaaten zusammensetzte und wurde definiert als Summe der Beträge dieser Währungsanteile, CALLIESS/RUFFERT, EGV-HÄDE, Art. 118 Rn. 2.

[40] Vgl. GROEBEN/THIESING/EHLERMANN, 5. Auflage, EGV-BÜNGER/MOLITOR, Vorbemerkung zu den Artikeln 102 a bis 109 m, Rn. 29.

[41] Art. 121 Abs. 1 EGV i.V.m. Protokoll Nr. 6 über die Konvergenzkriterien nach Art. 121 des Vertrags zur Gründung der Europäischen Gemeinschaft.

[42] Protokoll Nr. 6 über die Konvergenzkriterien (Fn. 41).

den Durchschnitt der drei niedrigsten Inflationsraten unter den Mitgliedstaaten um nicht mehr als 1, 5 Prozentpunkte übersteigt.

2. Eine auf Dauer tragbare Finanzlage der öffentlichen Hand ohne übermäßiges Defizit im Sinne von Art. 104 Abs. 6 EGV. In einem Protokoll (Nr.5) über das Verfahren bei einem übermäßigen Defizit wird präzisiert, dass die jährliche Neuverschuldung (Haushaltsdefizit) 3% des Bruttoinlandsprodukts und die gesamte Staatsverschuldung 60 % nicht übersteigen darf. Ausnahmsweise kann das Haushaltsdefizit den Referenzwert leicht übersteigen, wenn das Verhältnis erheblich zurückgegangen ist und sich in der Nähe des Referenzwertes bewegt oder wenn der Referenzwert nur ausnahmsweise und vorübergehend überschritten wird und in der Nähe des Referenzwertes bleibt[43]. Eine vergleichbare Ausnahme gilt für den Referenzwert zur Neuverschuldung, der bei hinreichend rückläufiger Entwicklung und rascher Annäherung an den Referenzwert leicht überschritten werden darf[44].

3. Einhaltung der Bandbreiten des EWS-Wechselkursmechanismus seit mind. 2 Jahren. Darunter ist zu verstehen, dass ein Mitgliedstaat die normalen Bandbreiten ohne starke Spannungen eingehalten haben muss und er keine Abwertung des bilateralen Leitkurses seiner Währung gegenüber einer anderen Gemeinschaftswährung vorgenommen haben darf[45].

4. Dauerhaftigkeit der von den Mitgliedstaaten erreichten Konvergenz und ihre Teilnahme am EWS-Wechselkursmechanismus, gemessen am Niveau der langfristigen Zinssätze. Hierzu wird in Art. 4 des Protokolls[46] ausgeführt, dass im Verlauf des letzten Jahres der durchschnittliche Nominalzinssatz für langfristige Staatsschuldverschreibungen um nicht mehr als 2 Prozentpunkte über dem Durchschnitt der drei preisstabilsten Mitgliedstaaten liegen darf.

c) Dritte Stufe: Die Entscheidung über die Teilnahme an der WWU

Die Entscheidung, welche Mitgliedstaaten die Konvergenzkriterien erfüllten, war vom Rat in der Zusammensetzung der Staats- und Regierungschefs noch während der 2. Stufe zu treffen[47]. Die 11 teilnehmenden Mitgliedstaaten wurden

---

[43] Art. 104 II lit. a) i.V.m. Art. 1 des Protokolls (Nr. 5) über das Verfahren bei einem übermäßigen Defizit.

[44] Art. 104 II lit. b) i.V.m. Art. 1 des Protokolls (Nr. 5) über das Verfahren bei einem übermäßigen Defizit.

[45] Art. 3 des Protokolls über die Konvergenzkriterien (Fn. 41).

[46] Protokoll Nr. 6 über die Konvergenzkriterien (Fn. 41).

[47] Art. 121 Abs. 4 EGV.

auf dem Gipfel vom 2. und 3.5.1998 in Brüssel bestimmt[48]. Hinsichtlich der vier Mitgliedstaaten, die nicht zu den Ersteilnehmern zählen, gilt Folgendes:

Für Mitgliedstaaten, die nicht alle Konvergenzkriterien erfüllen, gilt nach Art. 122 Abs. 1 EGV eine Ausnahmeregelung. Folge dieser Ausnahme ist die Unanwendbarkeit mehrerer Artikel[49] für den betreffenden Mitgliedstaat, insbesondere der Artikel über die Möglichkeit des Inverzugsetzens und der Verhängung von Sanktionen im Rahmen des Defizitverfahrens (Art. 104 Absätze 9 und 11).

In der Entscheidung vom 3.5.1998[50] wurde bezüglich Griechenland eine Ausnahmeregelung getroffen, der zufolge Griechenland zunächst nicht an der 3. Stufe der WWU teilnahm. Inzwischen ist diese Ausnahmeregelung auf Antrag Griechenlands und nach Durchführung eines entsprechenden Verfahrens mit Entscheidung des Rates vom 19.6.2000[51] zum 1.1.2001 aufgehoben worden, so dass Griechenland seit dem 1.1.2001 an der Wirtschafts- und Währungsunion teilnimmt.

Im Falle Schwedens ist in der Ratsentscheidung[52] festgestellt worden, dass es das Konvergenzkriterium der mindestens zweijährigen spannungsfreien Teilnahme am EWS nicht erfüllte. Bisher ist kein Antrag Schwedens auf Beitritt zur Euro-Währungszone erfolgt. Schweden ist daher ein Mitgliedstaat mit Ausnahmeregelung.

Die dritte Kategorie bilden Staaten mit Sonderregelungen, die in der Form von Protokollen zum Maastrichtvertrag getroffen wurden. So ist auf diesem Wege dem Vereinigten Königreich und Dänemark die Möglichkeit eingeräumt worden, sich auch bei Erfüllung der Konvergenzkriterien gegen die Teilnahme an der einheitlichen Währung entscheiden zu können[53].

---

[48] Entscheidung 98/317/EG des Rates vom 3.5.1998 gem. Art. 109 j Absatz 4 des Vertrags, ABl. EG 1998, L139/30: in dieser Entscheidung bestätigt der Rat in der Zusammensetzung der Staats- und Regierungschefs, dass 11 von 15 Mitgliedstaaten die notwendigen Voraussetzungen für die Einführung des EURO am 1.1.1999 erfüllen: Belgien, die Niederlande, Luxemburg, Deutschland, Spanien, Frankreich, Irland, Italien, Österreich, Portugal und Finnland.

[49] Gem. Art. 122 Abs. 3 EGV sind folgende Artikel nicht anwendbar: Art. 104 Abs. 9 und 11, Art. 105 Abs. 1, 2, 3 und 5, Art. 106, Art. 110, Art. 111 sowie Art. 112 Abs. 2 lit. b).

[50] Entscheidung 98/317/EG des Rates vom 3.5.1998, aaO. (Fn. 48).

[51] Entscheidung 2000/427/EG des Rates vom 19.6.2000 gem. Art. 122 Absatz 2 des Vertrages über die Einführung der Einheitswährung durch Griechenland am 1. Januar 2001, ABl. EG 2000, L 167/19: zur Begründung wird angeführt, dass Griechenland mittlerweile alle Konvergenzkriterien des EGV einhalte.

[52] Entscheidung 98/317/EG des Rates vom 3.5.1998, aaO. (Fn. 48).

In der 3. Stufe wurden die Umrechnungskurse in einer Verordnung des Rates vom 31.12.1998 unwiderruflich zum 1.1.1999 festgelegt[54]. Ebenfalls zum 1.1.1999 erfolgte die Ersetzung der nationalen Währungen durch den EURO in den teilnehmenden Mitgliedstaaten[55]. Der tatsächliche Übergang vom EURO als Buchgeld auf den EURO als alleiniges gesetzliches Zahlungsmittel vollzog sich nach einem bereits 1995 vom Europäischen Rat verabschiedeten Stufenplan[56], der für den 1.1.2002 den EURO als alleiniges gesetzliches Zahlungsmittel festlegte.

II. Der rechtliche Rahmen der WWU seit Maastricht

Durch den Maastrichter Unionsvertrag wird in den Europäischen Gemeinschaftsvertrag ein rechtlicher Rahmen für eine Wirtschafts- und Währungsunion eingefügt. Erstmalig wird die Errichtung einer Wirtschafts- und Währungsunion in Art. 2 EGV als Aufgabe der EG zur Erreichung der wirtschafts- und allgemeinpolitischen Ziele festgelegt[57]. Art. 4 konkretisiert die Tätigkeiten der Gemeinschaft nach Art. 2 EGV dahingehend, dass die Tätigkeit der Gemeinschaft und der Mitgliedstaaten im Rahmen einer Wirtschafts- und Währungsunion beschrieben wird. Die hier allgemein gehaltenen Vorgaben der „Einführung einer Wirtschaftspolitik der Mitgliedstaaten" (Abs. 1) und der „Festlegung und Durchführung einer einheitlichen Geld- sowie Wechselkurspolitik" (Abs. 2) werden in den Artikeln 98-124 EGV näher ausgeführt.

Art. 4 Abs. 3 EGV nennt als richtungsweisende Grundsätze für „diese Tätigkeit" der Mitgliedstaaten und der Gemeinschaft stabile Preise, gesunde öffentliche Finanzen und monetäre Rahmenbedingungen sowie eine dauerhaft finanzierbare Zahlungsbilanz. „Diese Tätigkeit" umfasst jedenfalls die in den vorherigen Absätzen beschriebenen Tätigkeiten aus der Wirtschafts- und Währungspolitik.

---

[53] Protokoll (Nr. 11) über einige Bestimmungen betreffend das Vereinigte Königreich Großbritannien und Nordirland, Protokoll (Nr. 12) über einige Bestimmungen betreffend Dänemark.

[54] Verordnung (EG) Nr. 2866 /98 des Rates vom 31.12.1998 über die Umrechnungskurse zwischen dem Euro und den Währungen der Mitgliedstaaten, die den Euro einführen, ABl. EG 1998, L 359/1. Diese VO wurde auf Art. 121 Abs. 14 EGV gestützt.

[55] Verordnung 974/98 über die Einführung des Euro, ABl. EG 1998, L 139/1.

[56] Europäischer Rat in Madrid, Tagung der Staats- und Regierungschefs der EG am 15. und 16.12.1995, Schlussfolgerungen des Rates, Anhang 1, Anlage „ Der Übergang zur einheitlichen Währung - Zeitplan", ABl. EG 1996, C 22/2.

[57] Zur Auslegung der Aufgaben im Rahmen des Art. 2 EGV siehe unten Kapitel 3 B)III).

Daraus ergeben sich folgende Grundsätze der Wirtschafts- und Währungspolitik[58] :

- Grundsatz einer offenen Marktwirtschaft mit freiem Wettbewerb (Art. 98 EGV)
- enge Koordinierung der Wirtschaftspolitik der Mitgliedstaaten (Art. 99, Art. 100 EGV)
- Ziel gesunder öffentlicher Finanzen und monetärer Rahmenbedingungen (Art. 101-104 EGV)
- vorrangiges Ziel der Preisstabilität und Unabhängigkeit für das Europäische Zentralbanksystem (Art. 105, Art. 108 EGV).
- Festlegung und Durchführung einer einheitlichen Geld- und Währungspolitik (Art. 105, 111 EGV)

1. Ausgestaltung der Währungspolitik

Mit dem Eintritt in die dritte Stufe der WWU geht die währungs- und geldpolitische Kompetenz vollständig auf die Gemeinschaft über. Dies ergibt sich daraus, dass Träger der geldpolitischen Verantwortung das Europäische System der Zentralbanken (ESZB)[59] ist, das aus der Europäischen Zentralbank (EZB) und den nationalen Zentralbanken besteht. Die grundlegenden Aufgaben des ESZB bestehen darin, die Geldpolitik der Gemeinschaft auszuführen und festzulegen (Art. 105 Abs. 2 1. Spiegelstr. EGV). Die ESZB-Satzung[60] verleiht der EZB und den nationalen Zentralbanken Rechte bezüglich ihrer Aktivität auf den Finanzmärkten und der geldpolitischen Instrumente. Um eine einheitliche Geldpolitik in der WWU zu gewährleisten, stehen der EZB insbesondere Leitlinien und Weisungen an die nationalen Zentralbanken zur Verfügung[61].

---

[58] Vgl. Darstellung bei Borchardt, Rn. 599.

[59] Die Errichtung des ESZB richtet sich nach Art. 123 EGV.

[60] Protokoll über die Satzung des Europäischen Systems der Zentralbanken und der Europäischen Zentralbank vom 7.Febrauar 1992, BGBl. II S. 1253, zuletzt geändert durch den Vertrag von Nizza vom 26.2.2001, BGBl. 2001 II S. 1667.

[61] Art. 14.3 ESZB-Satzung.

2. Die Ausgestaltung der Wirtschaftspolitik

Grundsätzlich verbleibt die Zuständigkeit für die Wirtschaftspolitik nach Art. 98 S. 1 EGV zwar bei den Mitgliedstaaten[62], jedoch schränkt der Vertrag von Maastricht die Entscheidungsfreiheit der Mitgliedstaaten durch die Verpflichtung zur Koordinierung der Wirtschaftspolitiken (Art. 99 EGV) und die Vorschriften zur Haushalts- und Finanzpolitik (Art. 101-103 sowie Art. 104 EGV) ein.

a) Die Koordinierung der Wirtschaftspolitiken

Art. 99 EGV sieht ein mehrstufiges Verfahren zur Koordinierung der Wirtschaftspolitiken im Rat vor:

- zunächst werden im Rat Grundzüge für die Wirtschaftspolitik auf Empfehlung der Kommission ausgearbeitet (Art. 99 Abs. 2 EGV)

- der Europäische Rat erlässt auf der Grundlage dieses Berichts eine Schlussfolgerung über die Grundzüge der Wirtschaftspolitik (Art. 99 Abs. 2 S. 2 EGV)

- nach Beratung dieser Grundzüge im Rat verabschiedet dieser eine Empfehlung an die Mitgliedstaaten

- Um die Konvergenz der Wirtschaftspolitiken zu ermöglichen und die Vereinbarkeit der Wirtschaftspolitiken mit den wirtschaftspolitischen Empfehlungen des Rates zu gewährleisten, wird ein System der „multilateralen Überwachung“ etabliert. Dieses sieht die Möglichkeit vor, Empfehlungen an einen Mitgliedstaat zu richten, dessen Wirtschaftspolitik nicht mit den Grundzügen vereinbar ist oder das Funktionieren der WWU zu gefährden droht (Art. 99 Abs. 4). Im Rahmen des Stabilitäts- und Wachstumspakts hat der Rat durch die Verordnung Nr. 1466/97[63] von der Rechtsetzungsbefugnis nach Art. 99 Abs. 5 EGV Gebrauch gemacht und das Verfahren der multilateralen Überwachung zu einer Art Frühwarnsystem[64] zur Vermeidung eines öffentlichen Defizits umgestaltet: Demnach müssen die an der WWU teilnehmenden Mit-

[62] Dies wird aus der Wendung „ihre Wirtschaftspolitik“ in Art. 98 EGV geschlossen, vgl. Calliess/Ruffert, EUV/EGV-Häde, Art. 98 Rn. 1, Grabitz/Hilf, EU-Bandilla, Art. 102 a EGV, Rn. 1, Lenz/Schill, EGV, Vorbem. Titel VII Rn. 2.

[63] Verordnung (EG) Nr. 1466/97 des Rates vom 7.7.1997 über den Ausbau der haushaltspolitischen Überwachung und der Überwachung und Koordinerung der Wirtschaftspolitiken, ABl. EG 1997 Nr. L 209/1.

[64] Vgl. den 5. Erwägungsgrund der VO 1466/97.

gliedstaaten ihre Angaben nach Abs. 3 jährlich als Stabilitätsprogramme vorlegen, die Angaben zum mittelfristigen Ziel für einen nahezu ausgeglichenen Haushalt oder einen Überschuss enthalten[65]. Außerdem müssen die Mitgliedstaaten darlegen, welche haushaltspolitischen und wirtschaftspolitischen Maßnahmen zur Erreichung der Ziele des Stabilitätsprogramms bereits ergriffen worden sind. Im Rahmen der multilateralen Überwachung (Art. 99 Abs. 3 EGV) beobachtet der Rat, wie die Stabilitätsprogramme umgesetzt werden. Insbesondere wird untersucht, ob „die Haushaltslage von dem im Stabilitätsprogramm vorgegebenen mittelfristigen Haushaltsziel oder von dem entsprechenden Anpassungspfad erheblich abweicht oder abzuweichen droht". Wenn der Rat Abweichungen feststellt, kann er gemäß. Art. 99 Abs. 4 UAbs. 1 EGV Empfehlungen an den Mitgliedstaat richten, entweder als „frühzeitige Warnung"[66] oder als „konkrete Korrekturmaßnahmen".

Diejenigen Mitgliedstaaten, die nicht an der gemeinsamen Währung teilnehmen, werden dazu verpflichtet, sog. Konvergenzprogramme vorzulegen[67], die sich hinsichtlich der haushaltspolitischen Anforderungen mit den Stabilitätsprogrammen decken. Bei der Prüfung der Konvergenzprogramme durch den Rat sind die gleichen Kriterien wie bei den Stabilitätsprogrammen relevant.

b) Haushalts- und Finanzpolitik

Die mitgliedstaatliche Haushaltspolitik nimmt insbesondere mit Beginn der Endstufe der WWU eine besondere Rolle ein, da zu diesem Zeitpunkt die Zuständigkeit für die Geld- und Währungspolitik auf die Gemeinschaft übergeht (s.o.), so dass die Mitgliedstaaten in erster Linie auf die Haushaltspolitik angewiesen sind, um auf wirtschaftliche Abschwünge zu reagieren. Da im Zuge zunehmender wirtschaftlicher Verflechtungen die mangelnde Haushaltsdisziplin eines Mitgliedstaates auch ein Risiko für die gemeinsame Währungs- und Geldpolitik - insbesondere im Hinblick auf das Ziel der Preisstabilitä t- bedeuten kann, werden die Mitgliedstaaten zu disziplinierter Haushaltsführung angehalten[68]. Aus wirtschaftswissenschaftlicher Sicht wird zumindest ein Zusammenhang zwischen mitgliedstaatlicher Haushaltsdisziplin und Preisstabilität ange-

---

[65] Art. 3 Abs. 2 lit. a. Verordnung (EG) 1466/97 aaO.

[66] Art. 6 II Verordnung (EG) 1466/97, aaO.

[67] Art. 7 ff. Verordnung (EG) 1466/97 aaO.

[68] Vgl. Schwarze, EUV/EGV-Hattenberger, Art. 104 Rn. 1.

nommen[69], wobei die genauen Wirkungsmechanismen unterschiedlich bewertet werden[70].

Daher wird in den Vorschriften Art. 101-104 EGV Einfluss auf die mitgliedstaatliche Haushalts- und Finanzpolitik genommen.

Eine indirekte Beeinflussung erfolgt durch die Verbote in den Artikeln 101-103 EGV, die verhindern sollen, dass sich die Mitgliedstaaten unabhängig von den Kapitalmärkten mit Krediten versorgen können. So bedeutet das Verbot des direkten Zentralbankkredits, dass sich insbesondere Mitgliedstaaten nicht mehr günstig über ihre Zentralbank finanzieren können und bei der Refinanzierung den Marktkräften ausgesetzt werden. Das Verbot des bevorrechtigten Zugangs öffentlicher Stellen zu den Finanzinstitutionen (Art. 102 EGV) ergänzt die Gleichstellung von Gemeinschaft und Mitgliedstaaten mit den übrigen Marktteilnehmern. Art. 103 sieht einen umfassenden Haftungsausschluss der Gemeinschaft bzw. anderer Mitgliedstaaten für die Schulden eines Mitgliedstaates vor.

Demgegenüber wirkt Art. 104 EGV direkt auf die Haushaltspolitik der Mitgliedstaaten ein, indem verbindliche Daten für die Einhaltung der Haushaltsdisziplin festgesetzt werden, und ein „Überwachungssystem mit einem abgestuften Maßnahmenkatalog"[71] eingeführt wird, das ab der 3. Stufe der WWU Sanktionsmöglichkeiten eröffnet. Durch Art. 104 wird der in Art. 4 Abs. 3 EGV festgeschriebene richtungsweisende Grundsatz der gesunden öffentlichen Finanzlage ausgeführt.

Das in Art. 104 EGV festgeschriebene Verfahren regelt die Überwachung der Entwicklung der Haushaltslage und der Höhe des öffentlichen Schuldenstandes durch die Gemeinschaftsorgane Kommission und Rat.

---

[69] Vgl. Schulze-Steinen, Wirtschaftsunion, S. 75 mit Verweis auf OECD, Budget Financing and Monetary Control; Gäckle, Thomas, Die Begrenzung von Budgetdefiziten in einer Europäischen Währungsunion, Wirtschaftsdienst 1992, S. 264 ff., Chouraki, Public Sector Deficits in OECD countries, S. 32 ff.; Scharrer, Probleme einer europäischen Wirtschafts- und Währungsunion, S. 207 (218); Tietmeyer, Staatsschulden und Geldwertstabilität, S. 69 (72 ff.), EWI, Jahresbericht 1994, S. 52.

[70] Zu den praktischen Folgen dieses Zusammenhangs für den Rat s.u. bei den Ausführungen zur Reichweite der Preisstabilität, Kapitel 3 B)IV) und C)II).

[71] Vgl. Schwarze, EUV/EGV-Hattenberger, Art. 104 EGV, Rn. 2.

Zusätzlich wurde 1997 in Amsterdam der sog. Stabilitäts- und Wachstumspakt[72] beschlossen, der die Konvergenz auch nach Beginn der Währungsunion sichern sollte.

Die Regelungen des Pakts dienen einerseits der näheren Ausgestaltung des Defizitüberwachungsverfahrens nach Art. 104 Abs. 2 ff EGV, andererseits wird das multilaterale Überwachungsverfahren nach Art. 99 Abs. 3 ff EGV zu einem Frühwarnsystem zur Vermeidung übermäßiger öffentlicher Haushaltsdefizite ausgestaltet, u.a. durch die Verpflichtung der Mitgliedstaaten, jährliche Stabilitätsprogramme vorzulegen[73]. Die Bestandteile dieses Pakt werden unter B) näher betrachtet.

B. Die rechtliche Ausgestaltung des Verfahrens

Im Folgenden wird gezeigt, welche rechtliche Ausgestaltung das Verfahren nach Art. 104 EGV durch primärrechtliche und sekundärrechtliche Ergänzungen erfahren hat.

Zu Beginn werden die geltenden Regelungen für das Verfahren vorgestellt, die außerhalb des Art. 104 EGV selbst angesiedelt sind (I.): hierunter fällt insbesondere der Stabilitäts- und Wachstumspakt, dessen Elemente hier bereits im Überblick präsentiert werden, um dann später in der Untersuchung auf deren konkrete Aussagekraft für die Entscheidung nach Art. 104 Abs. 6 EGV im Detail einzugehen[74].

Von zentraler Bedeutung für die rechtliche Ausgestaltung des Verfahrens ist die Pflicht zur Vermeidung übermäßiger öffentlicher Defizite nach Art. 104 Abs. 1 EGV.

---

[72] Bestehend aus: Entschließung v. 17.6.1997, ABl. C 236/1; Verordnung 1466/97 über den Ausbau der haushaltspolitischen Überwachung und der Überwachung und Koordinierung der Wirtschaftspolitiken vom 7.7.1997, ABl. L 209/1 und Verordnung 1467/97 über die Beschleunigung und Klärung des Verfahrens bei einem übermäßigen Defizit v. 7.7.1997, ABl. L 209/6.

[73] Art. 3 der VO 1466/97 aaO.

[74] Siehe unten: Kapitel 4.

I. Ergänzende Regelungen des Verfahrens außerhalb von Artikel 104 EGV

1. Das Protokoll über das Verfahren bei einem übermäßigen Defizit

Das Protokoll (Nr. 20) über das Verfahren bei einem übermäßigen Defizit wurde aufgrund des Art. 104 Abs. 14 Uabs. 1 erlassen und stellt somit eine primärrechtliche Ergänzung des Verfahrens dar. In Art. 1 des Protokolls werden die Referenzwerte[75] für das „öffentliche Defizit“[76] und den „öffentlichen Schuldenstand“ gemäß Art. 104 Abs. 2 festgelegt.

2. Die Verordnung Nr. 3605/93

In der Verordnung Nr. 3605/93[77] des Rates werden auf der Grundlage von Art. 104 Abs. 14 Uabs. 3 EGV einzelne Begriffe des Defizitprotokolls, wie „öffentlich“ und „Defizit“ unter Bezugnahme auf das Europäische System Volkswirtschaftlicher Gesamtrechnungen definiert.

3. Der Stabilitäts- und Wachstumspakt

Eine weitere Ergänzung erfährt die Ausgestaltung des Defizitverfahrens durch den Stabilitäts- und Wachstumspakt.

a) Entstehungsgeschichte

Ausgangspunkt für den Pakt waren die von mehreren Mitgliedstaaten und insbesondere von deutscher Seite geäußerten Zweifel an der Effizienz des Ver-

---

[75] Siehe zu den Referenzwerten unten C)I).

[76] Zur streitigen Frage, ob die Definition des Defizits nach dem Protokoll über Art. 104 Abs. 2 lit. a) hinaus stets in Art. 104 EGV heranzuziehen ist siehe KONOW, Der Stabilitäts- und Wachstumspakt, S. 77 ff.

[77] VO Nr. 3605/93 des Rates vom 22.11.1993 über die Anwendung des dem Vertrag zur Gründung der Europäischen Gemeinschaft beigefügten Protokolls über das Verfahren bei einem übermäßigen Defizit, ABl. 1993 Nr. L 332/7, zuletzt geändert durch VO (EG) Nr. 351/2002, ABl. Nr. L055 v. 26.2.2002; vgl. Vorschlag der Kommission für eine Verordnung des Rates zur Änderung dieser Verordnung im Hinblick auf die Qualität der statistischen Daten im Rahmen des Verfahrens bei einem übermäßigen Defizit v. 2.3.2005, KOM (2005) 71 endgültig, Dok.- Nr. 2005/0013 (CNS), im Internet abrufbar unter http://europa.eu.int/eur-lex/lex/LexUriServ/site/de/com/2005/com2005_0071de01.pdf.

fahrens nach Art. 104 EGV hinsichtlich einer dauerhaften stabilitätsorientierten Haushaltspolitik der Mitgliedstaaten, die auch nach Eintritt in die 3. Stufe der WWU erforderlich sei[78]: In erster Linie wurden diese Zweifel dadurch genährt, dass mit dem Eintritt eines Mitgliedstaates in die 3. Stufe der WWU der Anreiz zur finanzpolitischen Disziplin abnehmen könnte. So wurde das Verfahren insgesamt als zu langwierig[79] und die Vorgaben des Art. 104 Abs. 2 für die mitgliedstaatliche Haushaltspolitik als zu vage erachtet.

Im November 1995 schlug das Bundesfinanzministerium einen „Stabilitätspakt für Europa“[80] zwischen den Mitgliedstaaten vor, der im wesentlichen die Einhaltung der Haushaltsdisziplin, gemessen an einem Haushaltsdefizit mit einer Obergrenze von 3 % des BIP, auch während der dritten Stufe rechtlich bindend gewährleisten sollte. Zu diesem Zwecke war ein automatisierter Sanktionsmechanismus vorgesehen, der für den Fall der Überschreitung der 3%-Grenze die Verpflichtung zur Zahlung einer unverzinslichen Einlage auslösen sollte[81]. Der Vorschlag des Finanzministeriums gab Anlass zu einer juristischen Debatte über die gemeinschaftsrechtliche Zulässigkeit des Stabilitätspakts - sowohl hinsichtlich der inhaltlichen Vorgaben als auch hinsichtlich der rechtlichen Umsetzung des Pakts. Insbesondere die Automatisierung des Sanktionsverfahrens sowie die Rechtsform eines völkerrechtlichen Vertrages gerieten ins Zentrum der Kritik[82]. Vor dem Hintergrund dieser Kritik schlug die Kommission eine sekundärrechtliche Lösung vor, auf deren Grundlage der Währungsausschuss und der ECOFIN- Rat arbeiteten, bis schließlich im Dezember 1996 der Europäische Rat von Dublin eine Einigung über den wesentlichen Inhalt des auf Vorschlag Frankreichs nun Stabilitäts- und Wachstumspakt“ genannten Paktes

---

[78] Vgl. Schulze-Steinen, Wirtschaftsunion, S. 286 m.w.N. sowie zur Dauerhaftigkeit der haushaltspolitischen Vorgaben in Art. 104 EGV aaO. (Fn. 383).

[79] Vgl. Blumenwitz/Schöbener, Stabilitätspakt, S. 15 .

[80] Vgl. Stabilitätspakt für Europa- Finanzpolitik in der dritten Stufe der WWU, Pressemitteilung des BMF v. 10.11.1995, abgedruckt in Deutsche Bundesbank, Auszüge aus Presseartikeln Nr. 77 v. 13.11.1995, S. 6 ff.

[81] Pro angefangenem Prozentpunkt der Defizitüberschreitung sollte eine Einlage i.H.v. 0,25 % des BIP bei der EZB hinterlegt werden.

[82] Zur gemeinschaftsrechtlichen Zulässigkeit des „Stabiltätspaktes für Europa“ und den verschiedenen rechtlichen Konstruktionen siehe Blumenwitz/Schöbener, Stabilitätspakt, S. 24 ff., 36 ff., 46 ff, 54 ff.; vgl. ferner Schulze-Steinen, Wirtschaftsunion, S. 291 ff.; Hahn, Der Stabilitätspakt für die Europäische Währungsunion, S. 8 ff.; Häde, Ein Stabilitätspakt für Europa?, EuZW 1996, 138 (140ff.).

erzielte[83]. Der endgültige Text wurde vom Europäischen Rat in Amsterdam im Juni 1997 gebilligt[84]. Der Pakt umfasst folgende Rechtsakte:

b) Die Entschließung des Europäischen Rates

Die Entschließung des Europäischen Rates[85] verfolgt das Ziel, die Beteiligten des Defizitverfahrens bei ihrem Tätigwerden stärker auf die Wahrung der Haushaltsdisziplin zu verpflichten. Dies geschieht durch eine Eingrenzung der in Art. 104 EGV eröffneten Ermessensspielräume der Mitgliedstaaten, der Kommission und des Rates. So werden die Mitgliedstaaten u.a. auf einen „soliden, nahezu ausgeglichenen oder einen Überschuss aufweisenden Haushalt" festgelegt. Die Kommission verpflichtet sich u.a. zur Auslösung des Defizitverfahrens durch die Erstellung eines Berichtes nach Art. 104 Abs. 3 EGV, wenn das öffentliche Defizit eines Mitgliedstaates den Referenzwert von 3 % des BIP übersteigt bzw. wenn diesbezüglich ein Risiko besteht. Der Rat verpflichtet sich u.a. dazu, bei mangelnden Korrekturmaßnahmen immer Sanktionen zu verhängen. Darin liegt eine möglichst starke Annäherung an den von deutscher Seite ursprünglich geforderten Automatismus bei der Verhängung von Sanktionen.

Die Entschließung gibt den Verfahrensbeteiligten „feste politische Leitlinien" vor, die als solche politisch verbindlich sind. Eine rechtliche Verbindlichkeit kommt der Entschließung jedoch nicht zu[86]. Inwiefern die Entschließung rechtliche Bedeutung für die Interpretation des Art. 104 EGV bzw. für die beiden Verordnungen erlangen kann, wird noch bei den Ausführungen zur Bedeutung des Stabilitäts- und Wachstumspakts als Grenze der Entscheidungsfreiheit zu erörtern sein[87].

---

[83] Europäischer Rat von Dublin, Schlussfolgerungen des Vorsitzes, II. Wirtschafts- und Währungsunion, I.3., in Bull. EU 12/1996, Ziff.I.3. (S.10).

[84] Europäischer Rat von Amsterdam, Schlussfolgerungen des Vorsitzes, in Bull. EU 6/1997, S. 8ff.

[85] Entschließung v. 17.6.1997, ABl. C 236/1.

[86] Vgl. Blumenwitz/Schöbener, Stabilitätspakt, S. 11; Schwarze,EUV/EGV-Hattenberger, Art. 104 EGV, Rn. 9; die Rechtsverbindlichkeit von Entscheidungen des Europäischen Rates grundsätzlich ablehnend: Martenczuk, Der Europäische Rat, S. 156 m.w.N; Für eine Rechtsverbindlichkeit von Entscheidungen im Einzelfall: Pechstein/Koenig, Die Europäische Union, Rn. 175 ff. Die Prämisse einer „rechtsverbindlichen Lenkungsbefugnis des Europäischen Rates ggü. den Europäischen Gemeinschaften" widerspricht jedoch der Stellung des Europäischen Rates, der kein Organ i.S.d. Art. 7 EGV ist und daher den Institutionen der Gemeinschaften gegenüber keine Kompetenz zum Erlass von Rechtsakten hat. Vgl. dazu Martenczuk aaO., S. 156 m.w.N.

[87] s.u. Kapitel 4 B).

c) Die Verordnung (EG) 1466/97

(1) Regelungsgegenstand

Die Verordnung (EG) Nr. 1466/97 des Rates über den Ausbau der haushaltspolitischen Überwachung und Koordinierung der Wirtschaftspolitiken[88] (im folgenden VO 1466/97) wurde auf der Grundlage von Art. 99 Abs. 5 EGV erlassen und etabliert im Rahmen des Art. 99 EGV ein Frühwarnsystem[89] für die Haushaltspolitik: Die Mitglieder der WWU werden verpflichtet, jährlich in sog. Stabilitätsprogrammen ihre haushaltspolitischen Ziele zu definieren. Wenn der Rat ein erhebliches Abweichen vom mittelfristigen Haushaltsziel feststellt, richtet er als „frühzeitige Warnung" eine Empfehlung an den betreffenden Mitgliedstaat, die notwendigen Anpassungsmaßnahmen zu ergreifen[90]. Stellt der Rat fest, dass daraufhin keine ausreichenden Maßnahmen vorgenommen wurden, empfiehlt er dem Mitgliedstaat, umgehend Korrekturmaßnahmen vorzunehmen. Damit stellt die Verordnung eine Verknüpfung zwischen der wirtschaftspolitischen Überwachung nach Art. 99 EGV und der Defizitkontrolle des Art. 104 EGV her[91].

(2) Änderungen durch die Reform des Stabilitäts- und Wachstumspakts

Nach der vom Rat angenommenen Änderung[92] [93] der VO 1466/97 wird das Frühwarnsystem dahingehend modifiziert, dass nun für die einzelnen Mitgliedstaaten länderspezifische mittelfristige Ziele für einen nahezu ausgeglichenen Haushalt bzw. einen Haushaltsüberschuss festgelegt werden. Bei der Festlegung soll bereits berücksichtigt werden, dass es dem Mitgliedstaat auch bei Konjunkturschwankungen möglich sein muss, die Defizitgrenze einzuhalten und eigene Investitionen zu tätigen, Art. 2 lit.a) neue Fassung der VO 1466/97.

---

[88] Verordnung 1466/97 über den Ausbau der haushaltspolitischen Überwachung und der Überwachung und Koordinierung der Wirtschaftspolitiken vom 7.7.1997, ABl. L 209/1.

[89] Vgl. zum Frühwarnsystem II)2)a) Die Koordinierung der Wirtschaftspolitik, 4. Spiegelstrich.

[90] Verordnung 1466/97 aaO., Art. 6 Abs. 2.

[91] Vgl. Callies/Ruffert, EUV/EGV-Häde, Art. 104 EGV Rn. 93.

[92] Endgültige Fassung des Vorschlags der Kommission für eine Verordnung des Rates zur Änderung der Verordnung (EG) Nr. 1466/97 über den Ausbau der haushaltspolitischen Überwachung und der Überwachung und Koordinierung der Wirtschaftspolitiken, vom 20.4.2005, KOM (2005) 154 endgültig, Dok.- Nr. 2005/0064 (SYN), im Internet abrufbar unter http://europa.eu.int/eur-lex/lex/LexUriServ/site/de/com/2005/com2005_0154de01.pdf.

[93] Abdruck des Vorschlags zur Änderungsverordnung s. Anhang.

In den Stabilitätsprogrammen müssen die Mitgliedstaat ihren Anpassungspfad an das vorgegebene mittelfristige Ziel darstellen. Dieser wird vom Rat u.a. daraufhin überprüft, ob er „ehrgeizig genug" ist, für das Erreichen des mittelfristigen Ziels ist, wobei berücksichtigt werden kann, ob der Mitgliedstaat langfristig wirksame Strukturreformen durchführt, die eine langfristige Tragfähigkeit der öffentlichen Finanzen wahrscheinlich machen, Art. 5 lit. a) Abs. 1 Uabs.1 neue Fassung der VO 1466/97.

d) Die Verordnung (EG) 1467/97

(1) Regelungsgegenstand

Die Verordnung Nr. 1467/97 des Rates über die Beschleunigung und Klärung des Verfahrens bei einem übermäßigen Defizit[94] (im folgenden VO 1467/97) ist auf Art. 104 Abs. 14 2. UAbs. EGV gestützt. Sie stellt konkretisierende Regelungen für die Anwendung des Defizitverfahrens nach Art. 104 EGV auf und verfolgt damit das Ziel, die Wirksamkeit des Verfahrens nach Art. 104 EGV zu erhöhen[95]. Der oben dargestellten Kritik[96] an der Wirksamkeit des Defizitverfahrens nach Art. 104 EGV begegnet die VO 1467/97 einerseits dadurch, dass sie zeitliche Ziele für die einzelnen Verfahrensabschnitte festlegt: So wird dem Rat beispielsweise eine Frist von 10 Monaten nach den Meldeterminen i.S.d. VO 3605/93 für den Beschluss über die Verhängung von Sanktionen eingeräumt. Andererseits werden die Auslegungsspielräume bei der ausnahmsweisen und vorübergehenden Überschreitung des Referenzwertes nach Art. 104 Abs. 2 lit. a) und b) eingegrenzt[97]. Trotz der Konkretisierung der unbestimmten Rechtsbegriffe durch die VO bleibt es jedoch bei einem grundsätzlichen Bewertungsspielraum von Rat und Kommission bezüglich der Frage, ob die Ausnahmetatbestände nach Art. 104 Abs. 2 im Einzelfall erfüllt sind[98]. Bezüglich des Sanktionsmechanismus regelt die VO, wie und in welchem Umfang Einlagen bzw. Geldbußen von einem Mitgliedstaat verlangt werden können[99].

---

[94] Verordnung 1467/97 über die Beschleunigung und Klärung des Verfahrens bei einem übermäßigen Defizit v. 7.7.1997, ABl. L 209/6.

[95] Vgl. STREINZ, EUV/EGV-KEMPEN, Art. 104 EGV Rn. 12.

[96] Vgl. oben 3)a).

[97] Art. 2 der VO 1467/97 aaO.

[98] Sreinz, EUV/EGV-Kempen, aaO.; CALLIESS/RUFFERT, EUV/EGV-HÄDE, Art, 104 Rn. 98.

[99] Abschnitt 4 der VO 1467/97 aaO.

(2) Änderungen durch die Reform des Stabilitäts- und Wachstumspakts

Nach der vom Rat angenommenen Änderung[100] der VO 1467/97 sind die zeitlichen Vorgaben für den Ablauf des Defizitverfahrens teilweise gelockert worden: so beträgt beispielsweise die Frist des Rates für die Verhängung von Sanktionen nunmehr 14 Monate nach der Annahme eines Berichts nach Art. 104 Abs. 3 durch die Kommission, Art. 7 neue Fassung der VO 1467/97 (ggü. vorher 10 Monaten nach den entsprechenden Meldeterminen nach der VO 3605/93).

Deutliche Änderungen gibt es bei den Vorgaben zur Auslegung, wann das Defizitkriterium als ausnahmsweise und vorübergehend überschritten angesehen werden kann i.S.v. Art. 104 Abs. 2 lit. a) und b) EGV. Insbesondere werden der „schwerwiegende Wirtschaftsabschwung" und „sonstige einschlägige Faktoren" anders definiert. Auf die Details wird bei der Prüfung des Stabilitäts- und Wachstumspakts als Grenze der Entscheidungsfreiheit eingegangen[101].

II. Die Pflicht zur Vermeidung übermäßiger öffentlicher Defizite nach Art. 104 Abs. 1 EGV

1. Anwendungsbereich

Seit Beginn der 3. Stufe der WWU sind die Mitgliedstaaten gem. Art. 104 Abs. 1 EGV verpflichtet, „übermäßige öffentliche Defizite" zu vermeiden[102]. Diese Pflicht gilt auch für die Mitgliedstaaten mit Ausnahmeregelung[103]. Unter den Mitgliedstaaten, denen ein Sonderrecht zur Nichtteilnahme an der Endstufe der WWU eingeräumt wurde[104], ist lediglich das Vereinigte Königreich von der Pflicht aus Art. 104 I freigestellt[105] . Damit bleibt das Vereinigte Königreich ver-

[100] Endgültige Fassung des Vorschlags der Kommission für eine Verordnung des Rates zur Änderung der VO (EG) Nr. 1467/97 über die Beschleunigung und Klärung des Verfahrens bei einem übermäßigen Defizit, v. 20.4.2005, KOM (2005) 155 endgültig, Dok-Nr. 2005/0061 (CNS), angenommen v. Rat am 27.6.2005, ABl. L 174 v. 7.7.2005, S. 5 ff. Abdruck des Vorschlags für die Änderungsverordnung s. Anhang.

[101] s.u. Kap. 4 A)II).

[102] Geltung des Art. 104 Abs. 1 EGV gem. Art. 116 Abs. 3 Uabs. 2 EGV.

[103] Art. 122 Abs. 3 EGV schließt nur die Geltung von Art. 104 Abs. 9 und 11 EGV aus, nicht aber von Abs. 1.

[104] Siehe zu den Sonderregelungen oben A)I)6)c).

[105] Nach Nr. 5 Satz 1 des dem EGV beigefügten Protokolls (Nr. 25) über einige Bestimmungen betreffend das Vereinigte Königreich Großbritannien und Nordirland finden die Abs.

pflichtet, sich um die Vermeidung eines übermäßigen öffentlichen Defizits zu „bemühen".[106]

Art. 104 Abs. 1 begründet eine echte Rechtspflicht zur Vermeidung übermäßiger Haushaltsdefizite im Unterschied zur vorher bestehenden bloßen Pflicht des Bemühens[107]. Zur Durchsetzung dieser Rechtspflicht ist das Vertragsverletzungsverfahren (Art. 226/227 EGV) ausdrücklich gem. Art. 104 Abs. 10 EGV ausgeschlossen. Stattdessen sind die spezifischen Verfahren zur Feststellung von Pflichtverletzungen nach Art. 104 Abs. 3-8 einschlägig bzw. zur Verhängung von Sanktionen, Abs. 9-11.

Inhaltlich umfasst die Pflicht nach Art. 104 Abs. 1 sowohl die Verpflichtung, zukünftige übermäßige Defizite zu vermeiden, als auch die Verpflichtung zum Abbau bestehender Defizite[108].

2. Das „übermäßige öffentliche Defizit"

Zu klären ist, was unter dem „übermäßigen öffentlichen Defizit" nach Abs. 1 zu verstehen ist. Da der Begriff des Defizits im gesamten Verfahren des Art. 104 EGV mehrfach verwendet wird, besteht bereits Uneinigkeit darüber, ob für die Bestimmung des Defizits nach Art. 104 I auf die Definition in Art. 2 des Protokolls Nr. 20 zu rekurrieren ist, wonach das Finanzierungsdefizit im Sinne des Europäischen Systems volkswirtschaftlicher Gesamtrechnungen einschlägig ist. Damit im Zusammenhang steht die Frage, unter welchen Voraussetzungen das Defizit „übermäßig" ist.

a) Der Defizitbegriff in Art. 104 Abs. 1 EGV

Nach dem Wortlaut des Protokolls gelten die Definitionen von „öffentlich" und „Defizit" des Art. 2 für den gesamten Art. 104 EGV, ohne Unterscheidung zwischen den verschiedenen Absätzen. Demnach ist unter dem übermäßigen öf-

---

1, 9 und 11 keine Anwendung, solange das Vereinigte Königreich von seinem Recht Gebrauch macht, nicht an der 3. Stufe teilzunehmen.

[106] Gemäß Nr. 5 des Protokolls Nr. 25 (Fn. 106) ist Art. 116 Abs. 4 EGV ausdrücklich weiterhin anwendbar.

[107] Vgl. GRABITZ/HILF, EUV/EGV-BANDILLA, Art. 104 EGV Rn. 2; STREINZ,EUV/EGV-KEMPEN, Art. 104 EGV, Rn. 8.

[108] Vgl. SCHULZE-STEINEN, Wirtschaftsunion, S. 238; HARTMANN, Budgetautonomie, S. 69.

fentlichen Defizit nach Art. 104 Abs. 1 ein übermäßiges Finanzierungsdefizit des Staatssektors zu verstehen[109].

Andererseits wird teilweise gegen den Wortlaut des Protokolls vertreten, dass ungeachtet der Definitionen in Art. 2 das „übermäßige öffentliche Defizit" nach Art. 104 Abs. 1 gleichzusetzen sei mit dem „übermäßigen Defizit" des Art. 104 Abs. 6[110]. Zur Begründung wird auf die Normstruktur des Art. 104 EGV verwiesen: die Verpflichtung der Mitgliedstaaten nach Abs. 1 solle der Feststellung eines übermäßigen Defizits nach Abs. 6 vorbeugen, so dass sich die verwendeten Defizitbegriffe decken müssten[111].

Dieses Argument vermag indes nicht zu überzeugen: Zwar fällt der ECOFIN-Rat seine Entscheidung über das Vorliegen eines „übermäßigen Defizits" nach Abs. 6 nicht nur auf Basis des Finanzierungsdefizits, sondern auch auf Basis des öffentlichen Schuldenstandes und zudem im Wege einer „Prüfung der Gesamtlage", jedoch widerspricht dies nicht einer Verpflichtung der Mitgliedstaaten, die auf die Vermeidung übermäßiger Finanzierungsdefizite gerichtet ist; vielmehr ist zu berücksichtigen, dass die Nettokreditaufnahme unter bestimmten Voraussetzungen zu einer Erhöhung des Schuldenstandes führt, so dass die Mitgliedstaaten durch das Instrument der Kreditaufnahme den Schuldenstand beeinflussen können[112]. Aus dieser zentralen Funktion der mitgliedstaatlichen Aktivität bei der Kreditaufnahme heraus erklärt sich, dass die Verpflichtung in Abs. 1 auf das Finanzierungsdefizit begrenzt ist. Da kein Widerspruch zu der Feststellung des „übermäßigen Defizits" in Abs. 6 vorliegt, ist an der durch den Wortlaut gebotenen Definition des „übermäßigen öffentlichen Defizits" nach Abs. 1 als übermäßiges Finanzierungsdefizit festzuhalten.

b) Der Rechtsbegriff „übermäßig"

Mit der Definition des Defizits als Finanzierungsdefizit allein ist aber noch keine Aussage darüber getroffen, wann dieses Defizit übermäßig ist. Teilweise wird diesbezüglich auf den Referenzwert des Art. 104 Abs. 2 S. 2 lit. a) EGV Bezug genommen, der im Protokoll definiert wird. Danach wäre ein Finanzierungsdefizit übermäßig, wenn es einen Wert von 3% des BIP überschreitet[113]. Für diese Ansicht spricht zwar, dass der Referenzwert als legaldefinierte Größe

---

[109] Vgl. HARTMANN, Budgetautonomie, S. 69 ff.; SCHULZE-STEINEN, Wirtschaftsunion, S. 241.

[110] Vgl. LESCH, Anmerkungen zu den Maastrichter Beschlüssen, S. 649 (650); KORTZ, Die Entscheidung über den Übergang in die Endstufe der WWU, S. 99 ff.

[111] Vgl. KORTZ, aaO. (Fn. 111), S. 102; CALLIESS/RUFFERT, EUV/EGV-HÄDE, Art. 104 Rn. 14.

[112] Vgl. SCHULZE-STEINEN, Wirtschaftsunion, S. 240.

[113] Vgl. HARTMANN, Budgetautonomie, S. 70 f.

die Verpflichtung der Mitgliedstaaten klar benennen würde und somit den Mitgliedstaaten ein hohes Maß an Rechtssicherheit bieten würde[114].

Jedoch begegnet diese Lösung systematischen Bedenken, insofern als in den Verfahrensschritten bis zur Feststellung eines übermäßigen Defizits durch den Rat sowie bei der Entscheidung des Rates selbst, die Überschreitung eines einzelnen Referenzwertes weder notwendige noch hinreichende Bedingung für die Feststellung eines übermäßigen Defizits ist: Nach Art. 104 Abs. 2 EGV ist die Einhaltung der Referenzwerte für das öffentliche Finanzierungsdefizit und für den Schuldenstand ein wichtiges Kriterium für die Einhaltung der Haushaltsdisziplin. Da für beide Kriterien jeweils ein Ausnahmetatbestand vorgesehen ist, bedeutet das Überschreiten des jeweiligen Referenzwertes allerdings nicht zwangsläufig eine Verletzung der Haushaltsdisziplin. Würde man mit der oben zitierten Ansicht die Verpflichtung der Mitgliedstaaten nach Abs. 1 darin sehen, öffentliche Finanzierungsdefizite über einem Referenzwert von 3 % zu vermeiden, läge möglicherweise eine Pflichtverletzung i.S.d. Abs. 1 vor, obwohl die Haushaltsdisziplin nach dem Verständnis des Abs. 2 eingehalten wäre.

In Abs. 3 wird deutlich, dass die Nichterfüllung beider Kriterien bzw. eines Kriteriums zunächst nur die Pflicht der Kommission, einen Bericht zu erstellen auslöst, in dem u.a. weitere einschlägige Faktoren sowie die gesamte mittelfristige Wirtschafts- und Haushaltslage des Mitgliedstaates zu berücksichtigen sind. Erst auf der Grundlage dieses Berichts und einer Stellungnahme des Wirtschafts- und Finanzausschusses (Abs. 4) kann die Kommission zu ihrer Auffassung gelangen, dass in einem Mitgliedstaat ein übermäßiges Defizit besteht (Abs. 5).

Bei der Entscheidung des Rates über das Vorliegen eines übermäßigen Defizits nach Abs. 6 hat dieser die wirtschaftliche Gesamtlage zu berücksichtigen.

Wegen dieser systematischen Bedenken kann für die Übermäßigkeit des öffentlichen Defizits nach Abs. 1 nicht auf das Überschreiten des Referenzwertes von 3 % zurückgegriffen werden[115]. Vielmehr muss sich die Frage der Übermäßigkeit an der Zielsetzung des Art. 104 EGV orientieren. Da Art. 104 EGV der Sicherung einer auf Dauer tragbaren Finanzlage dienen soll[116], muss die Verpflichtung der Mitgliedstaaten darauf gerichtet sein, solche Defizite zu verhindern, die eine auf Dauer tragbare Finanzlage gefährden. Wann dies der Fall ist, lässt sich wohl nur im Einzelfall durch eine Inbezugsetzung des Finanzierungs-

[114] Vgl. HARTMANN, aaO., S.71.

[115] Im Ergebnis auch CALLIESS/RUFFERT, EUV/EGV-HÄDE, Art. 104 Rn. 14; vgl. SCHULZE-Steinen, Wirtschaftsunion, S. 261.

[116] Vgl. SCHWARZE, EUV/EGV-HATTENBERGER, Art. 104 Rn. 2.

defizits zur wirtschaftlichen Gesamtsituation des Mitgliedstaates ermitteln. Für diese Einzelfallbewertung erscheint folgender Maßstab sachgerecht: Ein Finanzierungsdefizit sei übermäßig, „wenn seine Höhe in Anbetracht der wirtschaftlichen Gesamtsituation des Staates und der Zielsetzung des Art. 104 EGV, eine stabilitätswidrig expansive Haushaltspolitik zu vermeiden und die nachhaltige Finanzierbarkeit der öffentlichen Haushalte bei einer Schuldenquote von höchstens 60% zu sichern, als unverhältnismäßig erscheint.“[117]

C. Überblick über die Stadien des Verfahrens

In einem Überblick über die Stadien des Verfahrens werden die Entscheidung des Rates nach Art. 104 Abs. 6 EGV sowie die anderen Entscheidungen des Rates in den Kontext des Verfahrens eingeordnet. Im Rahmen der Defizitüberwachung durch die Kommission (I.) wird insbesondere auf die Referenzkriterien des öffentlichen Defizits und des öffentlichen Schuldenstands sowie deren Ausnahmen einzugehen sein. Im Vordergrund des Verfahrens im Rat (Art. 104 Abs. 6-8) steht die Entscheidung über das Vorliegen eines übermäßigen Defizits nach Abs. 6: hier werden die Elemente der Entscheidungsfindung und das Verhältnis zu den Entscheidungsprozessen der Kommission herausgearbeitet.

I. Die Defizitüberwachung durch die Kommission (Art. 104 Abs. 2-5 EGV)

Die Verfahrensabschnitte Art. 104 Abs. 2-5 EGV regeln die Tätigkeit der Kommission bei der Überwachung der Haushaltsdisziplin. Während Abs. 2 die von der Kommission zu beachtenden Kriterien der Haushaltsdisziplin festlegt, regelt Abs. 3 die Erstellung eines Berichts, Abs. 4 die Stellungnahme des Wirtschafts- und Finanzausschusses und Abs. 5 die Vorlage einer Stellungnahme und einer Empfehlung an den Rat.

1. Die Prüfung der Haushaltsdisziplin nach Art. 104 Abs. 2 EGV

Gemäß Art. 104 Abs. 2 Uabs.1 EGV hat die Kommission die Aufgabe, die Entwicklung der Haushaltslage und der Höhe des öffentlichen Schuldenstands auf die Feststellung schwerwiegender Fehler zu überwachen. Dabei prüft sie insbesondere die Einhaltung der Haushaltsdisziplin anhand der zwei in Art. 104 Abs. 2 lit.a und lit.b genannten Kriterien. Der Begriff der Haushaltsdisziplin wird zwar weder im EGV noch im Defizitprotokoll legaldefiniert, erfährt jedoch

---

[117] SCHULZE-STEINEN, Wirtschaftsunion, S. 243.

eine Konkretisierung durch die zwei in Art. 104 Abs. 2 lit.a) und lit.b) EGV genannten Kriterien. Demnach dienen das Verhältnis des geplanten oder tatsächlichen öffentlichen Defizits zum BIP (lit. a) und das Verhältnis des öffentlichen Schuldenstandes zum BIP (lit. b) als Maßstab für die Einhaltung der Haushaltsdisziplin. Dabei ist die Prüfung „insbesondere" anhand der genannten Kriterien vorzunehmen, so dass auch andere Faktoren zu berücksichtigen sind.

a) Das Referenzkriterium „öffentliches Defizit"

Die Kommission untersucht gemäß Art. 104 Abs. 2 lit.a) EGV i.V.m. Art. 1 1.Spiegelstr. des Defizitprotokolls, ob das Verhältnis des geplanten[118] oder tatsächlichen[119] öffentlichen Defizits zum BIP den Referenzwert von 3% überschreitet. Unter dem „öffentlichen Defizit" ist gem. Art. 2 des Protokolls Nr. 20 das Finanzierungsdefizit zu verstehen.

Diese Referenzwerte sind nicht aus ökonomischer Sicht zwingend für die Wahrung der Preisstabilität[120], sondern sind als das politische Resultat der Vertragsverhandlungen von Maastricht zu verstehen[121]. So errechnete sich der Höchstwert für das Haushaltsdefizit auf der Grundlage vom Höchstwert für den Schuldenstand. Die Obergrenze von 60 % beim Schuldenstand ist darauf zurückzuführen, dass zur Zeit der Verhandlungen der durchschnittliche Schuldenstand der Mitgliedstaaten ungefähr 60 % des BIP betrug[122]. Ausgehend von diesem Schuldenstand wurde der Höchstwert für das Haushaltsdefizit errechnet: Um den Schuldenstand aus der Sicht des Zeitpunkts der Vertragsverhandlungen bei 60% zu stabilisieren, wäre das höchstzulässige Haushaltsdefizit 3%, wenn man ein nominales Wachstum des BIP von 5% per annum zugrunde legt[123].

---

[118] Gem. Art. 3 VO 3605/93 fallen darunter Finanzierungsdefizite, die für das laufende Jahr von den Mitgliedstaaten in Übereinstimmung mit den aktuellsten Entscheidungen der für den Haushalt zuständigen Instanzen festgelegt werden.

[119] Gem. Art. 3 Abs. 2 VO Nr. 3605/93 ist darunter das geschätzte, vorläufige und endgültige Ergebnis für ein vergangenes Jahr zu verstehen.

[120] Vgl. HÄDER/NIEBAUM, WD, 1997, 94 (98); SELMAYR, Das Recht der WWU, S. 326.

[121] Vgl. zu den Verhandlungen Viebig, Der Vertrag von Maastricht, S. 355ff.

[122] Siehe dazu näher SCHULZE-STEINEN, Wirtschaftsunion, S. 214 m.w.N. in Fn. 67.

[123] Zur Berechnungsformel der Kommission siehe KÖHLER, VWL-Kurzkommentar zur WWU, 99 f.

b) Das Referenzkriterium „öffentlicher Schuldenstand"

Außerdem untersucht die Kommission gem. Art. 104 Abs. 2 lit. b) i.V.m. Art. 1 2. Spiegelstr., ob das Verhältnis des öffentlichen Schuldenstands zum BIP den Referenzwert von 60% überschreitet. Der öffentliche Schuldenstand entspricht dem Nominalwert aller am Jahresende ausstehenden Bruttoverbindlichkeiten des Sektors Staat, mit Ausnahme derjenigen Verbindlichkeiten, für die vom Sektor Staat entsprechende finanzielle Gegenwerte gehalten werden[124].

Die Einhaltung dieser beiden Referenzwerte ist nach Art. 104 Abs. 2 S. 2 EGV zwar ein wichtiges Kriterium für die Einhaltung der Haushaltsdisziplin, jedoch sieht Abs. 2 für beide Kriterien Ausnahmetatbestände vor, bei deren Vorliegen die Haushaltsdisziplin trotz Überschreitung der Referenzwerte als eingehalten gilt. Die Überschreitung des Referenzwertes ist somit als Indiz für die Verletzung der Haushaltsdisziplin zu verstehen[125].

c) Ausnahmen beim Defizitkriterium

Wird der Referenzwert für das öffentliche Defizit überschritten, bleibt dies in 2 Fällen für die Einhaltung der Haushaltsdisziplin unschädlich: Einerseits bei erheblichem und laufendem Rückgang des Verhältnisses zwischen öffentlichem Defizit und BIP, wenn es einen Wert „in der Nähe des Referenzwertes erreicht hat" (Art. 104 Abs. 2 lit. a) 1. Spiegelstr. EGV). Andererseits, wenn der Referenzwert nur „ausnahmsweise und vorübergehend" überschritten wird und die Nähe zum Referenzwert gegeben ist (Art. 104 Abs. 2 lit. a) 2. Spiegelstr. EGV). Die Häufung von unbestimmten Begriffen in diesen Ausnahmeregelungen verleiht der Kommission bei der Überprüfung, ob die Haushaltsdisziplin eingehalten wurde, einen Ermessensspielraum[126], der seine Grenzen in dem von Art. 104 EGV auch verfolgten Ziel einer Schuldenstandsquote unter 60 % findet. Wegen der Interdependenz zwischen Defizitquote, Schuldenquote und BIP muss im Einzelfall die Frage geklärt werden, ob eine Defizitquote noch in der Nähe des Referenzwertes liegt[127].

---

[124] Art. 1 Abs. 5 VO Nr. 3605/93.

[125] Vgl. Schwarze, EUV/EGV-Hattenberger, Art. 104 EGV Rn. 15; Schulze-Steinen, Wirtschaftsunion, S. 215; Ähnlich Calliess/Ruffert, EUV/EGV-Häde, Art. 104 Rn. 20, der ein Regel-Ausnahme-Verhältnis annimmt.

[126] Zur Einbeziehung weiterer Faktoren, wie Wechselbeziehungen zwischen den Kriterien, siehe die Ausführungen zur Kompetenzverteilung in Kapitel 5.

[127] Vgl. Schulze-Steinen, Wirtschaftsunion, S. 218.

Für den zweiten Ausnahmetatbestand wurde der unbestimmte Begriff der ausnahmsweisen und vorübergehenden Überschreitung durch Art. 2 der VO Nr. 1467/97 präzisiert. Demnach liegt eine „ausnahmsweise" Überschreitung in zwei Fällen vor: Bei einer Überschreitung, die auf ein außergewöhnliches Ereignis zurückzuführen ist, das sich der Kontrolle des betreffenden Mitgliedstaates entzieht sowie bei einer Überschreitung als Folge eines schwerwiegenden Wirtschaftsabschwungs. Bei der Erstellung eines Berichts nach Art. 104 Abs. 3 EGV wird eine ausnahmsweise Überschreitung nur angenommen, wenn das reale BIP innerhalb eines Jahres mind. 2 % gesunken ist (Art. 2 Abs.2 der VO.), während der Rat bei der Feststellung nach Art. 104 Abs. 6 auch bei einem Rückgang des BIP von weniger als 2% weitere Umstände berücksichtigt, die einen außergewöhnlichen Rückgang begründen[128].

Eine bloß vorübergehende Überschreitung liegt vor, wenn sich aus den Haushaltsvorausschätzungen der Kommission abzeichnet, dass das Defizit unter den Referenzwert sinken wird, wenn das außergewöhnliche Ereignis nicht mehr vorliegt oder der schwerwiegende Wirtschaftsabschwung beendet ist[129].

d) Ausnahmen beim Schuldenstandskriterium

Ein Überschreiten des Referenzwertes für den Schuldenstand führt ausnahmsweise nicht zur Verletzung der Haushaltsdisziplin, wenn das Verhältnis von Schuldenstand und BIP hinreichend rückläufig ist und sich rasch genug dem Referenzwert nähert (Art. 104 Abs. 2 lit. b) EGV). Im Unterschied zu der Ausnahmeregelung beim Defizitkriterium wird nicht vorausgesetzt, dass bereits ein Wert in der Nähe des Referenzwertes erreicht wurde. Die unbestimmten Begriffe „hinreichend" und „rasch genug" eröffnen der Kommission einen Entscheidungsspielraum bei der Frage, ob die Haushaltsdisziplin verletzt ist, so dass die Situation des betreffenden Mitgliedstaates berücksichtigt werden kann.

2. Bericht der Kommission (Art. 104 Abs. 3 EGV)

Zweck des Kommisionsberichts ist es, das weitere Verfahren dadurch vorzubereiten, dass die Entscheidungsgrundlage für eine spätere Stellungnahme der Kommission und – mittelbar - für die Entscheidung des Rates nach Art. 104

---

[128] Art. 2 Abs. 3 VO Nr. 1467/97; zu dieser ggü. der Kommission erweiterten Bewertungsgrundlage wird noch bei der Erörterung der Ermessensgrenzen bei Prüfung der Gesamtlage einzugehen sein.

[129] Art. 2 Abs. 1 lit. a S. 2 der VO Nr. 1467/97.

Abs. 6 möglichst umfassend aufbereitet wird[130]. Art. 104 Abs. 3 unterscheidet zwei Fälle, in denen die Kommission einen Bericht erstellt: die obligatorische Berichterstellung (Abs. 3 Uabs. 1) und die fakultative Berichterstellung (Abs. 3 Uabs. 2).

Nach Abs. 3 S. 1 ist die Kommission zur Erstellung eines Berichts verpflichtet, wenn ein Mitgliedstaat keines oder nur eines der Referenzkriterien i.S.d. Abs. 2 erfüllt.

Über die beiden Referenzkriterien hinaus hat die Kommisson in dem Bericht auch das Verhältnis des öffentlichen Defizits zu den öffentlichen Ausgaben für Investitionen[131] (sog. „goldene Regel“[132] der Finanzpolitik) zu berücksichtigen sowie „alle sonstigen einschlägigen Faktoren, einschließlich der Wirtschafts- und Haushaltslage des Mitgliedstaates“ (Art. 104 Abs. 3 S. 2). Dass diese Faktoren zu berücksichtigen sind, ändert nichts daran, dass dem Defizit- und Schuldenstandskriterium im Bericht die größte Bedeutung zukommen soll. Sonstige Faktoren dienen der Kommission als „Hilfskriterien“[133]. Taugliche Kriterien sind solche, die eine Aussage über die Haushaltsdisziplin des betreffenden Mitgliedstaates zulassen[134].

Nach Art. 104 Abs. 3 S. 3 kann die Kommission „ferner einen Bericht erstellen, wenn sie ungeachtet der Erfüllung der Kriterien der Auffassung ist, dass in einem Mitgliedstaat die Gefahr eines übermäßigen Defizits besteht“. In diese Fallgruppe gehört beispielsweise ein Mitgliedstaat, der beide Referenzkriterien erfüllt, aber dessen Finanzpolitik in absehbarer Zeit aller Wahrscheinlichkeit nach zu einer Verletzung der Referenzkriterien führen wird[135]. Der Entscheidungsspielraum der Kommission wird durch das Ziel des gesamten Verfahrens nach Art. 104 EGV, nämlich der Vermeidung übermäßiger Defizite, begrenzt: Je größer die Gefahr eines übermäßigen Defizits ist, desto kleiner ist der Entscheidungsspielraum der Kommission hinsichtlich der Berichterstellung[136]. Zudem verpflichtet die Entschließung des Europäischen Rates zum Stabilitäts- und

[130] Vgl. Groeben/Thiesing/Ehlermann, 5. Aufl.,EUV/EGV-Italianer, Art. 104 c Rn. 45; Grabitz/Hilf, EGV-Bandilla, Art. 104 EGV, Rn. 20.

[131] Vgl. zur Definition von Investitionen Art. 2, 3. Spiegelstr. des VÜD-Protokolls und Art. IV der VO 3605/93.

[132] Sie beruht auf der Vorstellung, dass öffentliche Defizite eine Zukunftsbelastung und öffentliche Investitionen eine Zukunftsbegünstigung darstellen, vgl. zur entsprechenden Regelung in Art. 115 GG Maunz/Dürig, GG-Maunz, Art. 115 GG, Rn. 30; zur Regelung im EGV vgl. Grabitz/Hilf, EGV-Bandilla, Art. 104, Rn. 18; Groeben/Thiesing/Ehlermann, 5. Aufl., EUV/EGV-Italianer, Art. 104 c, Rn. 44.

[133] Vgl. Konow, Stabilitäts- und Wachstumspakt, S. 103 m.w.N.

[134] Vgl. Konow, aaO., S. 104.

[135] Ausführlich zu diesem Beispiel Konow, Stabilitäts- und Wachstumspakt, S. 107.

Wachstumspakt - politisch aber nicht rechtlich verbindlich[137] - die Kommission zur Berichterstattung, wenn das Risiko eines übermäßigen Defizits besteht[138].

3. Die Stellungnahme des Wirtschafts- und Finanzausschusses (Art. 104 Abs. 4 EGV)

Gemäß Art. 104 Abs. 4 EGV gibt der Wirtschafts- und Finanzausschuss eine Stellungnahme zum Kommissionsbericht ab. Dieser Ausschuss setzt sich gemäß Art. 114 Abs. 3 EGV i.V.m. Art. 1 des Beschlusses des Rates vom 21. Dezember 1998 über die Einzelheiten der Zusammensetzung des Wirtschafts- und Finanzausschusses[139] aus jeweils zwei Mitgliedern der Kommission, der EZB und der einzelnen Mitgliedstaaten zusammen.

Der Zweck der Stellungnahme durch den Ausschuss liegt wie beim Kommissionsbericht darin, die Feststellung eines übermäßigen Defizits durch den Rat (Art. 104 Abs. 6 EGV) vorzubereiten. Konkret kommt ihm die Aufgabe zu, die Beurteilung der mitgliedstaatlichen Haushaltsdisziplin durch den Kommissionsbericht einer Überprüfung zu unterziehen. Dabei legt der Wirtschafts- und Finanzausschuss den gleichen Prüfungsmaßstab an wie die Kommission. In der Praxis ergibt sich aus der Zusammensetzung des Wirtschafts- und Finanzausschusses bei der Abstimmung über die Stellungnahme nach Art. 104 Abs. 6 EGV noch eine weitere Funktion dieser Stellungnahme: Da an dieser Abstimmung gemäß Art. 4 S. 2 der Satzung des Wirtschafts- und Finanzausschusses[140] nur die Vertreter der Regierungen der Mitgliedstaaten teilnehmen, dient die verabschiedete Stellungnahme des Ausschusses der Kommission als Indikator für die Bereitschaft des Rates, bei einer möglichen späteren Entscheidung nach Abs. 6 ein übermäßiges Defizit festzustellen. Gegebenenfalls kann die Kommission bei einer ablehnenden Stellungnahme des Ausschusses dieses bei der späteren Stellungnahme nach Abs. 5 berücksichtigen, indem sie das von ihr empfohlene Abstimmungsergebnis überzeugender begründet.

---

[136] Ebenda.

[137] Zur Rechtsnatur der Entschließung siehe oben, B)I)3).

[138] Ziff. 3 der Entschließung bezüglich der Kommission.

[139] ABl. Nr. L 358/109 vom 31. 12. 98.

[140] Beschluss des Rates vom 31.12.1998 über die Satzung des Wirtschafts- und Finanzausschusses, ABl. EG 1999 Nr. L 5/71.

4. Stellungnahme und Empfehlung der Kommission (Art. 104 Abs. 5 und 6 EGV)

Gemäß Art. 104 Abs. 5 EGV legt die Kommission dem Rat eine Stellungnahme vor, wenn sie der Auffassung ist, dass in einem Mitgliedstaat ein übermäßiges Defizit besteht oder sich ergeben könnte. Aus der systematischen Zusammenschau von Abs. 5 und 6 ergibt sich, dass die Stellungnahme des Rates an die Kommission erst dann erfolgen darf, wenn der Ausschuss Gelegenheit zur Stellungnahme hatte[141].

Abs. 5 nennt zwar nur die Stellungnahme, jedoch ergibt sich aus Art. 3 Abs. 3 der Verordnung Nr. 3605/93, dass gleichzeitig eine Empfehlung an den Rat ergeht (Art. 104 Abs. 6). Im Unterschied zum Bericht, der die Entscheidungsgrundlagen für den Rat vorbereitet, nimmt die Kommission in der Stellungnahme und in der Empfehlung eine Wertung der mitgliedstaatlichen Finanzlage vor. Dabei muss die Stellungnahme des Ausschusses gem. Art. 3 Abs. 2 der VO 1467/97 uneingeschränkt berücksichtigt werden. Dies begründet keine rechtliche Bindung an die Stellungnahme des Ausschusses, sondern einen verpflichtenden Einbezug der Ausschussentscheidung in den Erlass von Stellungnahme und Empfehlung. Zu einer besonderen Form der Berücksichtigung hat sich die Kommission für den Fall - zumindest politisch verbindlich - verpflichtet, dass sie entgegen der Einschätzung des Ausschusses ein Defizit von über 3 % für nicht übermäßig hält: dann verlangt die Entschließung des Europäischen Rates eine schriftliche Begründung[142].

Bei Untätigkeit der Kommission besteht für den Rat und die Mitgliedstaaten die Möglichkeit, gem. Art. 115 EGV, die Kommission zu ersuchen, einen Vorschlag oder eine Empfehlung zu unterbreiten. Für diesen Fall verpflichtet sich die Kommission in der Entschließung des Stabilitäts- und Wachstumspaktes, in der Regel eine Empfehlung für den Beschluss des Rates nach Abs. 6 abzugeben[143].

---

[141] Grabitz/Hilf, EGV-Bandilla, Art. 104 Rn. 20; Groeben/Thiesing/Ehlermann, 5. Aufl., EUV/EGV- Italianer, Art. 104c Rn. 88 ff.; Vgl. zu dem Vorgehen bei einer unterbliebenen Stellungnahme ausführlich Konow, Stabiliäts- und Wachtumspakt, S. 113 ff.

[142] Nr. 4 der Leitlinien bezüglich der Kommission, Entschließung des Europäischen Rates über den Stabilitäts- und Wachstumspakt.

[143] Nr. 5 der Leitlinien bezüglich der Kommission, Entschließung des Europäischen Rates über den Stabilitäts- und Wachstumspakt.

II. Das Verfahren im Rat (Art. 104 Abs. 6-8 EGV)

1. Die Feststellung des übermäßigen Defizits (104 Abs. 6 EGV)

Nach Art. 104 Abs. 6 trifft der ECOFIN- Rat die endgültige Entscheidung über das Vorliegen eines übermäßigen Defizits. Im Folgenden sollen Bedeutung und Inhalt der Entscheidung sowie die Beschlussfassung des Rates skizziert werden, um schließlich für die weitere Prüfung die Elemente der Entscheidung festzuhalten, die dem Rat einen Entscheidungsspielraum eröffnen.

a) Die Bedeutung der Ratsentscheidung

Die Bedeutung der Ratsentscheidung im Kontext des Verfahrens nach Art. 104 EGV liegt darin, dass die Feststellung eines übermäßigen Defizits konstitutiv für die weiteren Maßnahmen nach Abs. 7 bis 11 ist[144]. Außerdem hat die Ratsentscheidung Bedeutung für die Teilnahme an der dritten Stufe der WWU insofern, als bei Fehlen einer Ratsentscheidung nach Abs. 6 das Konvergenzkriterium der auf Dauer tragbaren Finanzlage der öffentlichen Hand nach Art. 121 Abs. 1 S.3, 2. Spiegelstr. als erfüllt gilt[145].

b) Elemente der Entscheidungsfindung

Gemäß Art. 106 Abs. 6 erfolgt die Entscheidung, ob ein übermäßiges Defizit vorliegt, auf Empfehlung der Kommission und unter Berücksichtigung der Bemerkungen des Mitgliedstaates nach Prüfung der Gesamtlage.

(1) „auf Empfehlung der Kommission“

Die Entscheidung „auf Empfehlung der Kommission“ bedeutet eine Bindung an die Kommissionsempfehlung lediglich in formeller, nicht aber in materieller Hinsicht: Die formelle Bindung besteht darin, dass der Rat nur dann zu einer Entscheidung nach Art. 104 Abs. 6 EGV berechtigt ist, wenn diese zuvor eine Empfehlung abgegeben hat[146] und andererseits auch verpflichtet ist, über das

---

[144] Vgl. SCHWARZE, EUV-HATTENBERGER, Art. 104 EGV, Rn. 30; GRABITZ/HILF, EUV-BANDILLA, Art. 114c, Rn. 15.

[145] Art. 2 des Protokolls über die Konvergenzkriterien.

[146] Dem Rat steht das Mittel eines Ersuchs an die Kommission zur Verfügung, eine Stellungnahme und eine Empfehlung abzugeben, Art. 115 EGV.

Vorliegen eines übermäßigen Defizits zu entscheiden[147]. Inhaltlich bindet die Empfehlung der Kommission den Rat jedoch nicht. Dies ergibt sich zum einen daraus, dass Empfehlungen gem. Art. 249 Abs. 5 EGV nicht rechtlich verbindlich sind, andererseits lässt bereits der Wortlaut des Abs. 6, der von einer Entscheidung nach Prüfung der Gesamtlage spricht, nur die Deutung zu, dass der Rat eine eigenständige, inhaltlich unabhängige Beurteilung der mitgliedstaatlichen Finanzlage vornimmt[148].

(2) Der Defizitbegriff in Abs. 6

Fraglich ist, von welchem Defizitbegriff auszugehen ist, wenn der Rat ein übermäßiges Defizit feststellt. Nach Art. 2 des Protokolls über das Verfahren bei einem übermäßigen Defizit ist unter dem Defizit das Finanzierungsdefizit zu verstehen. Teilweise wird vertreten, dass der Defizitbegriff in Art. 104 Abs. 6 EGV nicht der Definition des Protokolls entspreche, da die Feststellung des übermäßigen Defizits gemäß Abs. 6 nach Prüfung der Gesamtlage erfolge und somit das Finanzierungsdefizit nicht das alleinige Kriterium sei[149]. Zwar ist der Begründung inhaltlich zuzustimmen. Jedoch ergibt sich aus der Berücksichtigung weiterer Faktoren neben dem Finanzierungsdefizit nicht die zwingende Folge, dass bereits ein erweiterter Defizitbegriff zugrunde gelegt werden muss; vielmehr können weitere Bewertungskriterien über den Begriff der Übermäßigkeit berücksichtigt werden. Diese Lösung hat den Vorzug, dass die Berufung auf die Legaldefinition des Defizits eine klare Bezugsgröße darstellt und somit den Mitgliedstaaten mehr Rechtssicherheit bietet. Dies ist angesichts des unbestimmten Rechtsbegriffs der Übermäßigkeit des Defizits notwendig. Für die Übermäßigkeit ist nach den Ausführungen oben[150] nicht allein der Referenzwert für das öffentliche Defizit relevant, sondern sie ist im Einzelfall durch Inbezugsetzung des Finanzierungsdefizits zur wirtschaftlichen Gesamtsituation des Mitgliedstaates und unter Berücksichtigung der Zielsetzung des Art. 104 EGV zu ermitteln.

---

147 Vgl. SCHULZE-STEINEN, Wirtschaftsunion, S. 252; KONOW, Stabilitäts- und Wachstumspakt, S. 121 f.

148 Vgl. SCHULZE-STEINEN, Wirtschaftsunion, S. 252; GRABITZ/HILF, EGV-BANDILLA, Art. 104, Rn. 22; KONOW, Stabilitäts- und Wachstumspakt, S. 121.

149 Vgl. CALLIESS/RUFFERT, EUV/EGV-HÄDE, Art. 104, Rn. 13.

150 Siehe oben B II 2)b).

(3) Die Bemerkungen des betroffenen Mitgliedstaates

Außerdem berücksichtigt der Rat die „Bemerkungen, die der betreffende Mitgliedstaat gegebenenfalls abzugeben wünscht." Diese fakultative Berücksichtigung mitgliedstaatlicher Bemerkungen wird als Ausprägung des Grundsatzes der Anhörung des Betroffenen gedeutet[151]. Fraglich ist, welche Bemerkungen vom Rat zu berücksichtigen sind. Hier ist zu unterscheiden zwischen der Mitteilung von Tatsachen, wie haushaltspolitischen Daten, und der Mitteilung von wertenden Stellungnahmen der eigenen haushaltspolitischen Situation. Im Bereich der Tatsachen gilt es zu berücksichtigen, dass bereits die Kommission bei Überwachung der Haushaltslage und Erstellung des Berichts nach Abs. 5 auf Haushaltsdaten der Mitgliedstaaten zurückgreift. Die Mitgliedstaaten sind gemäß Art. 3 S. 3 des Protokolls über das Verfahren bei einem übermäßigen Defizit verpflichtet, ihre geplanten und tatsächlichen Defizite sowie die Höhe ihres Schuldenstands der Kommission regelmäßig und unverzüglich mitzuteilen. In Art. 4 der Verordnung Nr. 3605/93, der aufgrund des Art. 104 Abs. 14 S. 3 EGV erlassen wurde, wird diese Verpflichtung näher konkretisiert und auf eine zweimal jährliche Mitteilung festgelegt. Um die eigene Bedeutung der in Art. 104 Abs. 2 bis 5 normierten Überwachungstätigkeit zu wahren, kann der Rat nur solche Mitteilungen des Mitgliedstaates berücksichtigen, die sich auf andere als die an die Kommission übermittelten Daten beziehen. Das bedeutet konkret, dass Angaben zum öffentlichen Schuldenstand und zum öffentlichen Defizit in der Regel nicht berücksichtigt werden können[152]. Andere Tatsachen jedoch, die für die Haushaltssituation insgesamt aus Sicht des Mitgliedstaates von Bedeutung sein könnten, müssen vom Rat berücksichtigt werden. Diese weite Basis seiner Entscheidung korrelliert mit der in Art. 104 Abs. 6 statuierten Prüfung der Gesamtlage, die ebenfalls eine weite Entscheidungsgrundlage impliziert. Dies sagt freilich noch nichts darüber aus, wie die Wertung des Rates ausfällt.

Ausdrücklich geregelt ist die Berücksichtigung von Bemerkungen der Mitgliedstaaten, nach denen ein Rückgang des BIP von unter 2% des BIP als außergewöhnlich einzustufen ist[153]. Diese Präzisierung durch die VO Nr. 1467/97 ist jedoch nicht in dem Sinne einer abschließenden Aufzählung der zu berücksichtigenden Bemerkungen zu verstehen. Eine solche Deutung wäre nicht mit der primärrechtlichen Vorgabe in Art. 104 Abs. 6 zu vereinbaren: Der Wortlaut

---

[151] Vgl. SCHWARZE, EUV-HATTENBERGER, Art. 104 EGV, Rn. 28; SCHULZE-STEINEN, Wirtschaftsunion, S. 255.

[152] Vgl. SCHULZE-STEINEN, Wirtschaftsunion, S. 254, der auf eine mögliche Ausnahme bei einer starken Änderung der Haushaltslage zwischen Zeitpunkt der Stellungnahme und Ratsentscheidung hinweist.

[153] Art. 2 Abs. 3 der VO Nr. 1467/97.

(„unter Berücksichtigung der Bemerkungen, die der Mitgliedstaat abzugeben wünscht") geht grundsätzlich von einem Gleichlauf zwischen den Bemerkungen der Mitgliedstaaten und deren Berücksichtigung aus. Außer in den oben genannten Fällen bestehen keine teleologischen oder systematischen Bedenken gegen diesen vom Wortlaut gebotenen Gleichlauf.

Hinsichtlich der Bemerkungen des Mitgliedstaates, die eine wertende Einschätzung der eigenen Haushaltlage beinhalten, bestehen ebenfalls keine Bedenken, d.h. auch sie sind vom Rat zu berücksichtigen.

(4) Prüfung der Gesamtlage

Die Feststellung des Rates erfolgt „nach Prüfung der Gesamtlage". In dieser Formulierung kommt zum Ausdruck, dass der Rat eine umfassende, eigenständige Würdigung der ökonomischen Situation vornimmt[154]. Daraus ergibt sich für den Prüfungsumfang des Rates, dass er neben den Referenzkriterien weitere Wirtschaftsdaten berücksichtigt[155]. Die Prüfung umfasst auch die Frage, ob eine ausnahmsweise Überschreitung der Referenzwerte vorliegt.

Betrachtet man die Prüfung der Gesamtlage im Zusammenhang mit der Berücksichtigung der Bemerkungen der Mitgliedstaaten, ergibt sich, dass alle Faktoren, die von der Kommission und von den Mitgliedstaaten für wichtig erachtet werden, eine legitime Rolle im Entscheidungsprozess spielen können[156].

c) Beschlussfassung

(1) Geltendes Recht

Für die Feststellung eines übermäßigen Defizits ist gemäß Art. 104 Abs. 6 i.V.m. Art. 205 Abs. 2 UAbs. 3 EGV eine qualifizierte Mehrheit notwendig, die bei einer Mindeststimmenzahl der gewogenen Stimmen von 232 vorliegt, wobei mindestens 2/3 der Ratsmitglieder zustimmen müssen, d.h. 18 Mitgliedstaaten. (sog. qualifizierte doppelte Mehrheit). Zusätzlich muss die Mehrheit mindestens 62 % der Gesamtbevölkerung der EU repräsentieren (sog. dreifach qualifizierte Mehrheit[157]). Dieses Erfordernis kann gem. Art. 205 Abs. 4 auf Antrag eines Ratsmitglieds überprüft werden. Bei insgesamt 321 Stimmen der insgesamt 25

[154] Vgl. Schulze-Steinen, Wirtschaftsunion, S. 256.

[155] Vgl. Calliess/Ruffert, EGV-Häde, Art. 104 EGV, Rn. 46

[156] Vgl. Grabitz/Hilf, EGV-Bandilla, Art. 104 EGV, Rn. 23.

Mitgliedstaaten[158] der EG liegt damit die Sperrminorität bei 89 Stimmen. Ein wirksamer Beschluss setzt gemäß Art. 205 Abs. 2 Uabs 3 2. Spiegelstrich voraus, dass mindestens 62 Stimmen, verteilt auf 10 zustimmende Mitglieder erreicht werden.

Der betreffende Mitgliedstaat nimmt an der Abstimmung teil, ebenso wie Mitgliedstaaten, für die eine Ausnahmeregelung gilt[159].

(2) Die Regelung nach dem Vertrag über eine Verfassung Europas

Anders als nach bisheriger Rechtslage wird nach Inkrafttreten des Vertrags über eine Verfassung Europas der betreffende Mitgliedstaat nicht an der Abstimmung über das Vorliegen eines übermäßigen Defizits teilnehmen. Außerdem wird das System der Stimmenabwägung bei Ratsentscheidungen abgeschafft. Für die qualifizierte Mehrheit wird dann vorausgesetzt werden, dass 55 % der übrigen Mitglieder des Rates zustimmen, die insgesamt mindestens 65 % der Bevölkerung der beteiligten MS repräsentieren müssen.

Eine Sperrminorität wird vorliegen bei einer Mindestzahl der Mitgliedstaaten, die mehr als 35 % der Bevölkerung der beteiligten Mittgliedstaaten ausmacht, plus ein weiterer Mitgliedstaat[160].

2. Empfehlungen des Rates nach Abs. 7

Gemäß Art. 104 Abs. 7 EGV ist der Rat im Falle einer Feststellung eines übermäßigen Defizits verpflichtet, eine Empfehlung an den betreffenden Mitgliedstaat zu adressieren, die darauf gerichtet ist, dieser Lage innerhalb einer bestimmten Frist abzuhelfen[161]. Die Empfehlung ist gleichzeitig mit der Entscheidung zu erlassen (Art. 3 Abs. 3 VO Nr. 1467/97). Die Empfehlung ist zwar nicht rechtlich verbindlich[162] für den betreffenden Mitgliedstaat, jedoch ergibt

---

[157] Vgl. Calliess/Ruffert, EUV, EGV-Wichard, Art. 205 EGV Rn. 60 Fn. 6.

[158] Die am 1.5.2004 beigetretenen 10 Mitgliedstaaten sind nach dem Beitrittsvertrag direkt in die 3. Stufe der WWU eingetreten und zwar als Mitgliedstaaten mit Ausnahmeregelung, so dass ihr Stimmrecht gem. § 122 Abs. 3 S.1, Abs. 5 S.1 in den dort genannten Fällen ruht, nicht aber bei der Entscheidung nach Abs. 6.

[159] Das ergibt sich aus Art. 122 Abs. 5 S. 1 i.V.m. Abs. 3. EGV.

[160] Art. III-184 Abs. 6 des Vertrags für eine Verfassung Europas, Abl. EG 2004, C/310, S. 1 ff.

[161] Zur Fristbemessung siehe Art. 3 Abs. 4 VO Nr. 1467/97.

[162] Gemäß Art. 249 Abs. 5 EGV sind Empfehlungen und Stellungnahmen nicht verbindlich.

sich ihre Bedeutung einerseits aus der Treuepflicht der Mitgliedstaaten (Art. 10 EGV). Diese verpflichtet den Mitgliedstaat mindestens zu einer ernsthaften Prüfung der Empfehlung und - im Falle ihrer Begründetheit - auch zu ihrer Erfüllung[163]. Eine weitere Bedeutung der Empfehlung liegt darin, dass sie notwendige Voraussetzung für weitere Maßnahmen im Defizitverfahren ist.

Fraglich ist, welchen Inhalt die Empfehlungen nach Abs. 7 haben dürfen. Klarheit besteht insoweit, als der Rat konkrete wirtschaftspolitische Zielvorgaben an den Mitgliedstaat richten kann[164]. Ohne solche Vorgaben wäre es dem Rat nicht möglich, zu überprüfen, ob der Mitgliedstaat fristgerecht entsprechende wirksame Maßnahmen vorgenommen hat. Ob der Rat darüber hinaus auch berechtigt ist, konkrete wirtschaftspolitische Maßnahmen zu empfehlen, wird unterschiedlich bewertet. Gegen die Auferlegung konkreter Maßnahmen wird eingewandt, dass einerseits die Zuständigkeit für die Haushalts- und Finanzpolitik prinzipiell gem. Art. 98 ff. EGV bei den Mitgliedstaaten liege und außerdem das Prinzip der Subsidiarität (Art. 5 EGV) gegen detaillierte Vorgaben an die Mitgliedstaaten spreche[165]. Diese Bedenken gegen eine Empfehlung von konkreten wirtschaftspolitischen Maßnahmen sind jedoch insofern unbegründet, als die Mitgliedstaaten wegen der fehlenden Rechtsverbindlichkeit der Empfehlungen frei sind, auch andere wirksame Maßnahmen zu ergreifen. Zwar würde das dem Mitgliedstaat einen höheren Erklärungsbedarf aufbürden, um den Rat von der vergleichbaren Wirksamkeit der Maßnahme zu überzeugen und damit die Maßnahmen nach Abs. 8 und Abs. 9 abzuwenden, aber die Zuständigkeit des Mitgliedstaates für die Wirtschafts- und Finanzpolitik bliebe gewahrt. Berücksichtigt man zudem die Zielsetzung des Art. 104 EGV, nämlich die Verhinderung übermäßiger Defizite der Mitgliedstaaten bzw. deren Beseitigung durch das Verfahren, so erscheint es für die Verwirklichung dieses Ziels effizient zu sein, dass der Rat durch die Vorgabe konkreter Maßnahmen den Mitgliedstaaten einen Lösungsvorschlag für die Behebung des übermäßigen Defizits anbietet, der eine solide Basis für die Wahl der wirtschaftspolitischen Maßnahmen darstellt. Aus diesen Gründen kann der Rat nach Abs. 7 auch konkrete wirtschaftspolitische Maßnahmen empfehlen.

Die Beschlussfassung über die Empfehlung erfolgt nach Art. 104 Abs. 13 EGV auf Empfehlung der Kommission und erfordert eine 2/3-Mehrheit der

---

163 Vgl. SCHWARZE, EUV-HATTENBERGER, Art. 104, Rn. 33.

164 Vgl. GROEBEN/THIESING/EHLERMANN, 5. Aufl., EUV/EGV-ITALIANER, Art. 104c EGV, Rn. 59; GRABITZ/HILF, EGV-BANDILLA, Art. 104 EGV, Rn. 26; SCHULZE-STEINEN, Wirtschaftsunion, S. 271.

165 Vgl. GRABITZ/HILF, EGV-BANDILLA, Art. 104 EGV, Rn. 26; SCHWARZE, EUV-HATTENBERGER, Art. 104 EGV, Rn. 29, der sich gegen „allzu detaillierte Vorgaben" ausspricht; PALM, Preisstabilität, S. 164.

nach Art. 205 Abs. 2 EGV gewogenen Stimmen, allerdings mit der Besonderheit, dass anders als bei der Beschlussfassung nach Abs. 6 der Vertreter des betroffenen Mitgliedstaates nicht stimmberechtigt ist.

Wenn der betreffende Mitgliedstaat auf die Empfehlungen des Rates hin „tätig“ wird, ruht das Verfahren gem. Art. 9 Abs. 1 der VO Nr. 1467/97 mit der Rechtsfolge, dass während des Ruhens die Gesamtfrist von 10 Monaten für das erstmalige Verhängen einer Sanktion[166] gehemmt wird (Art. 9 Abs. 2 der VO 1467/97). Um die Effizienz des Verfahrens nicht zu gefährden, ist der Tatbestand für ein Ruhen des Verfahrens eng auszulegen, so dass ein Mitgliedstaat erst dann „tätig“ i.S.d. Art. 9 Abs. 1 wird, wenn er Maßnahmen ergreift, die bei einer ex-ante-Beurteilung als wirksam zur Beseitigung des Defizits erscheinen[167]. Während des Ruhens unterliegt die Durchführung der Maßnahmen der Überwachung durch Kommission und Rat. (Art. 10 Abs. 1 VO 1467/97). Erweisen sich die ergriffenen Maßnahmen nachträglich als unwirksam, wird das Verfahren wieder aufgenommen (Art. 10 Abs. 1 und 2 der VO 1467/97).

3. Die Veröffentlichung der Empfehlungen nach Art. 104 Abs. 8 EGV

Wenn der Rat feststellt, dass innerhalb der gesetzten Frist keine wirksamen Maßnahmen ergriffen wurden, kann er gemäß Art. 104 Abs. 8 seine Empfehlung veröffentlichen. Gemäß Art. 4 Abs. 1 VO Nr. 1467/97 hat er den Beschluss unmittelbar nach Fristablauf zu treffen. Die Feststellung des Rates ist kein förmlicher Rechtsakt, sondern eine tatsächliche Handlung, die auf der Grundlage der öffentlich bekanntgegebenen Beschlüsse der Regierung des betreffenden Mitgliedstaates erfolgt (Art. 4 Abs. 2 der VO 1467/97)[168]. Die Entscheidung, ob die Empfehlungen veröffentlicht werden, liegt im Ermessen des Rates. Zudem ist er nicht daran gebunden, die ursprünglich nach Abs. 7 mitgeteilten Empfehlungen zu veröffentlichen. Das ergibt sich aus der nötigen Abstimmung der Empfehlung auf die aktuelle wirtschaftliche Situation, die sich ggf. geändert haben kann[169]. Für die Beschlussfassung über die Veröffentlichung gilt das zur Empfehlung Ausgeführte entsprechend.

---

166 Art. 7 Satz 1 der VO 1467/97.

167 Vgl. Konow, Stabilitätspakt, S. 182.

168 Zu den Anforderungen an die Beschlüsse der Mitgliedstaaten vgl. Konow, Stabilitätspakt, S. 154.

169 Konow, Stabilitätspakt, S. 155.

III. Abmahnung und Sanktionen (Art. 104 Abs. 9 und 11 EGV)

Während die Verfahrensabschnitte von Abs. 2 bis Abs. 8 für Teilnehmer und Nichtteilnehmer an der dritten Stufe der WWU gleichermaßen gelten, beginnt mit der Inverzugsetzung nach Abs. 9 der Teil des Verfahrens, der gemäß Art. 122 Abs 3 EGV nur den teilnehmenden Mitgliedstaaten gegenüber angewandt werden kann.

1. Die Inverzugsetzung nach Art. 104 Abs. 9 EGV

Wenn ein Mitgliedstaat die Empfehlungen des Rates weiterhin nicht befolgt, kann der Rat gemäß Art. 104 Abs. 9 Uabs. 1 EGV beschließen, den Mitgliedstaat mit der Maßgabe in Verzug zu setzen, innerhalb einer bestimmten Frist Maßnahmen zu treffen, die nach Ansicht des Rates für die Behebung des Defizits notwendig sind. Der Sinn dieser Regelung besteht darin, dass der betreffende Mitgliedstaat letztmalig vor einer möglichen Verhängung einer Sanktion nach Abs. 11 zur Vornahme der erforderlichen Maßnahmen aufgefordert werden soll.

Die Inverzugsetzung setzt voraus, dass die Empfehlungen des Rates nicht umgesetzt wurden. Fraglich ist, ob der Rat einen Mitgliedstaat auch dann in Verzug setzen kann, wenn er die empfohlenen Maßnahmen zwar umgesetzt hat, aber dennoch der angestrebte Erfolg nicht eingetreten ist. Betrachtet man die Inverzugsetzung nach Abs. 9 als ein Instrument zur Durchsetzung der Empfehlung des Rates nach Abs. 7, könnte man annehmen, dass dieses Ziel durch die tatsächliche Vornahme der Empfehlungen erreicht werde. Allerdings ist das übergeordnete Ziel des Verfahrens nach Art. 104 EGV zu berücksichtigen, das in der Verhinderung bzw. der Beseitigung des übermäßigen öffentlichen Defizits besteht. Dieses übergeordnete Ziel führt dazu, dass die Empfehlungen keine abstrakt zu begreifende Voraussetzung sind, sondern auf das Ziel einer Beseitigung des Defizits bezogen sind. Diese Verknüpfung der Empfehlung mit dem Erfolg einer Defizitbeseitigung wird durch den Wortlaut des Abs. 7 „... mit dem Ziel, dieser Lage in einer bestimmten Frist abzuhelfen" und des Abs. 8, der auf *wirksame* Maßnahmen abstellt, bestätigt. Somit ist eine Inverzugsetzung auch möglich, wenn trotz Vornahme der Empfehlung der Erfolg ausgeblieben ist[170]. Die Inverzugsetzung setzt außerdem voraus, dass die Empfehlungen veröffentlicht wurden[171]. Der Wortlaut des Abs. 9 bringt zwar nicht eindeutig zum Aus-

---

[170] Vgl. SCHULZE-STEINEN, Wirtschaftsunion, S. 275; SCHWARZE, EUV-HATTENBERGER, Art. 104 EGV, Rn. 37.

[171] Vgl. CALLIESS/RUFFERT, EGV-HÄDE, Art. 104 EGV, Rn. 53; GROEBEN/THIESING/EHLERMANN. Art. 104 EGV, Rn. 67.

druck, ob sich das „weiterhin" auch auf die Veröffentlichung nach Abs. 8 2. Halbsatz bezieht oder nur auf das Ausbleiben wirksamer Maßnahmen nach Abs. 8 1. Halbsatz, allerdings entspricht es dem Ziel der Beseitigung des übermäßigen Defizits eher, den im Verfahren vorgesehenen abgestuften Maßnahmenkatalog[172] beizubehalten und vor der Inverzugsetzung die öffentliche Prangerwirkung einer Veröffentlichung auszunutzen. Die vorherige Veröffentlichung durch den Rat ist auch nicht dem Vorwurf der Förmelei[173] ausgesetzt, wenn man sie auf die Fälle begrenzt, in denen der betreffende Mitgliedstaat noch nicht von sich aus die Empfehlungen veröffentlicht hat, vgl. Nr. 6 der Entschließung des Europäischen Rates über den Stabilitäts- und Wachstumspakt.

Der Beschluss über die Inverzugsetzung muss in rechtlich verbindlicher Form ergehen, da bei einer ausbleibenden Berücksichtigung des Beschlusses der Rat zur Verhängung von Sanktionen berechtigt ist[174].

Für die Beschlussfassung über die Veröffentlichung gilt das zur Empfehlung und zur Veröffentlichung Ausgeführte entsprechend[175].

Wenn der Mitgliedstaat auf eine Inverzugsetzung hin „tätig" wird, ruht das Verfahren gemäß Art. 9 Abs. 1 VO 1467/97 mit der Rechtsfolge, dass während des Ruhens sowohl die Gesamtfrist von 10 Monaten für das erstmalige Verhängen einer Sanktion[176] als auch die zweimonatige Ahndungsfrist nach der Inverzugsetzung[177] gehemmt wird (Art. 9 Abs. 2 der VO 1467/97). Zu den Voraussetzungen eines Ruhens und der Möglichkeit einer Wiederaufnahme des Verfahrens siehe bereits die Ausführungen oben (II.2.).

2. Die Verhängung von Sanktionen

Solange ein Mitgliedstaat einen Beschluss nach Abs. 9 nicht befolgt, kann der Rat gemäß Art. 104 Abs. 11 Satz 1 EGV Sanktionen verhängen.

Die Verhängung von Sanktionen setzt nach dem Wortlaut der Vorschrift in jedem Falle eine Inverzugsetzung nach Abs. 9 voraus. Der Wortlaut legt allerdings nicht eindeutig fest, ob die Nichtbefolgung des Beschlusses auch dann ge-

---

[172] Vgl. Schwarze, EUV-Hattenberger, Art. 104 Rn. 2.

[173] So aber Konow, Stabilitätspakt, S. 158.

[174] Nach Schulze-Steinen, Wirtschaftsunion, S. 273 f. ist die Form der Richtlinie oder Entscheidung zu wählen.

[175] Art. 104 Abs. 13 EGV.

[176] Art. 7 Satz 1 der VO 1467/97.

[177] Art. 6 Abs. 2 der VO 1467/97.

geben ist, wenn den Empfehlungen zwar entsprochen wurde, diese aber ohne Erfolg blieben. Zu der entsprechenden Frage im Rahmen des Abs. 9 wurde oben gezeigt, dass der Erfolg der Maßnahmen entscheidend sein muss. Konsequenterweise ist für die Verfahrensstufe der Sanktionierung, die der Abmahnung folgt, der gleiche Maßstab anzusetzen. Demnach wäre eine Nichtbefolgung auch bei Vornahme der empfohlenen Maßnahmen anzunehmen, wenn sie nicht fristgerecht zur Beseitigung des übermäßigen Defizits geführt haben. Dieses unmittelbar aus Art. 104 EGV hergeleitete Ergebnis wird in Art. 10 der VO Nr. 1467/97 insofern bestätigt, als zwei Varianten der Nichtbefolgung des Beschlusses unterschieden werden: Nach Art. 10 Abs. 2 führt die Nichtvornahme von Maßnahmen bzw. deren Einstufung als unangemessen durch den Rat zu einer Nichtbefolgung, während Art. 10 Abs. 3 den Fall berücksichtigt, dass ein Mitgliedstaat das übermäßige Defizit nicht in der festgelegten Frist beseitigt hat, unabhängig von den ergriffenen Maßnahmen.

Die Sanktionen bestehen im einzelnen aus der Verpflichtung des Mitgliedstaates, bei der Emission von Wertpapieren näher zu bezeichnende zusätzliche Angaben zu veröffentlichen (Art. 104 Abs. 11 Satz 1 1. Spiegelstr. EGV), einem Ersuchen des Rates an die Europäische Investitionsbank, ihre Darlehenspolitik gegenüber dem Mitgliedstaat zu überprüfen (Art. 104 Abs. 11 Satz 1 2. Spiegelstr. EGV), der Hinterlegung einer unverzinslichen Einlage bei der Gemeinschaft (Art. 104 Abs. 11 Satz 1 3. Spiegelstr. EGV)[178] sowie der Verhängung von Geldbußen in angemessener Höhe (Art. 104 Abs. 11 Satz 1 4. Spiegelstr. EGV). Die Aufzählung der Sanktionsmaßnahmen ist abschließend.

Bei Verhängung von Sanktionen ist dem Rat nach Art. 104 Abs. 11 Ermessen eingeräumt („kann der Rat beschließen"), das durch folgende Vorgaben des Stabilitäts- und Wachstumspakts konkretisiert wird: Art. 6 der VO Nr. 1467/97 legt fest, dass der Rat bei Vorliegen der Voraussetzungen nach Abs. 11 Sanktionen verhängt („So verhängt"). Dadurch wird zumindest das Ermessen des Rates bei der Frage, ob überhaupt eine Sanktion zu verhängen ist, eingegrenzt[179]. Bei der Wahl der konkreten Sanktionsmaßnahme wird der Entscheidungsspielraum des Rates insofern begrenzt, als der Rat nach Art. 11 VO Nr. 1467/97 in der Regel eine unverzinsliche Einlage[180] verlangen soll, welche er durch die Maßnahmen

[178] Zur Berechnung der Höhe bei Nichteinhaltung des Kriteriums nach Art. 104 Abs. 2 lit. a EGV siehe Art. 12 Abs. 1 VO Nr. 1467/97.

[179] Vgl. KONOW, Stabilitätspakt, S. 166 ff. sieht dadurch sogar eine Pflicht zur Sanktionsverhängung begründet.

[180] Die Höhe der 1. Zwangseinlage richtet sich nach Art. 12 Abs. 1 der VO 1467/97 : danach setzt sich die Höhe bei einem übermäßigen Defizit, das auf die Nichteinhaltung des Defizitkriteriums zurückgeht, aus einer festen Komponente in Höhe von 0,2 % des BIP und einer variablen Komponente in Höhe von einem Zehntel der Differenz zwischen dem als Prozentsatz des BIP des Vorjahres ausgedrückten Defizits und dem Referenzwert von 3% des BIP zusammen.

gem. Abs. 11 1. und 2. Spiegelstr. ergänzen kann. Weiterhin wird die Verhängung von Sanktionen durch Vorschriften der Entschließung über den Stabilitäts- und Wachstumspakt konkretisiert: Danach wird der Rat politisch verbindlich aufgefordert, die vorgesehenen Fristen als Höchstgrenzen zu beachten, immer Sanktionen zu verhängen, wenn ein Mitgliedstaat die nötigen Maßnahmen zum Abbau des Defizits nicht vornimmt, immer die Hinterlegung einer unverzinslichen Einlage zu verlangen sowie diese immer nach zwei Jahren in eine Geldbuße umzuwandeln[181].

Der Beschluss des Rates ergeht - wie der Beschluss über die Empfehlung und die Inverzugsetzung - auf Empfehlung der Kommission und bedarf der besonderen Zweidrittelmehrheit nach Abs. 13.

IV. Aufhebung der Ratsentscheidungen

Gemäß Art. 104 Abs. 12 Satz 1 EGV hebt der Rat „einige oder sämtliche Entscheidungen nach den Absätzen 6-9 und 11 so weit auf, wie das übermäßige Defizit in dem betreffenden Mitgliedstaat nach Ansicht des Rates korrigiert worden ist.“ Wenn der Rat zuvor die Empfehlungen veröffentlicht hat, stellt er „in einer öffentlichen Erklärung“ fest, dass in dem betreffenden Mitgliedstaat kein übermäßiges Defizit mehr besteht (Art. 104 Abs. 12 Satz 2 EGV).

Aus dem Wortlaut des Abs. 12 S. 1 ergibt sich die Möglichkeit des Rates, die einzelnen Maßnahmen in den Schritten, wie er sie verhängt hat, auch wieder aufzuheben. Das entscheidende Kriterium für die Aufhebung der Maßnahmen ist der Erfolg des Mitgliedstaates beim Abbau des übermäßigen Defizits: Ist das übermäßige Defizit behoben, sind alle diesbezüglich ergangenen Rechtsakte aufzuheben. Hier zeigt sich der Unterschied zu einem Ruhen des Verfahrens, das lediglich die Vornahme von Maßnahmen verlangt, die bei einer ex-ante-Betrachtung zur Defizitbekämpfung geeignet sind. Eine Aufhebung von Maßnahmen kommt hingegen erst in Betracht, wenn sich die ergriffenen Maßnahmen als erfolgreich für den Defizitabbau erwiesen haben.

Die Beschlussfassung über die Aufhebung der Maßnahmen ist in Abs. 12 und 13 geregelt. Der Ausschluss des betroffenen Mitgliedstaat von der Abstimmung nach Abs. 13 führt zu einer unterschiedlichen Beschlussfassung bei der Ratsentscheidung nach Abs. 6, bei der der betroffene Mitgliedstaat stimmberechtigt ist und deren Aufhebung. Weitere Unterschiede in der Beschlussfassung ergeben sich für die Inverzugsetzung nach Abs. 9 und die Verhängung von Sanktionen nach Abs. 11: Während für den Erlass dieser Maßnahmen Mitgliedstaaten mit

[181] Entschließung des Europäischen Rates, Leitlinien für den Rat, Nr. 2-5.

einer Ausnahmeregelung von der Abstimmung ausgeschlossen sind (Art. 122 Abs. 3 i.V.m. Abs. 5 EGV), sind diese Staaten bei der Beschlussfassung über die Aufhebung stimmberechtigt[182].

[182] In Art. 122 Abs. 3 wird Art. 104 Abs. 12 nicht erwähnt. Vgl. zur Kritik an dieser Asymmetrie GRABITZ/HILF, EUV/EGV-BANDILLA, Art. 104, Rn. 47, KONOW, Stabilitätspakt, S. 191.

2. Kapitel: Die rechtliche Qualifizierung der Entscheidungsfreiheit nach Art. 104 Abs. 6 EGV

Wie bereits in der Übersicht zu den Stadien des Verfahrens deutlich wurde, eröffnet Abs. 6 dem Rat bei der Feststellung des übermäßigen Defizits in mehrfacher Hinsicht Entscheidungsspielraum: Einerseits hinsichtlich des Entscheidungsergebnisses, das als Ergebnis einer Abstimmung nach Art. 104 Abs. 6 EGV i.V.m. Abs. 12, 13 vom konkreten Abstimmungsverhalten der Minister im ECOFIN- Rat abhängt. Außerdem belassen die in Abs. 6 genannten Elemente der Entscheidungsfindung „nach Prüfung der Gesamtlage“ und die Berücksichtigung der Bemerkungen des Mitgliedstaates dem Rat Spielräume bei der Frage, welche Kriterien zur Grundlage gemacht werden können und wie diese zu bewerten sind.

Bevor in den folgenden Kapiteln (Kap. 3-5) verschiedene Rechtsquellen daraufhin untersucht werden, welche Grenzen sie der Entscheidungsfreiheit konkret setzen, ist in diesem Kapitel vorab zu klären, wie die Entscheidungsfreiheit des Rates rechtlich zu qualifizieren ist. Dazu ist die übergeordnete Fragestellung zu erörtern, wie sich das Spannungsverhältnis zwischen politischer Entscheidungsfreiheit und rechtlicher Gebundenheit für die Ratsentscheidung darstellt - und zwar bezogen auf die Freiheit gegenüber dem Gesetz und gegenüber der Rechtsprechung.

Im Rahmen dieser Frage wird insbesondere die Aussagekraft von dogmatischen Kategorien wie Ermessen und Beurteilungsspielraum für die Entscheidung nach Art. 104 Abs. 6 EGV zu beleuchten sein.

Angesichts der unterschiedlich verwandten Terminologie zu Entscheidungsspielräumen der Verwaltung im Gemeinschaftsrecht soll diese zunächst vorgestellt und auf ihre Bedeutung für diese Untersuchung hin untersucht werden (A). Eine weitere Annäherung an die rechtliche Qualifizierung der Entscheidungsfreiheit erfolgt durch die Bestimmung der Funktion und Wirkung von Ermessen (B). Anschließend werden die relevanten Kriterien für den weiteren Gang der Prüfung festgelegt.

A. Terminologische Präzisierung

Ausgangspunkt der terminologischen Präzisierung sind die Ansätze in der Literatur zur Entscheidungsfreiheit im Rahmen des Art. 104 Abs. 6 EGV (I.). Danach wird dies vor dem Hintergrund der allgemeinen gemeinschaftsrechtlichen Dogmatik zur Entscheidungsfreiheit der Verwaltung bewertet (II.).

I. Ansätze in der Literatur bezüglich der Entscheidung nach Art. 104 Abs. 6 EGV

In der Literatur wird die Feststellung des übermäßigen Defizits unterschiedlich eingeordnet: Zum einen wird sie als politische[183] bzw. rechtliche[184] Entscheidung tituliert (1.), andererseits wird die Feststellung als eine Entscheidung des Rates mit Ermessen oder Beurteilungsspielraum eingestuft (2.). Im Folgenden soll die Bedeutung dieser Kriterien und deren Aussagekraft für die Einordnung der Entscheidung des Rates untersucht werden.

1. Entscheidung zwischen Politik und Recht

Zu klären ist, welche Bedeutung der verschiedentlich vorgenommenen Bezeichnung der Ratsfeststellung als eine „politische Entscheidung"[185] zukommt. Insoweit damit die politische Bedeutung der Ratsentscheidung für das Haushaltsüberwachungsverfahren zum Ausdruck gebracht werden soll, ist diese Bezeichnung ohne Bedeutung für die Rechtsnatur der Ratsentscheidung und den Umfang der rechtlichen Entscheidungsfreiheit. Darüber hinaus könnte die Bezeichnung politische Entscheidung auf die Herbeiführung der Ratsentscheidung Bezug nehmen: durch die erforderliche 2/3-Mehrheit im ECOFIN- Rat stellt sich die Feststellung eines übermäßigen Defizits als ein Akt politischer Willensbildung dar. Fraglich ist, ob sich aus dieser Herbeiführung der Entscheidung Konsequenzen für die rechtliche Qualifizierung der Ratsentscheidung und den Umfang der rechtlichen Entscheidungsfreiheit ergeben. Jedenfalls berührt das politische Abstimmungsverfahren nicht die grundsätzliche rechtliche Gebundenheit des Rates. Dies ist die Konsequenz daraus, dass die Feststellung des übermäßigen Defizits Teil des durch Art. 104 EGV normierten Defizitüberwachungsverfahrens ist. Für die Untersuchung der rechtlichen Grenzen des Entscheidungsspielraum relevant ist jedoch der Aspekt, dass sich der Rat, der nach Art. 104 Abs. 6 E GVdie Feststellung trifft, als ein Zusammenschluss der Wirtschafts- und Finanzminister der Mitgliedstaaten darstellt. Zu untersuchen wird daher auch sein, welche rechtlichen Grenzen für die Ratsmitglieder selbst bei der Ausübung ihres Stimmrechts gelten und ggf. wie das Verhältnis zwischen den rechtlichen Grenzen des Rates als Organ und den rechtlichen Grenzen der Ratsmitglieder zu bestimmen ist[186].

[183] Vgl. Grabitz/Hilf, EGV-Bandilla, Art. 104 EGV, Rn. 23; Selmayr, WWU, S. 325.

[184] Vgl. Konow, Stabilitätspakt, S. 124 f.

[185] Vgl. Grabitz/Hilf, EUV/EGV-Bandilla, Art. 104 EGV, Rn. 23; Selmayr, Das Recht der WWU, S. 325.

[186] Zur Funktion und Stellung des Rates im Gemeinschaftsgefüge s.u. Kapitel 5 B)II).

Darüber hinaus wird die Unterscheidung zwischen „politischer" und „rechtlicher" Entscheidung in Bezug auf die tauglichen Argumente des Rates für seine Entscheidung verwandt: diejenigen Autoren, die sich explizit mit der Rolle politischer Kriterien für die Entscheidungsfindung beschäftigen, kommen zu dem Schluss, dass sich die Entscheidung nicht ausschließlich auf politische Kriterien stützen lässt[187], während die Beeinflussung der Entscheidung durch politische Überlegungen teilweise als zulässig erachtet wird[188].

Fraglich ist, welche Aussagekraft ein so verstandener Begriff der politischen Entscheidung für die Prüfung rechtlicher Grenzen des Entscheidungsspielraums hat, insbesondere, ob eine so verstandene politische Entscheidung a priori die Existenz rechtlicher Grenzen ausschließt.

Bei näherer Betrachtung zeigt sich, dass „politische Überlegungen" Faktoren sind, die den Willensbildungsprozess der Ratsmitglieder – und damit auch des Rates als Gemeinschaftsorgan - bei der Entscheidung nach Art. 104 Abs. 6 EGV beeinflussen können. Aus dieser Willensbildung geht eine Entscheidung hervor, die ein Akt des Gemeinschaftsrechts ist und somit rechtlichen Grenzen unterliegt. Das zeigt, dass die Zulässigkeit politischer Überlegungen die Existenz rechtlicher Grenzen nicht ausschließt. Grundsätzlich unterliegt auch die Willensbildung des Rates rechtlichen Grenzen, da dieser seine Entscheidungsbefugnis gemäß Art. 202 EGV S. 1 2. Spiegelstr. „zur Verwirklichung der Ziele und nach Maßgabe dieses Vertrags" ausüben muss. Somit wäre eine Qualifizierung der Ratsentscheidung als politische Entscheidung in diesem Sinne für die Existenz rechtlicher Grenzen der Entscheidungsfreiheit ohne Bedeutung; vielmehr ist die Zulässigkeit politischer Überlegungen nur anhand der im Folgenden zu entwickelnden Kriterien der rechtlichen Grenzen zu bestimmen.

Fazit zu 1.:

Die Frage, in welchem Maße Entscheidungen auf „politische Überlegungen" gestützt werden dürfen, stellt sich als solche nicht als Alternative zu einer auf rechtliche Überlegungen gestützten Entscheidung, da die gemeinschaftsrechtliche Einbettung der Ratsfeststellung in jedem Falle potentielle rechtliche Grenzen aufstellt und diese auch einen Rahmen für die entscheidungstragenden Argumente setzen, seien es „politische" oder „rechtliche" Überlegungen.

---

187 Vgl. Schulze-Steinen, Wirtschaftsunion, S. 256; Konow, Stabilitätspakt, S. 123.

188 Vgl. Schulze-Steinen, ebenda.

2. „Ermessen“ und „Beurteilungsspielraum“ des Rates

Bei Betrachtung der in der Literatur vereinzelt vorzufindenden Ansätzen einer Qualifizierung der Entscheidungsfreiheit fällt zunächst auf, dass diese vorwiegend nicht für die Entscheidung insgesamt erfolgt, sondern für die „Prüfung der Gesamtlage“: So wird die diesbezügliche Entscheidungsfreiheit des Rates als „Beurteilungsspielraum“[189]oder „Ermessensspielraum“[190] bezeichnet. Außerdem findet sich mit „nicht weitem politischen Ermessen“[191] auch eine Kombination mit der oben dargestellten Einteilung nach dem rechtlichen bzw. politischen Charakter der Entscheidung.

Sofern die rechtliche Bindung des Rates generell qualifiziert wird, findet sich die Bezeichnung „Spielräume“[192], die in einer verbleibenden „wertenden Beurteilung“ insbesondere in Bezug auf das Vorliegen einer ausnahmsweisen Überschreitung gesehen wird.

Die Aussagekraft der Unterscheidung zwischen Beurteilungsspielraum und Ermessen des Rates hängt davon ab, welche rechtliche Bedeutung diesen Begriffen im Kontext der Ratsentscheidung nach Abs. 6 zukommt. Da die Begriffswahl von deutschen Juristen vorgenommen wird, liegt es nahe, dass diese auf die deutsche Ermessensdogmatik rekurrieren.

a) Die Unterscheidung zwischen Beurteilungsspielraum und Ermessen in der deutschen Verwaltungsrechtslehre

Inhaltlich beschreibt das Ermessen die Bandbreite möglicher und jeweils gleichermaßen rechtmäßiger Verhaltensweisen der Verwaltung beim Gesetzesvollzug[193]. Kennzeichnend für die seit den 60er Jahren herrschende deutsche Ermessenslehre ist eine strikte Trennung zwischen den Voraussetzungen im Tatbestand der Norm und den Rechtsfolgen, die an das Vorliegen des Tatbestands geknüpft sind[194]. Danach eröffnet sich der Verwaltung Ermessen nur auf der Rechtsfolgenseite unter der Voraussetzung, dass der Gesetzestatbestand der betreffenden Norm erfüllt ist.

---

[189] Schwarze, EUV/EGV-Hattenberger, Art. 104 Rn. 28.

[190] Schulze-Steinen, Währungsunion, S. 255.

[191] Streinz, EUV/EGV-Kempen, Art. 104, Rn. 28.

[192] Nicolaysen, Rechtsfragen der WWU, S. 37.

[193] Vgl. Maurer, Allgemeines Verwaltungsrecht, § 7 II.1., Rn. 8.

[194] Vgl. Maurer, ebenda.

Während ursprünglich unbestimmte Rechtsbegriffe auf der Tatbestandsseite vollständig nachprüfbar waren, hat die Lehre vom so genannten Beurteilungsspielraum bzw. der Anerkennung einer Einschätzungsprärogative der Verwaltung Fallgruppen herausgebildet, in denen die gesetzliche Bindung gelockert ist[195]. Durch die partielle Lockerung der Gesetzesbindung auf der Tatbestandsseite ist neben diese traditionelle Trennung ein neuerer Ansatz getreten, der Ermessen als ein einheitliches Problem des Verhältnisses der Verwaltung zum Gesetzesrecht begreift und sich damit wieder dem ursprünglichen bis in die 60er Jahre herrschenden einheitlichen Verständnis des Ermessens[196] nähert, das sich sowohl auf den Tatbestand als auch auf die Rechtsfolgenseite der Norm erstreckt.

b) Aussagekraft der Unterscheidung in Beurteilungsspielraum und Ermessen für die Ratsentscheidung nach Art. 104 Abs. 6 EGV

Würde man den Maßstab des heute herrschenden Ermessensverständnisses an die Norm des Art. 104 Abs. 6 EGV anlegen, um zu bestimmen, ob dem Rat Ermessen eingeräumt wird, müsste Art. 104 Abs. 6 EGV zunächst einen gesetzlichen Tatbestand aufweisen. Gemäß Art. 104 Abs. 6 EGV eröffnet sich dem Rat eine Entscheidung über das Vorliegen eines übermäßigen Defizits unter den folgenden drei Voraussetzungen: Die Empfehlung der Kommission ist erfolgt, evtl. von dem betreffenden Mitgliedstaat abgegebene Bemerkungen wurden berücksichtigt und der Rat hat die Gesamtlage geprüft. Während das Vorliegen der beiden ersten Voraussetzungen durch einfache rechtliche Subsumtion zu ermitteln ist, erfordert die Prüfung der Gesamtlage über die reine Rechtsanwendung hinaus eine eigenständige Wertung der Gesamtlage durch den Rat. Fraglich ist, ob diese Voraussetzung noch dem Bereich der Rechtsanwendung zuzurechnen ist. Grundsätzlich umfasst die Rechtsanwendung auch die wertende Erkenntnis, das heißt auch die Auslegung und die Feststellung des Inhalts des gesetzlichen Tatbestands durch die Behörde ist Rechtsanwendung[197]: So hat die Behörde bei der Verwendung unbestimmter Rechtsbegriffe vor der Subsumtion des konkreten Sachverhalts unter den entsprechenden Begriff diesen zunächst auszulegen.

Stellt man auf die bloße Durchführung einer Prüfung der Gesamtlage ab als tatbestandliche Voraussetzung, könnte „Gesamtlage" als ein unbestimmter Rechtsbegriff betrachtet werden, da der Rat vor Durchführung der Prüfung aus-

[195] Vgl. MAURER, Allgemeines Verwaltungsrecht, § 7 III.2., Rn. 31.

[196] Vgl. WOLFF/BACHOF/STOBER, VerwR I, § 31 Rn. 31 ff; vgl. zur Entwicklung des Ermessensbegriffs in Deutschland BULLINGER, Verwaltungsermessen im modernen Staat, 1986, 131 ff..

[197] Vgl. MAURER, Allgemeines Verwaltungsrecht, § 7 I.1., Rn. 3.

zulegen hat, welche Faktoren die Gesamtlage bestimmen können. Nach Durchführung dieser Prüfung und damit bei Erfüllung des gesetzlichen Tatbestands wird dem Rat auf der Rechtsfolgenseite dann die Entscheidungsfreiheit eingeräumt, festzustellen, ob ein übermäßiges Defizit vorliegt. Damit wird dem Rat Ermessen eingeräumt. Nach dieser Analyse des Art. 104 Abs. 6 weist die Rechtsnorm strukturell eine Kombination von Entscheidungsfreiheit der Verwaltung auf der Tatbestandsseite mit Entscheidungsfreiheit auf der Rechtsfolgenseite auf.

Denkbar ist auch eine andere Einteilung des Art. 104 Abs. 6 : Man könnte die Feststellung über das Vorliegen eines übermäßigen Defizits als die Ermessensentscheidung betrachten, die dem Rat bereits dann eröffnet wird, wenn die Empfehlung der Kommission erfolgt ist und ggf. die Bemerkungen des Mitgliedstaates berücksichtigt wurden. Diese Voraussetzungen würden dann den Gesetzestatbestand bilden, während die Prüfung der Gesamtlage die Rolle einer Entscheidungsgrundlage in der Ermessensentscheidung hätte.

Fraglich ist, ob eine Unterscheidung zwischen tatbestandsbezogener und rechtsfolgenbezogener Entscheidungsfreiheit für Art. 104 Abs. 6 überhaupt sinnvoll ist. Die je nach Betrachtungsweise unterschiedlich mögliche Einteilung der Norm zeigt bereits, dass die Methode der Zerlegung angesichts der besonderen Struktur des Art. 104 Abs. 6 EGV kein eindeutiges, klares Ergebnis liefert. Wenn nicht einmal eine klare Aufteilung in Tatbestand und Ermessen vorgegeben ist, können auch an diese Einteilung anknüpfende Folgerungen für den Umfang der Entscheidungsfreiheit des Rates nicht aussagekräftig sein.

II. Allgemeine gemeinschaftsrechtliche Dogmatik zur Entscheidungsfreiheit der Verwaltung

Im Folgenden soll ein Überblick über die im Gemeinschaftsrecht verwandte Terminologie bezüglich der Entscheidungsfreiheit der Verwaltung erfolgen und die Aussagekraft der verwendeten Begriffe für die rechtliche Qualifizierung der Entscheidungsfreiheit dargestellt werden.

Zur Einordnung der vom EuGH verwandten Terminologie ist vorab die Sprachenregelung des EUGH für die Veröffentlichung der Urteile zu erläutern: Veröffentlichungen des EuGH erscheinen gemäß Art. 30 § 2 Verfahrensordnung des EuGH i.V.m. Art. 1 der Verordnung Nr. 1 des Rates zur Regelung der Sprachenfrage für die Europäische Gemeinschaft in allen Amtssprachen der Gemeinschaftsorgane. Verbindlich ist allerdings gemäß Art. 31 VerfO EuGH die Fassung in der Verfahrenssprache bzw. bei Zulassung einer anderen Sprache gem. Art. 29 VerfO EuGH die Fassung in dieser Sprache. Diese Festlegung einer verbindlichen Fassung begrenzt von vornherein die Aussagekraft der verschiedenen Begriffe für Entscheidungsspielräume, die in den übersetzten Textfassungen verwandt werden. Insbesondere entstammen die Begriffe in den übersetzten Textfassungen nicht originär dem jeweiligen mitgliedstaatlichen Rechtssystem, so dass Rückschlüsse aus der Wortwahl auf die rechtliche Qualität des Entscheidungsspielraums nur begrenzt möglich sind. So wird beispielsweise der französische Begriff des „large pouvoir d'appréciation“[198] in der deutschen Fassung einiger Urteile mit „Ermessensbefugnis“[199] übersetzt, während er in anderen Urteilen mit „Beurteilungsspielraum“[200] übersetzt wird. Diese fehlende begriffliche Trennung zwischen Beurteilungsspielraum und Ermessen korrespondiert mit der einheitlichen Betrachtung des „Ermessens“ durch den EuGH als die Gesamtheit der Verwaltung eröffneten Spielräume[201]. Dieser einheitlich verstandene Ermessensbegriff und die Erwähnung des „Ermessensmissbrauchs“ als Klagegrund in Art. 230 As. 2 EGV lehnt sich an das französische Verwaltungsrecht an[202].

III. Zwischenergebnis zu A)

Die Untersuchung der Terminologie zur Entscheidungsfreiheit im besonderen für Art. 104 Abs. 6 EGV sowie im allgemeinen hat gezeigt, dass die verwendeten Kategorien einer „politischen“ bzw. „rechtlichen“ Entscheidung und die Unterscheidung in Beurteilungsspielraum und Ermessen keine aussagekräftigen Schlüsse auf den rechtlichen Gehalt und die Weite der Ermessensfreiheit des Rates zulässt.

Im Folgenden soll die diesbezügliche Aussagekraft der Funktion und Wirkung der Entscheidungsfreiheit untersucht werden.

---

[198] Vgl. verb. Rechtssachen 94 und 96/63 (Pierre Bernusset/Kommission der EWG), Urteil v. 9.6.1964, frz. Fassung: Recueil de jurisprudence 1964, S. 587 f.; Rs. 144/82 (Armelle Detti/Gerichtshof), Urteil v. 14.7.1983, frz. Fassung: Recueil de jurisprudence 1983, S. 2421 f.

[199] Vgl. verb. Rechtssachen 94 und 96/63 (Pierre Bernusset/Kommission der EWG), Urteil v. 9.6.1964, deutsche Fassung: Slg. 1965, S. 645 ff. (669).

[200] Vgl. Rs. 144/82 (Armelle Detti/Gerichtshof), Urteil v. 14.7.1983, dt. Fassung: Slg. 1983, S. 2421.

[201] Vgl. dazu ausführlich SCHWARZE, Europäisches Verwaltungsrecht, S. 280 ff.

[202] BLECKMANN, Europarecht, Rn. 852.

B. Funktion und Wirkung von Entscheidungsfreiheit

Im Folgenden sollen Charakteristika der Entscheidungsfreiheit dadurch ermittelt werden, dass die Funktion und die Wirkung der Entscheidungsfreiheit untersucht werden. Dazu wird die Funktion von Entscheidungsfreiheit im Staatsrecht(I.) mit der im Gemeinschaftsrecht (II.) gegenüber gestellt.

I. Überlegungen aus dem Staatsrecht

Zunächst ist zu klären, welche Funktion Entscheidungsfreiheit der Verwaltung im staatsrechtlichen Kontext hat.

Wesen und Kern der Ermessensausübung liegen darin, dass die Behörde eine eigenbestimmte Wertabwägung der konkret-individuellen Interessen- und Konfliktlage vornimmt[203]. Durch die Einräumung von Ermessen soll die Verwaltung für den Einzelfall Entscheidungsfreiheit erhalten, um den Behörden eine flexible Reaktion auf die konkreten Umstände im Einzelfall zu ermöglichen.

Die rechtliche Wirkung des Ermessens liegt in erster Linie darin, dass die rechtliche Gebundenheit der Verwaltung gelockert wird. Aus dieser Wirkung ergibt sich die Bedeutung des Ermessens für das Verhältnis der Exekutive gegenüber den beiden anderen Gewalten. Die entstehende Freiheit der Verwaltung lässt sich unter zwei Aspekten betrachten: der Freiheit der Verwaltung gegenüber dem Gesetz und der Freiheit gegenüber den Gerichten. Im Folgenden sollen diese beiden Aspekte skizziert werden und das Verhältnis zwischen beiden erörtert werden.

1. Verhältnis der Verwaltung zur Legislative

Wird einer Behörde Ermessen eingeräumt, stellt der Gesetzgeber die Wahl der Rechtsfolge in die Entscheidungsfreiheit der Verwaltung. Dies bedeutet jedoch keine völlig freie Entscheidung der Verwaltung, da die Verwaltung nach dem Prinzip der Gesetzmäßigkeit der Verwaltung (Art. 20 Abs. 3 GG) an Gesetz und Recht gebunden ist. Im Bereich der Ermessensentscheidung ist insbesondere die Vorschrift des § 40 VwVfG relevant: danach wird die Verwaltung verpflichtet, das Ermessen nach dem Zweck der Ermächtigung auszuüben und die gesetzlichen Grenzen des Ermessens einzuhalten. Aus dieser Vorschrift und dem Rechtsstaatsprinzip ergibt sich, dass das Ermessen sowohl durch den Gesetzeszweck als auch durch Verfassungsgrundsätze, wie den Gleichheitssatz

[203] BVerwG, DVBL 1997, 189.

und den Grundsatz der Verhältnismäßigkeit eingeschränkt wird. Wenn die Behörde ihr Ermessen fehlerhaft, d.h. rechtswidrig ausübt, ist darin ein Rechtsfehler zu sehen. Die so genannten Ermessensfehler sind somit Rechtsfehler[204].

2. Das Verhältnis der Verwaltung zur Gerichtsbarkeit- Freiheit gegenüber den Gerichten

Im Verhältnis der Verwaltung zur Gerichtsbarkeit ist insbesondere von Interesse, wie weit die Nachprüfungsbefugnis des Gerichts hinsichtlich der Verwaltungsentscheidung reicht. Grundsätzlich prüft das Verwaltungsgericht gemäß § 113 Abs. 1 VwGO, ob der Verwaltungsakt rechtswidrig ist. Für den Fall der Einräumung von Ermessen überprüft das Gericht gemäß § 114 VwGO auch, ob der Verwaltungsakt aus dem Grunde rechtswidrig ist, dass die Behörde die gesetzlichen Ermessensgrenzen überschritten hat oder das Ermessen entgegen dem Zweck der Ermächtigung ausgeübt hat. Diese Normen regeln hingegen nicht positiv, was Inhalt administrativer Entscheidungsfreiheit ist, der frei von gerichtlicher Überprüfung ist.

Grundsätzlich stehen für die Grenzziehung zwischen gerichtlicher Nachprüfbarkeit und überprüfungsfester administrativer Entscheidung methodisch zwei Wege offen:

a) Der normtheoretische Ansatz

Dieser Ansatz betrachtet die Bindung der Verwaltung an das Gesetz als absolut, so dass die Tätigkeit der Verwaltung als voll determinierter, rational nachprüfbarer Gesetzesvollzug erscheint und somit dem Richter eine uneingeschränkte Kontrollkompetenz über den Gesetzesvollzug eingeräumt wird[205].

Folge dieses Ansatzes ist, dass der gesamte Entscheidungsvorgang in seine Bestandteile zerlegt wird, um im Wege einer Analyse zu ermitteln, wo der Erkenntnisvorgang aufhört und die Bewertung anfängt[206]. Für Entscheidungsbestandteile, die der Erkenntnis zugeordnet werden, ist die gerichtliche Nachprüfbarkeit nicht begrenzt.

Nach diesem Ansatz stellt auch die Auslegung und Anwendung unbestimmter Rechtsbegriffe ein Erkenntnisakt dar, der demnach voll gerichtlich

[204] Vgl. ALEXY, JZ 1986, 701, 705.

[205] Vgl. OSSENBÜHL in ERICHSEN/EHLERS, Allgemeines Verwaltungsrecht, § 10 III 2 Rn. 27.

[206] Vgl OSSENBÜHL, aaO. (Fn. 206), Rn. 30.

überprüfbar ist[207]. Begründet wird dies unter anderem damit, dass es nur eine einzige richtige rechtmäßige Entscheidung geben kann, ob die Voraussetzungen eines unbestimmten Rechtsbegriffs im Tatbestand eines Gesetzes erfüllt sind. Für den Bereich der abstrakten Auslegung unbestimmter Rechtsbegriffe im Sinne fallunabhängiger Normkonkretisierung steht die Kompetenz des Richters außer Frage. Damit ist aber noch keine Aussage getroffen für die Frage, dass Zweifel über die Anwendung richterlicher Entscheidungsmaßstäbe auf den konkreten Fall bestehen, das heißt im Bereich der Subsumtion. Wem hier die Letztentscheidungsbefugnis eingeräumt wird - dem Richter oder der Verwaltung – bleibt auf dem Boden des normtheoretischen Ansatzes unbeantwortet[208]. Nach übereinstimmender Auffassung von Rechtsprechung und Lehre wird die richterliche Kontrolldichte nur dann verringert - und somit ein administrativer Entscheidungsfreiraum zuerkannt, soweit der Verwaltung nach materiellem Recht die Ermächtigung zur Letztentscheidungskompetenz eingeräumt worden ist[209]. Da es aber an ausdrücklichen Regelungen hinsichtlich der Kontrolldichte in den jeweiligen Ermächtigungsnormen fehlt, gibt es keine Übereinstimmung darüber, wann ein unbestimmter Rechtsbegriff einen Entscheidungsfreiraum der Verwaltung auslöst. Nach der in den 50er Jahren entwickelten Lehre vom Beurteilungsspielraum begründen unbestimmte Rechtsbegriffe einen Bereich eigener gerichtlich nicht weiter überprüfbarer Wertung und Entscheidung[210]. Die Rechtsprechung nimmt heute bei bestimmten Entscheidungstypen eine Beschränkung der richterlichen Kontrolle an[211].

b) Funktionellrechtlicher Ansatz

Der funktionellrechtliche Ansatz stellt darauf ab, ob das betreffende Organ nach seiner Zusammensetzung, nach seiner Legitimation, nach dem Verfahren, in dem es Entscheidungen trifft, nach seiner Problemverarbeitungskompetenz überhaupt geeignet ist, die fragliche Entscheidung zu treffen[212]. Im Verfassungsrecht wird dieses Verfahren zur Kompetenzabgrenzung zwischen Parlament und

---

[207] Vgl. BVerwGE, 72, 73, 77.

[208] Vgl. kritisch zu dieser Schwachstelle des normtheoretischen Ansatzes OSSENBÜHL, aaO. (Fn. 23), Rn. 28.

[209] BVerfGE 61,82 (111); MAUNZ/DÜRIG, GG- SCHMIDT-ASSMANN, Art. 19 IV Rn. 185 mwN.

[210] Vgl. zu den unterschiedlichen Ausformungen der Lehre vom Beurteilungsspielraum MAURER, Allgemeines Verwaltungsrecht, § 7 III.2., Rn. 31 f.).

[211] Vgl. die Übersicht über die einzelnen Fallgruppen der Rechtsprechung bei MAURER, Allgemeines Verwaltungsrecht, § 7 III.2., Rn. 37 ff.

[212] OSSENBÜHL, Festschrift Redeker, 1993, 55;

Exekutive bzw. zwischen Parlament und Bundesverfassungsgericht angewandt[213]. Durch die Anwendung dieser Methode im Verwaltungsrecht wird die eigenständige verfassungsrechtliche Bedeutung der Verwaltung gegenüber den beiden anderen Gewalten besonders hervorgehoben.

Fraglich ist, welche Konsequenzen sich aus der Einräumung von Ermessen für das Verhältnis zwischen der Verwaltung und der Gerichtsbarkeit ergeben.

II. Die Funktionen des Ermessens im Gemeinschaftsrecht

Da im Gemeinschaftsrecht nicht unterschieden wird zwischen Ermessen und unbestimmten Rechtsbegriffen[214], soll im Kontext dieser Arbeit unter „Ermessen" die Entscheidungsbefugnis verstanden werden, die nicht unterscheidet zwischen dem „Ermessen" und „unbestimmten Rechtsbegriffen" im Sinne der deutschen Verwaltungsrechtslehre. Die gemeinschaftsrechtliche Entscheidungsfreiheit hat mit dem Ermessen im deutschen Verwaltungsrecht gemeinsam, dass in beiden Fällen dem entsprechenden Organ eine Wahlfreiheit des Verhaltens unter mehreren legalen Verhaltensweisen eingeräumt[215] wird. Anders als beim vorherrschenden deutschen Verwaltungsbegriff des Ermessens fallen unter die gemeinschaftsrechtliche Entscheidungsfreiheit alle der Verwaltung eröffneten Spielräume, ohne Differenzierung in Tatbestand und Rechtsfolge.

Im Folgenden soll untersucht werden, in welchem Maße die für das Staatsrecht herausgearbeiteten Funktionen des Ermessens auf die gemeinschaftsrechtliche Entscheidungsfreiheit übertragbar sind.

Zu prüfen ist, welche Bedeutung die Einräumung von Entscheidungsfreiheit für die rechtliche Gebundenheit des Organes hat. Zwar findet sich im Europäischen Gemeinschaftsvertrag keine ausdrückliche Normierung des Grundsatzes der Gesetzmäßigkeit der Verwaltung wie in Art. 20 Abs. 3 GG, aber dieser Grundsatz ist im Gemeinschaftsrecht als allgemeiner Rechtsgrundsatz anerkannt: Seine Geltung kann sowohl auf die Verfassungstraditionen der Mitgliedstaaten gestützt werden[216] als auch auf Art. 230 EGV, der u.a. die „Verletzung dieses Vertrags" als Grund für die Fehlerhaftigkeit einer Rechtshandlung benennt, die zur Aufhebung des Rechtsakts führen kann. Den Maßstab für ein fehlerfreies Handeln der Gemeinschaftsorgane bilden über den Wortlaut des Art. 230 Abs. 2 EGV hinaus neben dem Vertragsrecht, das heißt dem geschriebenen

[213] BVerfGE 68, 1 (85ff.); 84, 34 (50).

[214] s.o. 2)a).

[215] Vgl. IPSEN, Europäisches Gemeinschaftsrecht, S. 521.

[216] Dazu SCHWARZE, Europäisches Verwaltungsrecht, Bd. 1, S. 219 ff.

gemeinschaftlichen Primär- und Sekundärrecht, auch die allgemeinen Rechtsgrundsätze.

Für den Fall der Ermessenseinräumung sieht der EGV keinen dem § 40 VwVfG vergleichbaren speziellen Rechtmäßigkeitsmaßstab vor, so dass es bei den allgemeinen Rechtmäßigkeitsanforderungen an Gemeinschaftsakte bleibt. Art. 230 Abs. 2 EGV nennt ausdrücklich den Ermessensmissbrauch als einen Nichtigkeitsgrund. Der EuGH nimmt Ermessensmissbrauch nur an, wenn nach objektiven schlüssigen und übereinstimmenden Indizien davon auszugehen ist, dass die Handlung zumindest vorwiegend zu anderen als den in der Befugnisnorm vorgesehenen Zwecken erfolgt ist[217]. Dieser enge Anwendungsbereich des Ermessensmissbrauchs ist vor dem Hintergrund gerechtfertigt, dass andere - im deutschen Verwaltungsrecht als Ermessensfehler titulierte - Fehler bei der Ermessensausübung als Rechtsfehler zu bewerten sind, die eine Vertragsverletzung darstellen[218].

Für das Verhältnis von Verwaltungsentscheidungen zur Rechtsprechung ergibt sich damit, dass Ermessensentscheidungen zunächst wie alle Entscheidungen von Gemeinschaftsorganen im Rahmen der Nichtigkeitsklage vom EuGH auf Verletzung des Vertrags oder Ermessensmissbrauch geprüft werden. Fraglich ist, ob es Bereiche administrativer Entscheidungsfreiheit gibt, die frei von gerichtlicher Überprüfung sind.

Der EuGH beschränkt seine Kontrollkompetenz in den Fällen, wo andere Gemeinschaftsorgane eine größere Sachkompetenz aufweisen, insbesondere bei der Würdigung wirtschaftlicher Sachverhalte[219]: So stellte der EuGH[220] für die Kommission beispielsweise fest, dass diese „bei der Wahrnehmung ihrer Aufgaben zu schwierigen Wertungen wirtschaftlicher Sachverhalte gezwungen" sei und zieht daraus folgende Konsequenz: „Die gerichtliche Nachprüfung dieser Wertungen muss dem Rechnung tragen und sich deshalb auf die Richtigkeit der ihnen zugrunde liegenden Tatsachen und deren Subsumtion unter die Begriffe des geltenden Rechts beschränken."

Unter Geltung des EGKSV bis zum 23.7.2002 war zudem positivrechtlich geregelt, dass sich die Nachprüfung durch den Gerichtshof nicht auf die Würdigung der aus den wirtschaftlichen Tatsachen oder Umständen sich ergebenden Gesamtlage erstrecken darf (Art. 33 I S. 2 EGKV). Ausnahmsweise stehe dem

---

217 EuGH, Verb. Rs. 16 und 35/66, Slg. 1966, 153, 176 (Gutmann/Kommission); Rs. 69/83, Slg. 1984, 2447, Rn. 30 (Lux/EuRH); Rs. C-331/88, Slg. 1990, I-4023, Rn. 24 (Fedesa u.a.).

218 Vgl. Calliess/Ruffert, EUV/EGV-Cremer, Art. 230 Rn. 77.

219 Vgl. die Übersicht bei Schwarze, Europäisches Verwaltungsrecht, S. 281.

220 EuGH, Rs. 56/64, Slg. 1966, 322, 396 (Consten/Grundig).

Gerichtshof eine Nachprüfung offen, wenn dem Organ der Vorwurf eines Ermessensmissbrauchs gemacht wird sowie bei offenkundiger Verkennung des Vertrages. Diese Begrenzung des Prüfungsumfangs wurde auch für den Anwendungsbereich des EGV angenommen[221]. Trotz Außerkrafttretens des EGKSV gilt der Rechtsgedanke weiterhin, denn schon zu Zeiten der Geltung des EGKSV wurde das Prinzip der richterlichen Selbstbeschränkung als ein allgemeiner Rechtsgedanke aufgefasst, der lediglich in Art. 33 I S. 2 EGKSV positiviert wurde.

Diese Selbstbeschränkung bezieht sich ausdrücklich auf die Würdigung, die ein Gemeinschaftsorgan aufgrund der wirtschaftlichen Tatsachen oder Umstände vornimmt. Damit bleibt aber der Gerichtshof befugt, die der Wertung zugrunde liegenden Tatsachen auf ihre Richtigkeit zu überprüfen. Eine darüber hinaus gehende Nachprüfung der Subsumtion und der Auslegung durch das Organ kann dem Gerichtshof nicht pauschal eingeräumt werden[222], da Auslegungen unbestimmter Rechtsbegriffe beispielsweise auch die Grundlage der Subsumtion verändern können und somit den Gerichtshof indirekt zu einer im Ergebnis anderen Wertung der Tatsachen führen können. Die Substanz einer eigenständigen Würdigung von Tatsachen besteht schließlich auch darin, vor dem Treffen einer Entscheidung die Kriterien der Ermächtigungsnorm auszulegen. Wird die Auslegung pauschal in die Nachprüfbarkeit des Gerichtshofes gestellt, ist dem Gemeinschaftsorgan die Substanz der eigenständigen Wertung genommen, so dass der Gerichtshof über den Umweg der Auslegung seine eigene Auffassung an die Stelle der Auffassung des Organes setzen würde. Eine vollständige Nachprüfung der Auslegung und Subsumtion durch den Gerichtshof würde den Ausnahmecharakter der Nachprüfung in Art. 33 Abs. 1 S. 2 EGKSV ins Gegenteil verkehren.

Für eine Begrenzung der richterlichen Nachprüfung von Ermessensentscheidungen spricht weiterhin Art. 229 EGV. Diese Vorschrift regelt die ausnahmsweise Befugnis des Gerichtshofs zur unbeschränkten Ermessensnachprüfung in den dort genannten Fällen. Als Umkehrschluss daraus ergibt sich, dass generell eine Ermessensnachprüfung nicht unbeschränkt stattfindet.

---

221 EuGH, Rs. 55/75, Slg. 1976, 19, 30 (Balkan-Import-Export/Hauptzollamt Berlin-Packhof); vgl. Daig, Nichtigkeits- und Untätigkeitsklagen im Recht der Europäischen Gemeinschaften, S.169.

222 Gegen eine Kontrollbefugnis bei Auslegung und Subsumtion Daig, Nichtigkeits- und Untätigkeitsklagen im Recht der Europäischen Gemeinschaften, S. 164, S. 169 f.; für eine Kontrollbefugnis auch hinsichtlich der Auslegung und Subsumtion Cremer, Forschungssubventionen im Lichte des EGV, S. 104 f.- allerdings mit der Maßgabe, dass der Gerichtshof bei seiner Auslegung nicht in den Bereich wirtschaftspolitischer Würdigung eindringen darf.

III. Bedeutung für das Verhältnis zwischen Ermessensgrenzen des Gemeinschaftsorgans und gerichtlicher Nachprüfbarkeit - weiterer Gang der Prüfung

Die bisherige Untersuchung zeigt, dass bei der Einräumung von Ermessen das Gemeinschaftsorgan rechtlich an die Verpflichtungen aus dem Vertrag gebunden bleibt. Dem entspricht im Verhältnis zur Rechtsprechung die Möglichkeit des Gerichtshofs, Akte wegen Vertragsverletzungen aufheben zu können. Spezielle ausdrückliche Vorgaben für die Rechtmäßigkeit von Ermessensakten stellt das Gemeinschaftsrecht nicht auf. Im Verhältnis zur Rechtsprechung hingegen ist in Art. 230 Abs. 2 EGV eine Sonderregelung für den Fall des Ermessensmissbrauchs aufgestellt.

Eine Besonderheit stellen Akte dar, die eine Würdigung des Organs aufgrund wirtschaftlicher Tatsachen darstellen. Hier gilt eine auf die tatsächlichen Grundlagen beschränkte Nachprüfbarkeit. Da materiellrechtlich das Organ aber gemeinschaftsrechtlichen Bindungen unterliegt, scheint es so, dass materiellrechtliche Vorgaben und Justitiabilität asymmetrisch sind.

Wegen dieses möglichen nichtjustitiablen Bereichs rechtlicher Bindung sollen die Grenzen der Entscheidungsfreiheit des Rates nicht von vornherein nur auf die gerichtlich nachprüfbaren Grenzen hin untersucht werden, sondern es sollen zunächst die Grenzen für die Entscheidungsfreiheit untersucht werden, die sich aus dem Gemeinschaftsrecht für den Rat ergeben (Kapitel 3-5). Im Anschluss daran wird die Frage der Justitiabilität als Frage der Entscheidungsfreiheit des Rates gegenüber der gerichtlichen Kontrolle bewertet (Kap. 6).

3. Kapitel: Gemeinschaftsrechtliche Zielbestimmungen als Grenzen der Entscheidungsfreiheit

Im Folgenden werden gemeinschaftsrechtliche Zielbestimmungen daraufhin untersucht, welche Bindungen sie dem Rat bei der Entscheidung nach Art. 104 Abs. 6 EGV auferlegen. Dazu wird zunächst das System und die Funktion von Zielbestimmungen im Gemeinschaftsrecht vorgestellt. Dann wird der Fokus auf die Zielnormen im Bereich der Wirtschaftspolitik gerichtet, wobei insbesondere die Frage zu diskutieren ist, welche Rolle die Preisstabilität als Ziel im Verhältnis zu anderen Zielnormen spielt und welches Maß an Bindung von den Zielnormen für die Entscheidungsfreiheit des Rates ausgeht.

A. System und Funktion der Zielbestimmungen der Europäischen Gemeinschaft

Zunächst ist terminologisch klarzustellen, was unter Zielbestimmungen des EGV zu verstehen ist. Bei einem weiten Verständnis von Zielbestimmungen fallen darunter Motive und Erwägungen der Präambel sowie normgefasste Zielbestimmungen. Bei den normgefassten Zielbestimmungen spricht der EGV uneinheitlich teilweise von Aufgaben[223], teilweise von Zielen[224], ohne dass damit eine unterschiedliche Bedeutung gemeint ist[225]. Von den Erwägungen zu den Zielnormen sowie innerhalb der Zielnormen des EGV weisen die Zielbestimmungen eine abgestufte Konkretisierung vom allgemeinen zum besonderen auf[226].

Im Vorgriff auf die noch vorzunehmende Untersuchung der Hierarchie von Zielbestimmungen sei hier schon darauf hingewiesen, dass im Grundsatz die allgemeine Zielbestimmung auch dann unmittelbar anwendbar bleibt, wenn eine speziellere Bestimmung existiert[227].

Neben den für diese Arbeit relevanten wirtschaftspolitischen Zielnormen (II) gibt es sozial- und umweltpolitische sowie integrationspolitische Zielnormen.

Zu erörtern ist, welche rechtlichen Wirkungen Zielbestimmungen haben. Grundsätzlich kommt ihnen eine rechtsverbindlich-steuernde Wirkung zu[228]. So-

[223] z.B. Art. 2, 7, 10 Abs. 1 EGV.

[224] z.B. Art. 5 Abs. 1 und 2, 10 Abs. 2, 70, 98, 105 EGV.

[225] IPSEN, Europäisches Gemeinschaftsrecht, 556, 989; EuGH, Slg. 1987, 3712 (3715), „Giménez/Instituto Nacional de la Seguridad Social".

[226] Vgl. GRABITZ/HILF, EUV/EGV-GRABITZ, Art. 235 EWGV, Rn. 20, Archivband II.

[227] Zur Hierarchie zwischen Zielbestimungen s.u. C).

[228] HOFFMANN-BECKING, Normaufbau und Methode, 1973, S. 65.

fern es um Motive und Erwägungen der Vertragsparteien geht, die von den Vertragspartnern willentlich als gemeinsame zum Ausdruck gebracht werden und in einer Präambel den Vertragsbestimmungen vorangestellt werden, ist zu berücksichtigen, dass die Präambel eines völkerrechtlichen Vertrages grundsätzlich nicht die gleichen rechtlichen Wirkungen hat wie der Vertragstext selbst, aber dennoch können diese Erwägungen als Auslegungshilfen für Einzelbestimmungen und für die Ermessensausübung der Gemeinschaftsorgane[229] rechtliche Wirkung entfalten.

Die rechtsverbindlich-steuernde Wirkung der Zielbestimmungen äußert sich im Verhältnis zu der jeweiligen Gemeinschaft und den Mitgliedstaaten in mehrfacher Hinsicht: Einerseits verpflichten die Vertragsziele die jeweilige Gemeinschaft und die Mitgliedstaaten[230]. Die Pflicht der Mitgliedstaaten, geeignete Maßnahmen zur Erfüllung der Vertragsverpflichtungen vorzunehmen bzw. solche Maßnahmen zu unterlassen, ist ausdrücklich in Art. 10 EGV positiviert. Über den Wortlaut hinaus gilt diese Pflicht nicht nur im Verhältnis der Mitgliedstaaten gegenüber der EG und den Organen, sondern auch umgekehrt für die EG und ihre Organe gegenüber den Mitgliedstaaten. Darüber hinaus gilt dieser Grundsatz auch im horizontalen Verhältnis zwischen den Mitgliedstaaten und ihren Organen untereinander sowie im Verhältnis der EG-Organe untereinander[231].

Wenn Organen der Gemeinschaft ein Entscheidungsspielraum eingeräumt ist, äußert sich die Verpflichtung auf die Vertragsziele darin, dass die Vertragsziele die „Ermessensgrenze“[232] bilden, innerhalb derer die Gemeinschaftsorgane selbständig Schwerpunkte setzen können.

Eine weitere Wirkung der Vertragsziele besteht darin, dass sie den Tätigkeitsbereich der jeweiligen Gemeinschaft begrenzen[233]. Diese Wirkung ist in Art. 5 Abs. 1 EGV positiviert als das Prinzip der begrenzten Einzelermächtigung („die Gemeinschaft wird innerhalb der Grenzen der ihr in diesem Vertrag zugewiesenen Befugnisse und gesetzten Ziele tätig“) sowie als Erforderlichkeitsprinzip in Art. 5 Abs. 3 EGV („Die Maßnahmen der Gemeinschaft gehen nicht über das für die Erreichung der Ziele dieses Vertrages erforderliche Maß hinaus“).

---

229 Vgl. Groeben/Thiesing/Ehlermann, 5. Aufl., EUV/EGV- Schwartz, Art. 235 EWGV, Rn. 114.

230 Art. 2, 3, 4 EGV.

231 Vgl. Calliess/Ruffert, EGV-Kahl, Art. 10 Rn. 14.

232 Vgl. Grabitz/Hilf, EUV/EGV-Grabitz, Art. 2 Rn. 1.

233 Vgl. Groeben/Thiesing/Ehlermann, 5. Aufl., EUV/EGV-Zuleeg, Art. 2 Rn. 3.

Darüber hinaus können Vertragsziele Bedeutung für die Auslegung von Einzelvorschriften erlangen, die sich nicht ausdrücklich auf die Vertragsziele beziehen. In diesem Falle bilden die Vertragsziele die Grundlage der teleologischen Auslegung[234].

Vertragsziele der EG sind in den Präambeln zum EG-und EU-Vertrag sowie an verschiedenen Stellen im EG- und EU-Vertrag zu finden.

B. Zielnormen in der Wirtschaftspolitik

Zunächst sollen die besonderen Funktionen und rechtlichen Wirkungen wirtschaftspolitischer Ziele dargestellt werden. Im Anschluss daran soll ein Überblick über die Inhalte der Zielnormen gegeben werden, wobei jeweils die mögliche Relevanz für die Ratsentscheidung nach Abs. 6 aufgezeigt wird. Auf dieser Grundlage stellt sich die Frage, ob es im Zielkatalog Hierarchien zwischen Zielen gibt, die für den Rat bei seiner Entscheidung nach Abs. 6 eine Auslegungsmaxime darstellen.

I. Zur Funktion von wirtschaftspolitischen Zielnormen

Als Ausgangspunkt und Hintergrund der rechtlichen Wirkungen ist zunächst die Funktion von Zielen und Zielbestimmungen in der Wirtschaftspolitik zu skizzieren. Zunächst ist zu berücksichtigen, dass von Seiten der Wirtschaftswissenschaft wirtschaftspolitische Ziele nicht vom Inhalt her zwingend prädeterminiert sind: Vielmehr betrachtet die Wirtschaftswissenschaft die Festsetzung von Zielen als Wertung und überlässt diese Aufgabe der Politik, während sie eine beratende Rolle im Entscheidungsprozess einnimmt[235]. Wegen der Schwierigkeit, ökonomische Ziele mittels Rechtsnormen zu determinieren, ist dem zuständigen Organ selbst eine eigene politische Gestaltungsfreiheit zu belassen, die durch Normierung des Zieles begrenzt wird.

Insoweit wirtschaftspolitische Ziele normiert sind, haben sie rechtsverbindlich steuernde Wirkung, während gleichzeitig das Organ einen Entscheidungsspielraum bezüglich der Zielverwirklichung hat. Auch bei diesem Entscheidungsspielraum dienen unter anderem allgemeine Vertragsziele als Auslegungsmaßstab[236].

---

[234] EuGH, Slg. 1966, 457 (473), Italien/Kommission; EuGHE 1979, 461 (552 f.), Hoffmann-La Roche/Kommission; EuGHE 1988, 1213 (1235), „Drexl".

[235] Vgl. ausführlich zur Zielbildung SCHULZE-STEINEN, Wirtschaftsunion, S. 63.

II. Präambelerwägungen des EGV

In der Präambel zum EGV beziehen sich 7 der 9 Erwägungen auf das übergeordnete wirtschaftspolitisch relevante Ziel, den wirtschaftlichen und sozialen Fortschritt der Länder zu sichern. Dieses allgemeine Ziel wird durch den gemeinsam ausgedrückten Vorsatz, „die stetige Besserung der Lebens- und Beschäftigungsbedingungen ihrer Länder als wesentliches Ziel anzustreben" konkretisiert sowie durch das Bestreben, „ihre Volkswirtschaften zu einigen und deren harmonische Entwicklung zu fördern, indem sie den Abstand zwischen einzelnen Gebieten und den Rückstand weniger begünstigter Gebiete verringern"[237].

III. Art. 2 EGV

Ausdrücklich benennt Art. 2 EGV folgende wirtschaftspolitische Ziele, die jeweils kurz auf ihre mögliche Relevanz für die Entscheidung nach Art. 104 Abs. 6 EGV untersucht werden:

1. Eine harmonische, ausgewogene und nachhaltige Entwicklung des Wirtschaftslebens

Unter einer harmonischen Entwicklung des weit zu verstehenden Wirtschaftsbegriffs ist vor dem Hintergrund des 5. Erwägungsgrundes zur Präambel eine Politik zu verstehen, die den Abstand zwischen einzelnen Gebieten bzw. den Rückstand weniger begünstigter Gebiete verringert. Diesem Ziel kommt somit in erster Linie eine regionalpolitische bzw. strukturpolitische Bedeutung zu[238]. In dieser Hinsicht spielt es für die Feststellung eines übermäßigen Defizits nach Abs. 6 keine Rolle, da es hier nicht in der Entscheidungsbefugnis des Rates steht, Strukturmaßnahmen zugunsten eines Mitgliedstaates zu beschließen, sondern über den status quo hinsichtlich des Vorliegens eines übermäßigen Defizits zu entscheiden. Bedeutung hat das Ziel der harmonischen Entwicklung für die Ratsentscheidung möglicherweise insoweit, als eine harmonische Entwicklung auch das Stabilitätsgebot in der Form der Preisstabilität umschließt[239]. Welche Bedeutung dem Ziel der Preisstabilität für die Ratsentscheidung zukommt, wird im Kontext mit Art. 4 Abs. 3 EGV separat untersucht.

[236] Zu Vertragszielen als Auslegungsmaßstab generell EuGH, Slg. 1963, 141 (153 f.); 1969, 277 (284).

[237] Präambel zum EGV, 5. Erwägung.

[238] Vgl. CALLIESS/RUFFERT, EUV/EGV-UKROW, Art. 2 Rn. 15.

[239] Vgl. GRABITZ/HILF, EUV/EGV-v. BOGDANDY, Rn. 23.

Teilweise wird das Ziel der harmonischen Entwicklung des Wirtschaftslebens weiter gefasst, so dass die übrigen Ziele des Art. 2 EGV bereits in diesem Ziel enthalten seien[240]. Der Übersichtlichkeit wegen wird hier an der separaten Behandlung der einzelnen Ziele festgehalten.

2. Ein hohes Beschäftigungsniveau

Art. 2 legt nicht fest, was unter einem hohen Beschäftigungsniveau zu verstehen ist. Teilweise wird dazu im Rückgriff auf volkswirtschaftliche Berechnungen von einer Arbeitslosenquote von höchstens 4 % bei Fehlen von struktureller Arbeitslosigkeit ausgegangen[241]. Die Mittel zur Verwirklichung dieses Ziels werden in Art. 125 EGV ff. ausgeführt. Die in Art. 125 EGV festgelegte Verpflichtung auf u.a. die „Ziele" des Art. 2 EGV ohne weitere Eingrenzung legt eine Unterordnung der Beschäftigungspolitik gegenüber den wirtschaftspolitischen Zielen des Art. 2 EGV nahe. Bei der hier interessierenden umgekehrten Frage der Bedeutung des Ziels eines hohen Beschäftigungsniveaus für die Wirtschaftspolitik zeigt sich zwar, dass es in wirtschaftspolitischen Bestimmungen keinen beschäftigungspolitischen Vorbehalt gibt, jedoch gibt es eine Parallele zwischen Art. 98 und Art. 125[242] insofern, als auch Art. 98 für den Bereich der Wirtschaftspolitik die Beachtung der Ziele des Art. 2 EGV - mithin auch des hohen Beschäftigungsniveaus - vorgibt. Details zum Inhalt und der Reichweite der Verweisung in Art. 98 auf die Ziele des Art. 2 EGV werden im Kontext mit Art. 98 EGV untersucht.

3. Ein beständiges, nichtinflationäres Wachstum

In den Zusätzen „beständig" und „nichtinflationär" wird ein ausdrücklicher Bezug zu den Zielen des Art. 4 Abs. 2 EGV, insbesondere der Preisstabilität, gesehen: Auf diese Weise werde festgelegt, dass Wachstum nicht um jeden Preis anzustreben sei, sondern mit den Zielen des Art. 4 Abs. 2 EGV in praktische Konkordanz zu bringen sei[243]. Die Frage des Verhältnisses von Zielen zueinander und eventuellen Zielkonflikten wird weiter unten geklärt.

---

[240] Vgl. DAUSES, Handbuch EUWirtschR-MÜLLER-GRAFF, A.I. Rn. 117.

[241] Vgl. GRABITZ/HILF, EUV/EGV-v. BOGDANDY, Rn. 24.

[242] Zur Ähnlichkeit von Art. 125 EGV und Art. 98 EGV CALLIESS/RUFFERT, EUV/EGV-KREBBER, Art. 125 EGV, Rn. 8.

[243] Vgl. CALLIESS/RUFFERT, EUV/EGV-UKROW, Art. 2 EGV, Rn. 20; STREINZ, EUV/EGV-KEMPEN, Art. 2 EGV, Rn. 24.

Der Zusatz „beständig“ wird teilweise so gedeutet, dass dadurch der Einsatz antizyklischer wirtschaftspolitischer Instrumente erforderlich werden kann, um die regelmäßigen Konjunkturzyklen auszugleichen[244].

In Bezug auf die Ratsentscheidung nach Abs. 6 zeigt sich, dass die Zielvorgabe eines beständigen und nichtinflationären Wachstums bei der Feststellung eines übermäßigen Defizits insofern eine Rolle spielen kann, als diese Entscheidung gemäß Abs. 7 mit Empfehlungen zur Vornahme wirtschaftspolitischer Maßnahmen verknüpft wird: Diese Empfehlungen schränken möglicherweise den mitgliedstaatlichen Handlungsspielraum in Phasen des konjunkturellen Abschwungs ein, wenn der Mitgliedstaat antizyklisch Investitionen tätigen will, um die Bedingungen für einen Wirtschaftsaufschwung zu schaffen.

4. Ein hoher Grad von Wettbewerbsfähigkeit und Konvergenz der Wirtschaftsleistungen

Das Ziel eines hohen Grades an Wettbewerbsfähigkeit meint eine wettbewerbsfähige Position der Wirtschaft des EG-Binnenmarktes gemessen an der Weltwirtschaft. Durch die Feststellung eines übermäßigen Defizits wird zwar nicht unmittelbar die Wettbewerbsfähigkeit des gesamten Wirtschaftsraums Binnenmarkt beeinflusst, jedoch ist für den Bereich der WWU der Umgang mit Mitgliedstaaten, die eine hohe Verschuldung aufweisen, auch im Hinblick auf die Kreditfähigkeit der betreffenden Mitgliedstaaten von Bedeutung.

Die Konvergenz der Wirtschaftsleistungen hingegen bezieht sich auf Wirtschaftsleistungen im Verhältnis der Mitgliedstaaten untereinander und zwar auf das pro Kopf erwirtschaftete Sozialprodukt, das tendenziell gleich sein soll. Dieses Ziel dient als Ermächtigungsgrundlage für die Wirtschaftsförderung weniger entwickelter Mitgliedstaaten und Regionen. Für die Ratsentscheidung nach Abs. 6 hat es daher keine Bedeutung.

IV. Art. 4 EGV

Art. 4 EGV führt aus, mit welchen Mitteln, die nach Art. 2 EGV als Tätigkeit der Gemeinschaft genannte Wirtschafts- und Währungsunion verwirklicht werden soll: Die genannten Mittel der Einführung einer Wirtschaftspolitik (Abs. 1) sowie einer einheitlichen Geld- sowie Wechselkurspolitik (Abs. 2) sind dabei selbst als Ziele zu verstehen, da nach den Ausführungen oben die als „Tätigkeit“ bezeichneten Aufgaben im Sinne des Art. 2 EGV zugleich Zielbe-

---

[244] Vgl. Grabitz/Hilf, EUV/EGV-v. Bogdandy, Art. 2 EGV, Rn. 27.

stimmungen sind. Die Bezeichnung der Wirtschafts- und Währungspolitik nach Art. 4 Abs. 1 und 2 EGV als „Tätigkeit der Mitgliedstaaten und der Gemeinschaft" bedeutet, dass sowohl die Organe der EG als auch die Mitgliedstaaten verpflichtet werden, wobei sich die Verpflichtung auf den Zuständigkeitsbereich bezieht, der jeweils durch die Art. 98 ff. EGV vorgegeben wird.

1. Die Wirtschaftspolitik nach Abs. 1

Soweit die Wirtschaftspolitik auf einer „engen Koordinierung der Wirtschaftspolitik der Mitgliedstaaten" beruht, wird damit auf die nach Art. 98, 99 EGV weiterhin bestehende Zuständigkeit der Mitgliedstaaten für die allgemeine Wirtschaftspolitik verwiesen. Für die Ratsentscheidung nach Abs. 6 könnten in diesem Zusammenhang insbesondere die Grundzüge der Wirtschaftspolitik nach Art. 99 EGV von Bedeutung sein. Ob und in welchem Umfang das der Fall ist, soll im Kontext mit den Zielen nach Art. 98 ff. EGV diskutiert werden.

Darüber hinaus beruht die Wirtschaftspolitik auf dem Binnenmarkt und der Festlegung gemeinsamer Ziele. Durch beide Verweisungen etabliert Art. 4 Abs. 1 EGV jeweils kein neues Ziel, setzt aber ausdrücklich die EG-Wirtschaftspolitik in einen Kontext zu den genannten Zielen, wodurch die (gleichzeitige) Eigenschaft der Wirtschaftspolitik als Mittel - nämlich zum Erhalt bzw. zur Förderung der betreffenden Ziele - zum Ausdruck kommt.

Hinsichtlich des Binnenmarktes bedeutet dieser Bezug, dass die EG-Wirtschaftspolitik den Bestand der im Rahmen des Binnenmarktes erreichten Freiheiten erhalten und auf die Zukunft gerichtet auch fördern muss[245].

Fraglich ist, was mit der „Festlegung gemeinsamer Ziele" gemeint ist. Teilweise wird darin ein Verweis auf die allgemeinen Ziele und Aufgaben nach Art. 2 und 3 EGV gesehen[246]. Andererseits wird darin ein Verweis auf die Grundzüge der Wirtschaftspolitik der Mitgliedstaaten und der Gemeinschaft i.S.d. Art. 99 Abs. 2 EGV gesehen[247].

Für eine Bezugnahme auf die Ziele des Art. 2 wird die ausdrückliche Verpflichtung der Wirtschaftspolitik auf die Vertragsziele des Art. 2 in Art. 98 EGV als Argument vorgebracht. Dies erklärt allerdings systematisch nicht überzeugend, warum es in Art. 4 I EGV um die „Festlegung" der Ziele nach Art. 2 EGV gehen kann. Einerseits stehen die Ziele des Art. 2 EGV nicht zur Disposi-

---

245 Vgl. STREINZ, EUV/EGV-KEMPEN, Art. 4 EGV, Rn. 11.

246 Vgl. GRABITZ/HILF, EUV/EGV-BANDILLA, Art. 4 EGV, Rn. 6.

247 Vgl. CALLIESS/RUFFERT, EUV/EGV-HÄDE, Art. 4 EGV, Rn. 4.

tion im Rahmen einer Festlegung zwischen der Gemeinschaft und den Mitgliedstaaten, andererseits bezieht sich Art. 98 S. 1 EGV lediglich auf die Verwirklichung der Ziele nach Art. 2 im Rahmen der Grundzüge gemäß Art. 99 Abs. 2 EGV. Würde der Verweis auf Art. 98 S. 1 gestützt, wäre er demnach nur als ein Verweis auf die Ziele des Art. 2 EGV zu verstehen, soweit die Grundzüge nach Art. 99 Abs. 2 EGV betroffen sind.

Überzeugender ist die Auslegung, nach der ein direkter Verweis auf die in den Grundzügen nach Art. 99 Abs. 2 EGV festgelegten Ziele der Wirtschaftspolitik vorliegt. In diesen Kontext passt das „Festlegen" widerspruchsfrei, da die Grundzüge in dem Verfahren nach Art. 99 Abs. 2 EGV zu bestimmen sind. Zudem wird dieses Ergebnis bestätigt durch die Entstehungsgeschichte des Art. 4 Abs. 1 : Der Wortlaut[248] des - wenn auch später nicht übernommenen - Kommissionsentwurfes zu Herbeiführung der Wirtschafts- und Währungsunion legt eine Bezugnahme des Art. 4 I auf Art. 99 Abs. 2 EGV nahe[249].

2. Die Währungspolitik nach Art. 4 Abs. 2

In Abs. 2 wird die Währungspolitik als Instrument und gleichzeitig Ziel i.S.d. Art. 2 EGV genannt. Sie umfasst eine einheitliche Geld- und Wechselkurspolitik. Die Ratsentscheidung nach Abs. 6 ist als Teil des Defizitverfahrens nach Art. 104 EGV dem Bereich der Wirtschaftspolitik zuzurechnen, so dass sich Abs. 2 nicht auf die Ratsentscheidung nach Abs. 6 bezieht.

Die in Abs. 2 genannte Parallelität der Währungspolitik zur Wirtschaftspolitik nach Abs. 1 ist so zu verstehen, dass beide Politikbereiche grundsätzlich gleichgerichtet durchgeführt werden sollen, d.h. dass beide den in Art. 4 Abs. 1 EGV genannten Zielen dienen müssen und auch dem Ziel der Preisstabilität, das in Art. 4 Abs. 2 EGV genannt wird. Aus der grundsätzlichen Parallelität ist jedoch nicht zu schließen, dass die Preisstabilität für die Wirtschaftspolitik das vorrangige Ziel ist. Insofern steht der Wortlaut des Abs. 2 entgegen, der die Vorrangigkeit ausdrücklich auf die Geld- und Wechselkurspolitik bezieht.

Die Bedeutung der Preisstabilität insgesamt für die Wirtschaftspolitik und die Ratsentscheidung nach Abs. 6 wird gesondert behandelt[250].

248 DOK. SEC (90) 2500, abgedruckt bei KRÄGENAU/WETTER, Wirtschafts- und Währungsunion, S. 194 ff.-danach sind gemeinsame Ziele „mehrjährige wirtschaftspolitische Leitlinien, in denen die allgemeinen Ziele für die Gemeinschaft festgelegt und die Mittel zur Erreichung dieser Ziele angegeben werden."

249 Vgl. STREINZ, EUV/EGV-KEMPEN, Art. 4 EGV, Rn. 12; GROEBEN/THIESING/EHLERMANN, EGV, 5. Aufl.-VON ESTORFF/MOLITOR, Art. 3 a) EGV, Rn. 10.

250 s.u. C)III)und C)IV).

3. Die richtungsweisenden Grundsätze (Art. 4 Abs. 3 EGV)

Für die Tätigkeit der Mitgliedstaaten und der Gemeinschaft auf dem Gebiet der Wirtschafts- und Währungspolitik[251] legt Art. 4 Abs. 3 Grundsätze fest. Auf diese Grundsätze wird in Art. 98 S.2, 105 Abs. 1 S.2 sowie Art. 2 S.2 der ESZB-Satzung verwiesen. Die rechtliche Bedeutung der Grundsätze sowie die Inhalte der Grundsätze werden im Folgenden vorgestellt.

a) Die rechtliche Bedeutung

Zunächst ist zu klären, welche rechtliche Bedeutung richtungsweisende Grundsätze haben. Teilweise werden sie als Leitbilder gedeutet, die keine rechtlich verbindlichen Vorgaben darstellen, sondern lediglich den Zusammenhang zwischen der Wirtschafts- und Währungsunion und der sonstigen Tätigkeit von Mitgliedstaaten und Gemeinschaft hervorheben sollen[252]. Vorwiegend jedoch wird im Schrifttum eine grundsätzliche rechtliche Verbindlichkeit der richtungsweisenden Grundsätze angenommen: Dies geschieht teilweise in der Form, dass die richtungsweisenden Grundsätze ohne nähere Erörterung ihrer rechtlichen Qualität unter dem gleichen Dach wie Zielbestimmungen des EGV diskutiert werden[253].

Andererseits wird teilweise den Grundsätzen ausdrücklich die Eigenschaft als Zielbestimmungen abgesprochen, dennoch aber deren Rechtsverbindlichkeit angenommen[254]: Die Grundsätze seien „Optimierungsgebote" und dienten gleichzeitig als Auslegungs- und Anwendungsmaßstab für Art. 98-124[255].

Trotz der aufgezeigten unterschiedlichen Bewertungen der richtungsweisenden Grundsätze ist als unstreitig festzuhalten, dass sie keine Kompetenzen für konkrete Handlungspflichten schaffen. Diese können sich nur aus den Art. 98 ff. ergeben.

---

[251] Zur Frage der Anwendbarkeit der Grundsätze über den Bereich der Wirtschafts- und Währungspolitik hinaus vgl. CALLIESS/RUFFERT, EUV/EGV-HÄDE, Art. 4, Rn. 38; GROEBEN/THIESING/EHLERMANN, EGV-ESTORFF/MOLITOR, 5. Aufl., Art. 3a Rn. 28 f. (jeweils dafür); STREINZ, EUV/EGV-KEMPEN, Art. 4 Rn. 25; GRABITZ/HILF, EUV/EGV-BANDILLA, Art. 4 , Rn. 20 (jeweils ablehnend).

[252] CALLIESS/RUFFERT, EUV/EGV-HÄDE, Art. 4, Rn. 39.

[253] DAUSES, Handbuch EUWirtschR-MÜLLER-GRAFF, AI, Rn. 150: die richtungsweisenden Grundsätze werden innerhalb des Kapitels „Die Verfassungsziele der Europäischen Gemeinschaft", Beginn Rn. 112, behandelt; KONOW, Stabilitätspakt, S. 55 f. geht von der Rechtsverbindlichkeit der richtungsweisenden Grundsätze aus.

[254] GRABITZ/HILF, EUV/EGV-BANDILLA, Art. 4, Rn. 13.

[255] Ebenda.

Die vermeintlich unterschiedliche Bewertung der Rechtsverbindlichkeit relativiert sich für den hier interessierenden Bereich der Wirtschaftspolitik dadurch, dass sowohl die Mitgliedstaaten als auch die Gemeinschaft in Art. 98 Abs. 1 S. 2 EGV ausdrücklich - und jedenfalls rechtlich verbindlich - auf die Grundsätze des Art. 4 verpflichtet werden.

Welchen Inhalt die rechtliche Bindung aus den Grundsätzen konkret entfalten kann, soll im Folgenden im Zusammenhang mit den einzelnen Grundsätzen erörtert werden.

b) Preisstabilität

Der in Art. 4 Abs. 3 als „stabile Preise" benannte Grundsatz ist inhaltlich gleichbedeutend mit den ähnlichen Formulierungen in der Präambel zum EUV, 7. Abs. („Stabile Währung"), Art. 2 („Nichtinflationäres Wachstum"), Art. 105 Abs. 1 und Art. 111 Abs. 1 („Preisstabilität"): Gemeint ist mit Preisstabilität (oder auch Geldwertstabilität) ein stabiler Binnenwert der Währung, der sich darin äußert, dass für die gleichen Einheiten einer Währung in einem bestimmten Zeitraum immer die gleiche Menge an Waren und Dienstleistungen gekauft werden kann[256]. Gemessen wird die Preisstabilität an der Höhe der Inflationsrate.

Wie hoch die Inflationsrate sein darf, um noch von einer Preisstabilität im Sinne des EGV sprechen zu können, gibt der Vertrag selbst nicht vor. Es ist diesbezüglich nicht auf die relative Obergrenze abzustellen, die der Vertrag für das Konvergenzkriterium der Preisstabilität vorsieht: Gemäß Art. 121 Abs. 1 S. 3 1. Gedankenstrich i.V.m. Art. 1 des Konvergenzprotokolls[257] darf die Inflationsrate nicht mehr als 1,5% über der Inflationsrate der 3 Mitgliedstaten mit der geringsten Inflationsrate liegen. Diese relative Obergrenze kann hier nicht einschlägig sein, da sie sich als Konvergenzkriterium auf die Teilnahme an der gemeinsamen Währung bezieht, während es im Rahmen von Art. 4 Abs. 3 EGV um einen dauerhaft geltenden Grundsatz geht[258].

Der EZB ist für die Bestimmung der Preisstabilität im Rahmen ihrer Geldpolitik ein großes Maß an Unabhängigkeit eingeräumt. Nach dem Beschluss des EZB-Rates[259] gemäß Art. 12.1 erster Uabs. 2. Satz der EZB-Satzung gilt als

[256] Vgl. Hahn, Währungsrecht, S. 221 f.

[257] Protokoll über die Satzung des ESZB und der EZB, ABl. C 191 v. 29.7.92, S. 68.

[258] Vgl. Grabitz/Hilf-Bandilla, EUV/EGV, Art. 4 EGV, Rn. 14.

[259] Die stabilitätsorientierte währungspolitische Strategie des Eurosystems, Monatsbericht der EZB, Januar 1999, S. 39,50 (46).

Preisstabilität ein jährlicher Anstieg des harmonisierten Verbraucherpreisindexes für den Euro-Raum unter 2 %. Die Preisstabilität ist „mittelfristig aufrechtzuerhalten".

Obwohl dieser Wert von der EZB im Rahmen ihrer Kompetenz für Geldpolitik definiert wurde, ist er darüber hinaus auch für den Bereich der Wirtschaftspolitik als maßgebliche Grundlage zu erachten, da der Vertrag einerseits das ESZB vorrangig auf das Ziel der Preisstabilität nach Art 105 Abs. 1 S. 1 EGV verpflichtet. Darüber hinaus macht die Aufgabenzuweisung, „die Geldpolitik der Gemeinschaft festzulegen" (Art. 105 Abs. 2 1.Spiegelstr.) deutlich, dass einheitliche Vorgaben für die Gemeinschaft zu treffen sind. Die Mitverpflichtung der wirtschaftspolitischen Akteure auf den Grundsatz der Preisstabilität enthält danach keine eigene Kompetenz zur Zieldefinition hinsichtlich der Preisstabilität.

Im Folgenden ist zu klären, worin die Verpflichtung auf eine so verstandene Preisstabilität für die Gemeinschaftsorgane und die Mitgliedstaaten im Rahmen der Wirtschaftspolitik praktisch besteht. Dazu ist zunächst zu erörtern, welchen Einfluss wirtschaftspolitische Maßnahmen in tatsächlicher Hinsicht auf das Preisniveau haben (1.). Sodann ist die rechtliche Ausgestaltung des Zusammenhangs zwischen wirtschaftspolitischen Maßnahmen und der Preisstabilität zu untersuchen (2.).

(1) Der Einfluss wirtschaftspolitischer Maßnamen auf die Preisstabilität in tatsächlicher Hinsicht

Es ist zu untersuchen, welchen Einfluss wirtschaftspolitische Maßnahmen auf die Preisstabilität in tatsächlicher Hinsicht haben.

Von vornherein kann eine Verpflichtung des Rates auf das Ziel der Preisstabilität nur innerhalb der wirtschaftspolitischen Instrumente gemeint sein, die in Art. 99 und Art. 104 EGV genannt werden, da im übrigen die Kompetenz für die Wirtschaftspolitik bei den Mitgliedstaaten verbleibt. Eine Verpflichtung auf Preisstabilität hat in der Praxis für den Rat bei der Entscheidung nach Art. 104 Abs. 6 EGV nur insoweit Bedeutung, als er überhaupt einen Einfluss auf die Preisstabilität hat. Daher ist im Folgenden zu untersuchen, in welcher Weise der Rat im Rahmen des Abs. 6 einen Einfluss auf die Preisstabilität ausübt.

Da die Ratsentscheidung Teil des Defizitüberwachungsverfahrens ist und somit der Durchsetzung der Pflicht der Mitgliedstaaten zur Vermeidung übermäßiger Defizite (Art. 104 Abs. 1 EGV) dient, kann die Einflussnahme des Rates nicht ohne Berücksichtigung der Bedeutung erfolgen, die die mitgliedstaatliche Haushaltspolitik für die Preisstabilität im Euro-Raum hat.

Die nach Art. 99 EGV geforderte Konvergenz der wirtschaftspolitischen Ziele ist zwar nicht direkt ausschlaggebend für die Geldwertstabilität, jedoch ist beim Auftreten externer Schocks die Wirksamkeit einer einheitlichen Geldpolitik durch die EZB in Frage gestellt, wenn in den Mitgliedstaaten die Werte der Defizit- und Schuldenstände stark divergieren[260]. Dadurch ist mittelbar auch das Ziel der Geldwertstabilität, das die einheitliche Geldpolitik verfolgt, gefährdet.

Hinsichtlich des Verbotes übermäßiger öffentlicher Defizite nach Art. 104 EGV zeigt sich in tatsächlicher wirtschaftlicher Hinsicht zumindest kein zwingender Zusammenhang dahingehend, dass Defizite öffentlicher Haushalte über 3 % des BIP automatisch die Geldwertstabilität gefährden. Zur Veranschaulichung einer möglichen Verwirklichung der Geldwertstabilität bei steigenden Haushaltsdefiziten und einem wachsenden Schuldenstand wird in wirtschaftswissenschaftlicher Literatur auf das Beispiel der Entwicklung von staatlichem Finanzierungsdefizit und Preisstabilität in Deutschland während der 90er Jahre verwiesen[261]. Dies heißt jedoch nicht im Umkehrschluss, dass die Finanzpolitik der Mitgliedstaaten ohne Folgen für die Geldwertstabilität bleibt: Die als Beispiel für die Unschädlichkeit hoher Haushaltsdefizite für die Geldwertstabilität angeführte Wirtschaftssituation basierte nämlich darauf, dass die Bundesbank durch Einsatz ihrer Steuerelemente die Geldwertstabilität aufrechterhalten konnte. Seit Beginn der 3. Stufe der WWU verfügen die mitgliedstaatlichen Notenbanken jedoch nicht mehr über geldpolitische Instrumente, sondern die EZB nimmt eine gemeinschaftliche Geldpolitik vor. Die Geldpolitik der EZB könnte in ihrer Unabhängigkeit und Verlässlichkeit gefährdet sein, wenn einzelne Mitgliedstaaten einen hohen Schuldenstand aufweisen, da dies trotz des Haftungsausschlusses der Gemeinschaft für Verbindlichkeiten der Mitgliedstaaten (Art. 104 Abs. 1 S. 1 EGV) Druck auf die EZB ausüben könnte, eine akkommodierende Geldpolitik zu betreiben und eventuell überraschend höhere Inflationsraten zuzulassen, um den Realwert der nationalen Schuldtitel dadurch zu senken („faktisches bail-out“)[262].

Eine weitere Gefahr für die Geldwertstabilität könnte sich aus dem Aspekt ergeben, dass ein hoher Schuldenstand den Spielraum der nationalen Haushalte für Reaktionen auf externe Schocks verringert. Daraus könnte sich ein Druck

---

260 Vgl. Klemmer, Handbuch Europäische Wirtschaftspolitik, S. 647.

261 Vgl. Bofinger/Hefeker/Pfleger, Stabilitätskultur in Europa, S. 98 f.; Köhler, Volkswirtschaftlicher Kurzkommentar, Vertragliche Grundlagen der Europäischen Währungsunion, S. 98.

262 Vgl. Klemmer, Handbuch Europäische Wirtschaftspolitik, S. 647.

auf die EZB ergeben, solche Schocks durch eine weniger restrikive Geldpolitik zu begrenzen oder die reale nationale Verschuldung durch höhere Inflation zu senken[263].

Insgesamt hat demnach in tatsächlicher wirtschaftlicher Hinsicht die Haushaltspolitik der Mitgliedstaaten Auswirkungen auf die stabilitätsorientierte Geldpolitik. Daher besteht die Möglichkeit der mittelbaren Einflussnahme hoher, mitgliedstaatlicher Finanzierungsdefizite auf die Geldwertstabilität.

(2) Die rechtliche Ausgestaltung des Zusammenhang zwischen wirtschaftspolitischen Maßnahmen und der Preisstabilität

Betrachtet man die rechtliche Ausgestaltung des Verhältnisses zwischen der Haushaltspolitik der Mitgliedstaaten und der Geldwertstabilität, zeigt sich ebenfalls ein mittelbarer Zusammenhang: So werden die Mitgliedstaaten und die Organe über die wirtschaftspolitischen Instrumente der Art. 98 ff. auf den Grundsatz der Preisstabilität verpflichtet. Nach der Entstehungsgeschichte des Maastrichtvertrags wurde das Verfahren nach Art. 104 EGV eingeführt als Mittel, um die Gefahren undisziplinierter Haushaltspolitik der Mitgliedstaaten für die stabilitätsorientierte Geldpolitik zu bannen. Durch Einführung des Art. 104 EGV erfährt die Haushaltsdisziplinierung eine eigenständige, detaillierte Regelung, in der dem Rat nach Art. 104 Abs. 6 EGV die Kompetenz zur Feststellung eines übermäßigen Defizits eingeräumt wird. Wegen dieser positivierten Kompetenzeinräumung, die dem Rat ein Mindestmaß an eigener Wertung sichert, stellt sich die Frage, wie sich innerhalb dieses Wertungsbereichs die Bindung an die Preisstabilität auswirken kann.

(3) Folgen der rechtlichen Bindung des Rates an die Preisstabilität bei der Feststellung des übermäßigen Defizits nach Art. 104 Abs. 6 EGV

Möglich wäre, dem Rat allgemein einen strengen Maßstab aufzuerlegen, bei der Prüfung, ob ein übermäßiges Defizit vorliegt, da so die disziplinierende Wirkung der Feststellung mit der Möglichkeit einer Sanktion greifen kann mit dem Ziel, den Mitgliedstaat zu einer ordnungsgemäßen Haushaltsführung zu motivieren. Eine solche strenge Auslegung könnte beispielsweise eine grundsätzliche enge Auslegung der Ausnahmetatbestände nötig machen.

Gegen eine solche direkte Vorgabe der Preisstabilität für die Ratsentscheidung spricht die durch Art. 104 EGV erfolgte Kompetenzzuweisung des Ver-

---

[263] Vgl. Klemmer, aaO.

trages. Für die Frage der Zieldefinition (hier die angestrebte Maximalhöhe der Inflationsrate) ist - wie oben festgestellt - zwar die EZB als Organ der Geldpolitik allein zuständig, da ansonsten keine einheitliche Zielverwirklichung möglich ist. Zusätzlich definiert der Vertrag in Art. 104 ein Mittel zur mittelbaren Absicherung der Preisstabilität, indem er durch verbindliche Vorgaben die Anforderungen an eine mitgliedstaatliche Haushaltspolitik festlegt, die eine stabilitätsorientierte Geldpolitik fördert.

Hierbei werden primärrechtlich die Referenzwerte als maßgebliche, aber nicht abschließende Kriterien festgelegt: So räumt Abs. 6 durch die Prüfung der Gesamtlage dem Rat eine eigene Wertung ein, die sich wegen des sowohl tatsächlich als auch rechtlich nur mittelbaren Zusammenhangs zwischen der haushaltspolitischen Lage und der Preisstabilität in keine unmittelbare Auslegungsregel für den Rat umformen lässt. Die Funktion der Preisstabilität für den Rat erklärt sich aus dem Kontext mit der 2. Bedeutung der Ratsentscheidung: Dadurch, dass das Fehlen einer Ratsentscheidung nach Art. 104 Abs. 6 EGV zugleich als Erfüllung des Konvergenzkriteriums einer „auf Dauer tragbaren Finanzlage“ gilt (Art. 121 Abs. 1 2. Spiegelstr.), hat der Rat bei der Bewertung der Haushaltslage von Mitgliedstaaten, die noch nicht der WWU angehören, das Kriterium der Dauerhaftigkeit der Finanzlage in seine Überlegungen bei der Feststellung eines übermäßigen Defizits einzubeziehen. Dies kann in Form der umfassenden Gesamtwürdigung der wirtschaftlichen Lage des betreffenden Mitgliedstaates sowie unter Berücksichtigung des Wirtschaftswachstums der WWU unter dem Dach einer Prüfung der Gesamtlage erfolgen.

Für die Bewertung der Haushaltspolitik von denjenigen Mitgliedstaaten, die bereits Teilnehmer der WWU sind, soll der Grundsatz der Preisstabilität klarstellen, dass das Verfahren nach Art. 104 nun kein Selbstzweck geworden ist, sondern fortlaufend auf eine dauerhaft tragbare Haushaltslage gerichtet sein muss, die dann (mittelbar) auch der Preisstabilität dient.

Ein weiteres Anzeichen dafür, dass die Maßstäbe für den Rat durch den Grundsatz der Preisstabilität nicht direkt vorgegeben werden, ist in der Regelung des Art. 104 Uabs.2 zu sehen: Danach wird der Rat zum Erlass von Bestimmungen ermächtigt, die das Protokoll Nr. 20 ablösen, so dass dem Rat die Möglichkeit eingeräumt wird, die Maßstäbe für das Verfahren - in den Grenzen des Art. 104 - zu ändern bzw. zu präzisieren.

Denkbar ist, dass der Rat bei der „Prüfung der Gesamtlage“die aktuelle Inflationsrate des Euro-Raumes mit berücksichtigt und in Abhängigkeit von der jeweiligen Gefährdung für die Preisstabilität entscheidet: So wäre denkbar, dass er bei einer Inflationsrate von über 2 % in Zweifelsfällen eher ein übermäßiges

Defizit feststellt, um die Haushaltsdisziplin, die der Vertrag als wichtiger Faktor für die Preisstabilität betrachtet, durchzusetzen.

Eine solche Berücksichtigung der jeweils aktuellen Inflationsrate des Euro-Raums erscheint jedoch ebenfalls vor dem Hintergrund der Verbindung mit Art. 121 2. Spiegelstrich EGV bedenklich, da ein Abstellen auf die jeweils aktuelle Inflationsrate eine Momentaufnahme eines wirtschaftlichen Parameters ist, der nicht die dauerhafte Eignung der mitgliedstaatlichen Haushaltslage für eine stabilitätsorientierte Geldpolitik bestimmt.

Insbesondere spricht gegen die Berücksichtigung der aktuellen Inflationsrate auch das widersprüchliche Ergebnis, das sich im Falle einer aktuell positiven Lage der Geldwertstabilität ergeben würde: Würde der Rat wegen einer unbedenklichen Höhe der Inflationsrate im Euro-Raum zu dem Ergebnis kommen, dass er kein übermäßiges Defizit feststellt, würde der Rat durch diesen Quasi-Dispens der Durchsetzung den betreffenden Mitgliedstaat für ein Verhalten belohnen, das nach der Annahme des Vertrages grundsätzlich stabilitätsgefährdendes Verhalten darstellt.

(4) Gesamtergebnis zur Bedeutung der Preisstabilität für den Rat

Grundsätzlich ist der Rat im Rahmen der Wirtschaftspolitik an den Grundsatz der Preisstabilität gebunden. Wegen der tatsächlich und rechtlich fehlenden direkten Einflussmöglichkeiten des Rates auf die Entwicklung der Preisstabilität ist die praktische Aussagekraft des Grundsatzes der Preisstabilität für die Ratsentscheidung nach Abs. 6 jedoch gering. Die Bedeutung der Bindung an die Preisstabilität besteht darin, dass die konkreten Bestimmungen zu den wirtschaftspolitischen Instrumenten in Art. 99 und 104 EGV auch am Maßstab des übergeordneten Ziels der Preisstabilität auszulegen sind und kein Selbstzweck sind.

Der Grundsatz der Preisstabilität, der in Abs. 2 bereits für den Bereich der Währungspolitik als vorrangig genannt wird, wird in Abs. 3 nochmals neben den anderen Grundsätzen aufgegriffen, so dass die Gleichrangigkeit dieses Grundsatzes auch mit dem Wortlaut des Art. 4 EGV vereinbar ist.

c) Gesunde öffentliche Finanzen und monetäre Rahmenbedingungen

In diesem Grundsatz wird eine Parallele zu dem 2. Konvergenzkriterium nach Art. 121 Abs. 1 EGV gesehen, d.h. zu einer „auf Dauer tragbaren Finanzlage der öffentlichen Hand, ersichtlich aus einer öffentlichen Haushaltslage ohne übermäßiges Defizit". Da der Rat bei der Entscheidung nach Art. 104 Abs. 6 EGV gerade die Feststellung trifft, an deren Fehlen Art. 121 EGV die Erfüllung des Konvergenzkriteriums knüpft, stellt sich die Frage, ob der Grundsatz der gesunden öffentlichen Finanzen für die Ratsentscheidung überhaupt eine eigene Relevanz hat. Führt man sich den Unterschied zwischen den gesunden öffentlichen Finanzen als Konvergenzkriterium einerseits und als richtungsweisender Grundsatz vor Augen, zeigt sich eine eigene Relevanz: Anders als die Erfordernisse des Konvergenzkriteriums sind die Grundsätze eine dauerhafte rechtliche Verpflichtung[264]. Außerdem wird durch die Einstufung der gesunden öffentlichen Finanzen als richtungsweisender Grundsatz anders als in Art. 104 Abs. 1 EGV, der lediglich die Mitgliedstaaten auf die Vermeidung übermäßiger Defizite verpflichtet, nun auch die Gemeinschaft selbst auf das übergeordnete Ziel einer gesunden öffentlichen Finanzlage verpflichtet. Daher ist auch der Rat als Gemeinschaftsorgan über die Verfahrensvorschrift des Art. 104 Abs. 6 hinaus diesem dauerhaften Ziel verpflichtet[265].

Bei dem Zusammenspiel zwischen den gesunden öffentlichen Finanzen nach Art. 4 Abs. 3 EGV und der Ratsentscheidung nach Art. 104 Abs. 6 EGV ergibt sich die Besonderheit, dass der Rat durch die Referenzwerte nach dem Defizitprotokoll gebunden ist, während die Organe sonst einen weitgehenden Spielraum haben, um sich an die jeweilige Wirtschaftslage anpassen zu können.

Die monetären Rahmenbedingungen beziehen sich auf die Geldversorgung der Wirtschaft, die durch die Zentralbank gesteuert wird. Daher betrifft dieser Grundsatz die Geldpolitik.

d) Dauerhaft finanzierbare Zahlungsbilanz

Seit Beginn der 3. Stufe der WWU sind vorrangig die Organe des ESZB nach Art. 105 EGV und die Kommission und der Rat in dem Verfahren nach Art. 111 EGV für eine dauerhaft finanzierbare Euro-Zahlungsbilanz zuständig. Verpflichtungen für die Mitgliedstaten bzw. für den Rat im Rahmen der allgemeinen Wirtschaftspolitik ergeben sich indirekt nur, insoweit die allgemeine Wirtschaftspolitik die Euro-Zahlungsbilanz beeinflusst.

---

264 Vgl. Streinz, EUV/EVG-Kempen, Art. 4 EGV, Rn. 27; Grabitz/Hilf, EUV/EGV-Bandilla, Art. 4 EGV, Rn. 14 spricht von einem „permanent geltenden Grundsatz einer gesunden Finanzpolitik".

265 Dies geschieht zusätzlich durch die Verweisung in Art. 98 S. 2 auf die richtungsweisenden Grundsätze.

4. Zwischenergebnis zur Bedeutung der richtungsweisenden Grundsätze

Untersucht man die richtungsweisenden Grundsätze nach Art. 4 EGV darauf, in welchem Maße sie die jeweiligen Akteure bei Maßnahmen der allgemeinen Wirtschaftspolitik verpflichten, zeigt sich, dass Mitgliedstaaten und Gemeinschaftsorgane die genannten Grundsätze zu beachten haben, jedoch die Intensität der Anforderungen aus diesen Grundsätzen wegen der jeweils spezifischen Zuständigkeitsregelung variiert: So spielt der Grundsatz der gesunden öffentlichen Finanzen für die Gemeinschaft im Rahmen der Wirtschaftspolitik eine direkte Rolle, da durch das multilaterale Überwachungsverfahren nach Art. 99 EGV und das Defizitverfahren nach Art. 104 EGV den Gemeinschaftsorganen zwei Verfahren zur Verfügung stehen, die zumindest auch auf die Herstellung gesunder öffentlicher Finanzen gerichtet sind. Dieser Grundsatz ist damit auch für den Rat bei der Feststellung nach Abs. 6 von Bedeutung.

Für die übrigen Grundsätze, insbesondere die Preisstabilität, ist den Gemeinschaftsorganen im Rahmen der Wirtschaftspolitik keine direkte Steuerungsmöglichkeit durch konkrete Maßnahmen eingeräumt: So sind es in erster Linie die Instrumente der Geld- und Währungspolitik gemäß Art. 105 EGV und der ESZB-Satzung, die die Geldmarktzinsen und das Preisniveau steuern sowie die monetären Rahmenbedingungen setzen.

V. Art. 98 EGV

In Art. 98 EGV werden einerseits die Mitgliedstaaten bei ihrer Wirtschaftspolitik auf die Ziele des Art. 2 EGV verpflichtet, andererseits die Mitgliedstaaten und die Gemeinschaft auf die Orientierung an den Grundsätzen des Art. 4 EGV festgelegt. Wegen dieser unterschiedlichen Adressaten soll im Folgenden erörtert werden, welche Bedeutung dies für die Reichweite der Ziele des Art. 2 EGV bzw. der Grundsätze in Bezug auf den Rat bei der Feststellung des übermäßigen Defizits hat.

1. Verpflichtung auf die Vertragsziele des Art. 2 EGV

Art. 98 S. 1 EGV verpflichtet ausdrücklich nur die Mitgliedstaaten, nicht aber die Gemeinschaft auf die Verwirklichung der Ziele nach Art. 2 EGV. Fraglich ist, welche Auswirkungen dies auf die Geltung der Vertragsziele nach Art. 2 EGV für die Gemeinschaft hat, wenn diese im Bereich der Wirtschaftspolitik tätig wird. Grundsätzlich gelten die allgemeinen Vertragsziele des Art. 2 EGV bereits kraft Art. 2 EGV selbst für die Gemeinschaft und ihre Organe. Einer ausdrücklichen Nennung dieser Ziele im speziellen Kapitel über die Wirtschaftspolitik bedarf es zur Verbindlichkeit dieser Zielvorschrift nicht. Die ausdrückliche Verpflichtung auf Art. 2 EGV für die mitgliedstaatliche Wirtschaftspolitik erklärt sich daraus, dass hier die Ausrichtung auf die (ohnehin geltenden) Vertragsziele auf einen bestimmten Umfang begrenzt werden soll, nämlich den der Grundzüge nach Art. 99 Abs. 2 EGV. Dadurch nimmt Art. 98 EGV eine spezielle Zuständigkeitsregelung für den Bereich der Wirtschaftspolitik vor. Daher kann jedenfalls nicht der Umkehrschluss gezogen werden, dass die nicht erfolgte erneute Nennung des Art. 2 EGV in Bezug auf die Gemeinschaft eine Unverbindlichkeit dieser Zielvorschrift für den Bereich der Wirtschaftspolitik zur Folge hat.

2. Verpflichtung auf die Grundsätze des Art. 4 EGV

In Art. 98 S. 2 EGV werden sowohl die Mitgliedstaaten als auch die Gemeinschaft auf die Grundsätze des Art. 4 EGV verpflichtet. Damit sind die Grundsätze des Art. 4 Abs. 3 EGV gemeint, d.h. Preisstabilität, gesunde öffentliche Finanzen und monetäre Rahmenbedingungen sowie eine dauerhaft finanzierbare Zahlungsbilanz. Der in Art. 4 Abs. 2 EGV enthaltene Grundsatz der offenen Marktwirtschaft mit freiem Wettbewerb wird in Art. 98 S. 2 EGV ausdrücklich genannt, so dass sich diesbezüglich eine Verweisung erübrigt[266] .

Wegen der Inhalte der richtungsweisenden Grundsätze wird auf die Ausführungen oben zu Art. 4 Abs. 3 EGV verwiesen.

VI. Zwischenergebnis zur Bedeutung der wirtschaftspolitischen Zielbestimmungen für den Rat

Die vorstehende Untersuchung der wirtschaftspolitischen Zielbestimmungen zeigt, dass für den Rat folgende Zielbestimmungen verbindlich und im Rahmen seiner Entscheidung nach Art. 104 Abs. 6 EGV sachlich relevant sind: Eine harmonische Entwicklung des Wirtschaftslebens, ein hohes Beschäftigungsniveau, ein beständiges, nicht inflationäres Wachstum (Art. 2 EGV); die Förderung des Binnenmarktes, die Festlegung gemeinsamer Ziele i.S.d. Art. 99 Abs. 2 EGV (Art. 4 Abs. 1 EGV); die richtungsweisenden Grundsätze Preisstabilität, gesunde öffentliche Finanzen, eine dauerhaft finanzierbare Zahlungsbilanz (Art. 4 Abs. 3 und Art. 98 S. 2 EGV). Für die Preisstabilität wurde bereits festgestellt, dass deren konkrete Aussagekraft für die Ratsentscheidung gering ist und sich nicht in konkrete Auslegungsmaximen umformen lässt.

---

[266] Vgl. Calliess/Ruffert, EUV/EGV-Häde, Art. 98, Rn. 5.

Mit der Feststellung der Verbindlichkeit dieser Zielbestimmungen für den Rat sind vor dem Hintergrund der oben beschriebenen Zielfunktionen zunächst zwei Folgerungen zu ziehen: Einerseits sind die herausgearbeiteten Zielbestimmungen für den Rat verbindliche Ermessensgrenzen, andererseits stellen diese Zielbestimmungen die Grundlage für die teleologische Auslegung von Einzelvorschriften, die keine direkten Zielvorschriften sind, dar. Hier kommen insbesondere die Protokolle zu Art. 104 Abs. 6 EGV sowie die Vorschriften des Stabilitäts- und Wachstumspaktes in Betracht. Bei der späteren Analyse des Paktes[267] ist daher auf die ermittelten Zielbestimmungen einzugehen.

Hinsichtlich der ersten Folgerung ist angesichts der Mehrheit von Zielen und der teilweisen mehrfachen Nennung einiger Ziele in verschiedenen Normen eine weitere Untersuchung nötig: Präzisere und praktisch relevante Ermessensgrenzen könnten sich aus einer Analyse des Verhältnisses der Zielbestimmungen zueinander ergeben. Eine Priorität des einen Zieles gegenüber anderen könnte im Falle eines Konfliktes zwischen mehreren Zielen eine Auslegungsmaxime zugunsten des wichtigeren Zieles bedeuten.

C. Hierarchie der wirtschaftspolitischen Zielbestimmungen

Bedeutend für die Entscheidungsfreiheit des Rates bei der Entscheidung nach Art. 104 Abs. 6 EGV ist, welche der genannten Ziele bei der Feststellung zu berücksichtigen sind und ggf. welche Bedeutung ihnen im Verhältnis zu anderen Entscheidungsfaktoren zukommt.

Da die bloße Berücksichtigung von Zielen in den Bereich der Willensbildung im Vorfeld der Entscheidung liegt und kaum im einzelnen heraus filtriert werden kann, ist mit der bloßen Feststellung, welche Zielnormen überhaupt Wirkung entfalten, noch keine Aussage über die Grenzen der Entscheidungsfreiheit getroffen.

Daher ist die Frage darauf zu richten, ob sich aus den Zielnormen Auslegungsmaximen für das eine oder andere Ziel entnehmen lassen, die vom Rat bei der Entscheidung zu berücksichtigen sind. Die Frage nach der Auslegungsmaxime stellt sich nur dann, wenn der Rat bei seiner Entscheidung ein Ziel auf Kosten eines anderen Zieles zu berücksichtigen hat, d.h. wenn ein Zielkonflikt vorliegt. Ist dem Vertrag eine Auslegungsmaxime für das vernachlässigte Ziel zu entnehmen, läge darin eine Grenze der Entscheidungsfreiheit.

---

[267] s.u. Kapitel 4.

Geprüft werden soll, ob überhaupt ein hierarchisches Verhältnis zwischen den Zielnormen besteht und ggf. welche Bindungswirkung sich hieraus für das handelnde Organ im allgemeinen und für den Rat im besonderen ergibt. Auf dieser Grundlage wird sodann die Diskussion um den Vorrang der Preisstabilität für den Rat zu bewerten sein.

Die Untersuchung beginnt mit der Prüfung, ob eine Hierarchie der Ziele vorliegt, die einem Organ a priori das Ergebnis der Entscheidung bei einem Zielkonflikt als Auslegungsmaxime vorgibt, so dass das Organ in jedem Falle diejenige Maßnahme zu ergreifen hätte, die das Ziel mehr fördert. Eine solche Hierarchie soll im Folgenden als absolutes Rangverhältnis bezeichnet werden (I).

Im Anschluss daran wird dann untersucht, ob relative Rangverhältnisse bestehen, d.h. solche, die sich bei der konkreten Vornahme einer Maßnahme durch ein Organ ergeben. (II).

Nach einem Zwischenergebnis (III.) wird abschließend die Rolle der Preisstabilität als Entscheidungsgrenze bewertet (IV).

VII. Absolutes Rangverhältnis

Bezogen auf das Zielsystem generell besteht Einigkeit darüber, dass die Ziele des EGV insgesamt nicht absolut hierarchisch angelegt sind: im Falle eines Konflikts zwischen mehreren Zielen ist daher nicht durch die Zielsystematik selbst ein Vorrang für ein bestimmtes Ziel vorgegeben; vielmehr wird es dem jeweiligen Organ als Aufgabe übertragen, „bei der Verfolgung der Ziele ständig jenen Ausgleich sicherzustellen, den etwaige Widersprüche zwischen diesen Zielen, wenn sie isoliert betrachtet werden, erforderlich machen können, und gegebenenfalls dem einen oder anderen unter ihnen den zeitweiligen Vorrang einzuräumen, sofern die ... Gegebenheiten und Umstände, die den Gegenstand ihrer Beschlussfassung bilden, dies gebieten."[268] Dem Gemeinschaftsorgan, das den Zielkonflikt lösen muss, kommt dabei ein weit gespanntes Ermessen zu[269]. Dies ist zumindest in solchen Fällen anzunehmen, in denen der Vertrag die Vornahme einer Maßnahme und damit auch die mögliche Entscheidung eines Zielkonfliktes in das Ermessen eines politischen Organs stellt. Bei der untersuchungsrelevanten Entscheidung des Rates über das Vorliegen eines übermäßi-

[268] EuGH Slg 1973, 1091, Rn. 24, Balkan-Import-Export/Hauptzollamt Berlin-Packhof); Slg. 1977, 1835, Rn. 29/31, Roquette; Slg. 1995, I-3115, Rn. 37, Fishermen's Organisations u.a.; in der Literatur werden diese Grundsätze unter dem Begriff „prakische Konkordanz" anerkannt: vgl. Grabitz/Hilf, EUV/EGV-v. Bogdandy, Art. 2, Rn. 58; vgl. Groeben/Schwarze, EUV/EGV-Zuleeg, Art. 2, Rn. 12.

[269] EuGH, Slg. 1980, 3393, Rn. 23, Maizena/Rat; vgl. Ipsen, Gemeinschaftsrecht, S. 559.

gen Defizits nach Art. 104 Abs. 6 handelt es sich jedenfalls um eine Entscheidung, die dem Rat eine eigenständige Bewertung eröffnet.

Da eine absolute Hierarchie für das Gesamtsystem der Ziele nicht vorliegt, soll im Folgenden untersucht werden, ob für den Bereich der Wirtschaftspolitik eine absolute Hierarchie der Ziele vorliegt, mit der Folge, dass ein bestimmtes Ziel im Falle eines Zielkonflikts verbindliche Priorität für den Rat hat.

1. Basedowscher Ansatz

Basedow will bei seinem auf die Gesetzgebung bezogenen Ansatz die Frage der Hierarchie nicht pauschal sondern nach den jeweiligen Politikfeldern getrennt beantworten. Im Folgenden sollen seine Auslegungsgrundsätze kurz vorgestellt werden, um sie dann kritisch zu würdigen und in einem Zwischenergebnis festzuhalten, ob dieser Ansatz tauglich ist, eine Zielpriorität im Bereich der Wirtschaftspolitik zu etablieren.

a) Verhältnis der Ziele des Art. 3 und Art. 4 EGV

Basedow sieht die Ziele der Wirtschafts- und Währungsunion und des Gemeinsamen Marktes als vorrangig gegenüber den anderen Zielen an[270] . Dies begründet er damit, dass Art. 2 EGV diese „Nahziele" zur Erreichung der Fernziele ausdrücklich nennt, obwohl dies wegen des Verweises auf Art. 3 und 4 EGV redundant gewesen wäre. Zudem stützt er sich auf die Entwicklungsgeschichte des Art. 2 EGV[271] .

Diese Auslegungsregel legt die Vorrangigkeit der Wirtschafts- und Währungsunion gegenüber den anderen Politiken fest, sagt aber nichts über deren Verhältnis zu den allgemeinen Zielen des Art. 2 EGV aus und lässt insbesondere keine Schlüsse auf die Rangverhältnisse innerhalb der Wirtschaftspolitik zu. Konow hingegen kommt bei seiner Subsumtion unter diese Auslegungsregel zu dem Ergebnis, dass die Geldwertstabilität in der WWU Vorrang vor den wirtschaftspolitischen Zielen des Art. 2 EGV hat[272]. Dies ist mit dem Argument, dass die Geldstabilität vorrangiges Ziel der Währungspolitik sei, allerdings nicht für die gesamte Wirtschafts- und Währungsunion überzeugend dargelegt. Diese Argumentation verkennt, dass die unterschiedlichen Grade der Vergemeinschaftung von Wirtschafts- und Währungspolitik nicht zwingend eine auto-

---

270 Vgl. Basedow, Zielkonflikte und Zielhierarchien im Vertrag über die EG, S. 57 f.

271 Vgl. Basedow, aaO., S. 58.

272 Vgl. Konow, Der Stabilitäts- und Wachstumspakt, S. 57.

matische parallele Geltung des Zielvorrangs für beide Bereiche zur Folge haben, insbesondere, wenn de lege lata ein sektoraler Vorrang nur für die Währungspolitik festgelegt wird (Art. 4 Abs. 2, Art. 105 EGV). Ob ein Vorrang der Preisstabilität für den Bereich der Wirtschaftspolitik auf andere Gründe gestützt werden kann, soll unten separat diskutiert werden.

b) Die Präzision der Zielbestimmung

Außerdem soll die Präzision der jeweiligen Zielbestimmung über die Hierarchie entscheiden: So seien beispielsweise unter den Zielen des Art. 4 EGV diejenigen Ziele vorrangig, die auf einen bestimmten Zustand gerichtet sind (z.B. Binnenmarkt) gegenüber solchen Zielen, die nur eine Richtung definieren (z.B. Verbraucher- und Umweltschutz)[273] . Dogmatisch begründet Basedow diese Auslegung mit „allgemeinen methodischen Grundsätzen", wo nach eine Rechtsnorm, die ihre Rechtsfolge präzise bestimmt, Vorrang vor Rechtsnormen mit allgemeiner Rechtsfolge habe. Diese methodischen Grundsätze seien auch die Basis für die lex-specialis-Regelung.

Wenn man diesen Maßstab an die potentiell für den Rat relevanten Zielbestimmungen anlegt, zeigt sich, dass alle bis auf die „harmonische Entwicklung des Wirtschaftslebens" einen Zustand beschreiben. Eine Hierarchie ergäbe sich somit für die übrigen Ziele nicht.

c) Die Rolle der vertraglichen Ausgestaltung zur Zielverwirklichung

Als weiteres Kriterium zur Bestimmung einer Hierarchie zieht Basedow die Ausgestaltung der Gemeinschaftspolitik in den späteren – außerhalb der Zielbestimmung gelegenen - Vertragsbestimmungen heran. Diejenigen Ziele, die der Vertrag zu einem Politikfeld mit hoher Eigenständigkeit konkretisiert habe, seien vorrangig gegenüber solchen, die lediglich im Wege einer Koordinierung der mitgliedstaatlichen Politiken eine Zielerreichung festlegten.

Würde man diesen Maßstab an die Regelungen der Art. 98 ff. EGV anlegen, wären die gesunden öffentlichen Finanzen und (mittelbar) die Preisstabilität als vorrangig zu bewerten, da die Verpflichtung der Mitgliedstaaten auf die Einhaltung ihrer Haushaltsdisziplin durch das Verfahren des Art. 104 EGV eine detaillierte eigenständige Regelung erfährt.

---

[273] Basedow, aaO., S. 60.

2. Kritik

Richtig ist zwar die Beobachtung, dass die Zielnormen Grade unterschiedlicher Konkretheit aufweisen, allerdings überzeugt das daran anknüpfende Kriterium der Präzision der jeweiligen Zielbestimmung für die Hierarchisierung nicht. Wenn die präzisere Zielbestimmung Vorrang vor der allgemeineren haben soll, kommt dies de facto der Anwendung des „lex specialis derogat legi generali“- Grundsatzes gleich. Grundsätzlich findet diese Regelung als allgemeine Kollisionsregel auch im Gemeinschaftsrecht Anwendung. Allerdings ist hier die Besonderheit, dass es sich bei dem Untersuchungsgegenstand nicht um die Frage der Kollision von Gesetzen allgemein handelt, sondern um die Frage der Kollision von wirtschaftspolitischen Zielen, die in gemeinschaftsrechtlichen Normen festgeschrieben sind. Die Frage der Kollision von Normen kann nicht losgelöst von ihrem Inhalt beantwortet werden. Dies gilt bereits nach der allgemeinen Rechtslehre für den lex-specialis-Grundsatz insofern, als dieser „nicht schematisch angewendet werden“[274] darf, sondern sich erst aus dem Inhalt der Norm ergibt, welche Norm die speziellere ist. Für das Gemeinschaftsrecht ist dieser Aspekt im Hinblick auf die besondere Bedeutung der allgemeinen Zielnormen zu berücksichtigen:

Die in Art. 2 EGV niedergelegten Ziele legen die normative Basis für die weitere Integration der EG fest - insofern wird Art. 2 EGV auch als „Grundnorm des Integrationsprogramms der EG“[275] bezeichnet. Die Integrationsfunktion des Rechts ist für die EG ein übergeordnetes und elementares Vertragsziel, das in der Präambel und im gesamten Vertrag zum Ausdruck kommt[276]. Die integrierende Funktion des Rechts verbietet es, die allgemeinen Zielvorschriften zugunsten speziellerer zurücktreten lassen, da sonst das zu erreichende Gesamtziel zerfasert würde in die Erfüllung von Einzelbestimmungen, die keinen gemeinsamen verbindlichen Zielmaßstab mehr hätten.

Die Tatsache, dass die allgemeinen Bestimmungen unbestimmt sind, spricht nicht gegen deren Verbindlichkeit, sondern vor dem Hintergrund ihrer integrationsleitenden Funktion eher dafür, denn auf diese Weise können sie als Korrektiv für die Auslegung der spezielleren Einzelbestimmungen herangezogen werden und verhindern so eine Verselbständigung oder gar Ablösung der Einzelbestimmungen von dem zu verwirklichenden Ziel.

[274] Vgl. Röhl, Allgemeine Rechtslehre, S. 601.

[275] Vgl. Calliess/Ruffert, EUV/EGV-Ukrow, Art. 2 EGV, Rn. 4.

[276] Vgl. dazu Bleckmann, Die Bindungswirkung der Praxis der Organe und der Mitgliedstaaten der EG, in Bieber/Ress, Die Dynamik des Europäischen Gemeinschaftsrechts, S. 167. Demnach dient das gesamte Gemeinschaftsrecht der politischen, wirtschaftlichen und rechtlichen Integration der EG als einem Prozess, der an den Zielen der Präambel, des Art. 2 und 3 EVG ausgerichtet ist.

Für das Verhältnis zwischen einer allgemeinen Zielnorm (nach Art. 2 EGV) und einer Spezialnorm gilt daher folgendes: Die allgemeine Zielvorschrift bleibt auch unmittelbar anwendbar, wenn sie Eingang in eine speziellere Regelung gefunden hat, ihre Wirkung wird nicht auf den Inhalt der Spezialregelung reduziert[277]. Daher ist bei Anwendung und Auslegung der Spezialvorschrift die allgemeine Zielvorschrift zu berücksichtigen. Zusammenfassend lässt sich die Funktion der allgemeinen Zielbestimmung als eine ständige und automatische zielkonforme Aufwertung und Nachbesserung der spezielleren Normen beschreiben[278]. Wenn man wie Basedow zwar einerseits die grundsätzliche Geltung auch der allgemeinen Zielnorm annimmt[279], der spezielleren aber den Vorrang einräumt, kommt dass in den entscheidenden Fällen einer Zielkollision doch einer lex-specialis-Regelung gleich, denn eine effektive Zielverwirklichung ist durch eine nur theoretische Anwendung der Norm aber praktische Nachrangigkeit nicht möglich.

Zieht man diese Überlegungen bei der Betrachtung der Ratsentscheidung nach Art. 104 Abs. 6 EGV heran, so ist festzustellen, dass das übergeordnete allgemeine Ziel der Wirtschafts- und Währungsunion gem. Art. 2 EGV auch im Bereich des Defizitüberwachungsverfahren anwendbar bleibt, und es nicht auf den in den Art. 4, 8 und 98 ff. EGV geregelten Stand der Integration zu reduzieren ist. Dies ist vor allem für die konkreteren Vorschriften zur Wirtschaftspolitik nach Art. 98 ff. EGV von Bedeutung, da der spezialgesetzliche geregelte Stand der Integration hinter dem Ziel einer Wirtschaftsunion im Sinne einer Vergemeinschaftung der Wirtschaftspolitiken der Mitgliedstaaten bislang zurückbleibt.

3. Zwischenergebnis

Durch das System der Zielnormen wird für den Bereich der Wirtschaftspolitik keine absolute Hierarchie vorgegeben, so dass nicht a priori eine Auslegungsmaxime zugunsten eines Zieles für den Fall einer Kollision mit einem anderen Ziel festgestellt werden kann. Folge dieser grundsätzlichen Gleichrangigkeit der Ziele ist, dass die im Einzelfall erforderliche Prioritätensetzung dem Organ zusteht, dass für die betreffende Maßnahme zuständig ist. Für den Rat ergibt sich damit aus den Zielbestimmungen keine absolute Auslegungsmaxime für ein bestimmtes Ziel, die als konkrete Ermessensgrenze herangezogen werden könnte. Ob bei der Vornahme einer konkreten Handlung eine relative Hie-

---

[277] Vgl. Ipsen, Gemeinschaftsrecht, S. 558.

[278] Vgl. Ipsen, ebenda.

[279] Vgl. Basedow, Zielkonflikte und Zielhierarchien im EGV, S. 49.

rarchie besteht, die dem Handeln Grenzen setzen kann, wird im Folgenden erörtert.

VIII. Relatives Rangverhältnis

1. Bedeutung und Kriterien

Möglicherweise besteht für das jeweilige Organ bei der Vornahme einer konkreten Handlung aus der jeweiligen Konfliktsituation heraus ein Rangverhältnis, das Grenzen des Entscheidungsspielraumes zieht. Ein solches Rangverhältnis soll im Folgenden relatives Rangverhältnis genannt werden.

Die grundsätzliche Gleichrangigkeit der Ziele bedeutet jedenfalls nicht, dass sämtliche relevante Ziele bei jeder Maßnahme die gleiche Aussagekraft für das handelnde Organ haben.

Die Intensität der Vorgaben aus den Zielbestimmungen variiert je nach der Art der konkret zu treffenden Entscheidung. Dabei sind zwei Aspekte relevant: Zum einen die Frage, ob die Entscheidung als Instrument zur Verwirklichung eines (oder mehrerer) Ziele vom Vertrag ausgestaltet ist (1). Außerdem ist entscheidend, welche Einflussnahme dem betreffenden Organ bei der Vornahme der Handlung in Bezug auf das Ziel zukommt (2.).

Ad (1):

Stellt die betreffende Maßnahme ein vertraglich vorgesehenes Instrument zur Verwirklichung eines bestimmten Zieles dar, darf im Falle eines Zielkonfliktes keine Maßnahme getroffen werden, die auf Kosten des ersten Zieles das konfligierende Ziel fördert, wenn die Entscheidung nach dem Vertrag letzterem Ziel nicht zu dienen bestimmt ist. So wird der Rat bei einem Zielkonflikt mit dem Ziel des hohen Beschäftigungsniveaus bei der Entscheidung über das Vorliegen eines übermäßigen Defizits sich so entscheiden müssen, dass die gesunden öffentlichen Finanzen des Mitgliedstaates verwirklicht werden. Die Entscheidung des Rates nach Art. 104 Abs. 6 EGV stellt - nicht isoliert betrachtet - wohl aber als Teil des gesamten Verfahrens nach Art. 104 EGV ein Instrument zur Verwirklichung der Preisstabilität und der gesunden öffentlichen Finanzen dar, so dass diese Ziele grundsätzlich nicht zugunsten eines anderes vernachlässigt werden dürfen.

Ad (2):

Im Falle der Entscheidung nach Art. 104 Abs. 6 EGV hat sich oben gezeigt, dass die konkrete Aussagekraft des Ziels Preisstabilität für den Rat bei der Feststellung des übermäßigen Defizits nach Art. 104 Abs. 6 EGV dadurch begrenzt ist, dass es keine direkte Steuerungsmöglichkeit der Preisstabilität im Rahmen dieser Feststellung gibt, sondern nur mittelbare Einflussnahmen möglich sind. Da dieser mittelbare Ziel- und Wirkungszusammenhang kraft konkreter Vorschriften in Art. 104 EGV ausgeführt wurde und mit einem eigenen für den Rat praktikableren Ziel der gesunden öffentlichen Finanzen versehen wurde, geht für die Ratsentscheidung nach Art. 104 Abs. 6 EGV die größere praktische Aussagekraft von den Verfahrensvorschriften des Art. 104 EGV und dem Ziel der gesunden öffentlichen Finanzen aus. Insgesamt kommt die Bedeutung der Preisstabilität als allgemeineres, übergeordnetes Ziel dann stärker zum Tragen, wenn es um die Weiterentwicklung des Defizitverfahrens durch den Rat nach Art. 104 Abs. 14 Uabs. 2 EGV geht. Dann müssen die neuen Regelungen am Maßstab des Art. 104 EGV und der Tauglichkeit, zur Preisstabilität beizutragen, gemessen werden.

Hier zeigt sich der Unterschied zu einer Annahme einer absoluten Hierarchie für einen Politikbereich, die eine flexible Berücksichtigung der Ziele in Abhängigkeit von der konkreten Ausgestaltung der Maßnahme nicht zulässt. Durch das relative Rangverhältnis wird bei gleichbleibenden Zielen eine situationsgerechte Verwirklichung der jeweiligen Zielwirkung möglich, somit der effet utile verwirklicht und die gemeinschaftstypische Funktion des allgemeineren Zieles als Korrektiv gewahrt.

2. Anwendung auf die Ratsentscheidung nach Art. 104 Abs. 6 EGV

Zunächst ist aufzuzeigen, welche möglichen Zielkonflikte für den Rat bei der Entscheidung nach Art. 104 Abs. 6 EGV entstehen können. Denkbar sind Zielkonflikte bei der Würdigung der Gesamtlage des betreffenden Mitgliedstaates bzw. bei der Berücksichtigung der Bemerkungen der Mitgliedstaaten.

a) Gesunde öffentlichen Finanzen versus hohes Beschäftigungsniveau

Gegenüberstehen können sich aus der Sicht des Rates das Ziel der gesunden öffentlichen Finanzen und das Ziel des hohen Beschäftigungsniveaus. Möglicherweise weist ein Mitgliedstaat daraufhin, dass er hohe Ausgaben für beschäftigungspolitische Reformen aufgewendet hat, um das Beschäftigungsniveau auf nationaler Ebene anzuheben. Fraglich ist, ob der Rat, der als Organ der Gemeinschaft grundsätzlich an das Ziel des Beschäftigungsniveaus gebunden ist, bei der Bewertung der Gesamtlage die zur Erreichung dieses Zieles getätigten Investitionen als mildernde Umstände berücksichtigen darf, wenn ansonsten wegen Überschreitung der zulässigen Defizitquote und /oder der Schuldensstandsquote sowie der sonstigen Wirtschaftslage ein übermäßiges Defizit festzustellen wäre.

Berücksichtigt man, dass der Vertrag das Verfahren des Art. 104 EGV als Instrument zur Erreichung gesunder öffentlicher Finanzen in den Mitgliedstaaten einsetzt, um die Risiken für die stabiltätsorientierte Geldpolitik zu minimieren, kann sich für den Rat bei der Beschlussfassung das Ziel des hohen Beschäftigungsniveaus nicht in der Form konkret auswirken, dass diejenigen Ausgaben, die der Mitgliedstaat zur Beschäftigungsförderung aufgewandt hat, als unschädlich für die Feststellung des übermäßigen Defizits gewertet werden. Eine solche Wertung käme einer inhaltlichen Differenzierung in gute und schlechte Haushaltsposten gleich, die im Widerspruch zu dem an den Quoten von Schuldenstand und öffentlichem Defizit orientierten Verfahren des Art. 104 steht. Auch anhand der in Art. 104 EGV eingeräumten Ausnahmen vom Schuldenstands- bzw. Defizitkriterium zeigt sich, dass lediglich das zeitliche Moment („ausnahmsweise, vorübergehend“) zu einer Ausnahme berechtigt, nicht aber ein inhaltliches in Bezug auf die Einzelposten des Haushalts. Gegen ein solches Kriterium würde die grundsätzliche Zuständigkeit der Mitgliedstaaten für ihre Wirtschaftspolitik (Art. 98 EGV) sprechen bzw. die auch nach Einführung des Beschäftigungstitels in Art. 125 ff.[280] weiterhin bestehende Kompetenz der Mitgliedstaaten für die Ausgestaltung ihrer Beschäftigungspolitik[281], insbesondere bezüglich der Frage, in welchem Maße ein Mitgliedstaat die Beschäftigungspolitik über staatliches Tätigwerden realisiert.

Eine Berücksichtigung des Beschäftigungsniveaus kann lediglich im Rahmen der Bewertung der Gesamtlage insofern erfolgen, als dass die Arbeitslosenquote als makroökonomische Größe die Wirtschaftskraft des betreffenden Landes beeinflusst. So kann eine voraussichtlich auch in Zukunft bestehende hohe Arbeitslosenquote je nach Sozialversicherungssystem als Anzeichen für eine hohe Belastung des öffentlichen Haushalts gewertet werden, da möglicherweise Verpflichtungen zur Zahlung von Arbeitslosenunterstützung entstehen. In diesem Kontext spielt das Beschäftigungsniveau also eher eine Rolle als makroökonomische Größe für eine Prognose der wirtschaftlichen Gesamtentwicklung des betreffenden Mitgliedstaates, nicht aber in der Funktion einer Zielbestimmung.

---

280 Titel VII „ Beschäftigung“ wurde durch den Vertrag von Amsterdam vom 2. Oktober 1997 zur Änderung der Gemeinschaftsverträge in den EGV eingefügt.

281 Zur Wirkung der Einfügung des Titels der Beschäftigung vgl. STREINZ, EUV/EGV-NIEDOBITEK, Art. 125 EGV, Rn. 1 ff.

b) Gesunde öffentliche Finanzen versus Grundzüge der Wirtschaftspolitik nach Art. 99 Abs. 2 EGV

Eine weitere denkbare Kollision könnte bei der Ratsentscheidung zwischen dem Ziel der gesunden öffentlichen Finanzen und den Grundzügen der Wirtschaftspolitik nach Art. 99 Abs. 2 EGV vorliegen. Die Grundzüge sind über Art. 4 Abs. 1 EGV Teil der Zielvorgaben für den Rat, da die dort genannte Koordinierung der Wirtschaftspolitik der Mitgliedstaaten auf der Festlegung „gemeinsamer Ziele" beruht. Wie oben erläutert wird dadurch Bezug genommen auf die Grundzüge nach Art. 99 Abs. 2 EGV.

Daraus könnte sich folgender Konflikt ergeben: Möglicherweise hat sich ein Mitgliedstaat an die Empfehlungen über die nach Art. 99 Abs. 2 erlassenen Grundzüge gehalten; bei der Vornahme der Gesamtbewertung sieht der Rat dennoch ein übermäßiges öffentliches Defizit. Fraglich ist, ob der Rat die Übereinstimmung mit den Grundzügen als Grund für eine ausbleibende Feststellung des übermäßigen Defizits heranziehen darf bzw. muss. Aus der Sicht des Zielverhältnisses ist hier von Bedeutung, dass auf Seiten des Mitgliedstaates die Verpflichtung zur Haushaltsdisziplin keineswegs unter dem Vorbehalt des Inhalts der Grundzüge nach Art. 99 Abs. 2 EGV steht. Dies ergibt sich bereits daraus, dass in Art. 4 Abs. 1 EGV die Aufgabe der Mitgliedstaaten und der Gemeinschaft als die Einführung einer Wirtschaftspolitik festgelegt wird „nach Maßgabe dieses Vertrages". Dass diese unter anderem auf der Festlegung gemeinsamer Ziele beruht, bedeutet jedoch keine Begrenzung dieser Aufgabe oder gar Enthebung von vertraglichen Verpflichtungen, die an anderer Stelle explizit für die Wirtschaftspolitik geregelt sind. Vielmehr wird dadurch die Basis festgelegt, auf der die Koordinierung der (nicht vergemeinschafteten) mitgliedstaatlichen Wirtschaftspolitiken ablaufen soll. Für den Teilbereich der Haushaltspolitik gilt jedoch Art. 104 EGV mit dem dazugehörigen Verfahren uneingeschränkt.

IX. Zwischenergebnis zu C

Ein absolutes Rangverhältnis besteht zwischen den Zielbestimmungen innerhalb der Wirtschaftspolitik nicht; ein relatives jedoch für die Ratsentscheidung nach Art. 104 Abs. 6 EGV und zwar ein Vorrang des Zieles der gesunden öffentlichen Finanzen gegenüber dem Ziel eines hohen Beschäftigungsniveaus sowie gegenüber den Grundzügen der Wirtschaftspolitk i.S.d. Art. 99 Abs. 2 EGV.

X. Abschließende Bewertung zur Rolle der Preisstabilität als Entscheidungsgrenze

Angesichts der teilweise in der Diskussion über die WWU anzutreffenden starken Fokussierung auf die Bedeutung der Preisstabilität im Rahmen der WWU soll abschließend an das oben gefundene Ergebnis zur Aussagekraft des Zieles der Preisstabilität für den Rat angeknüpft werden und die Rolle der Preisstabilität im Hinblick auf ihre Tauglichkeit, der Entscheidungsfreiheit des Rates Grenzen zu ziehen, untersucht werden.

Dazu soll zunächst ein kurzer Überblick über die zur Rolle der Preisstabilität innerhalb der WWU geführten Diskussion gegeben werden (1.), bevor dann die Bewertung erfolgt (2.).

1. Übersicht

In der Literatur wird nur teilweise die oben ermittelte grundsätzliche Gleichrangigkeit der Preisstabilität gegenüber den anderen Zielbestimmungen angenommen[282].

Überwiegend wird der Preisstabilität in der WWU eine exponierte Rolle beigemessen, wobei das Verständnis der Preisstabilität unterschiedlich ist: Es reicht von einer „wesentlichen Auslegungskriterium im Rahmen des Art. 104 EGV", über eine „abgeschwächte Dominanz"[283] bis hin zur „klaren wirtschaftspolitischen Primärausrichtung"[284] und einer Ausrichtung der Wirtschafts- und Währungspolitik „vor allem"[285] am Ziel der Preisstabilität. Als Argumente für die besondere Rolle der Preisstabilität werden die enge Verzahnung von Wirtschafts- und Währungspolitik sowie die Betonung des Zieles im Vertrag genannt.

---

[282] Vgl. SCHULZE-STEINEN, Wirtschaftsunion, S. 115; GRABITZ/HILF, EUV/EGV-BANDILLA, Art. 4 EGV, Rn. 17: danach soll ggf. in der konkreten Situation eine stärkere Betonung des einen oder anderen Ziels erforderlich sein.

[283] KONOW, Stabilitätspakt, S. 58. Er versteht darunter die Pflicht der Gemeinschaft und der Mitgliedstaaten, alles zu unterlassen, was der Stabilitätspolitik abträglich ist.

[284] STREINZ, EUV/EGV-KEMPEN, Art. 105 EGV, Rn. 2.

[285] SCHWARZE, EUV/EGV-HATTENBERGER, Art. 98 EGV, Rn. 1.

2. Bewertung

In diesen Argumenten finden sich mit der Annahme einer Verzahnung von Wirtschafts- und Währungspolitik und der Ausgestaltung der Wirtschafts- und Währungsunion als Stabilitätsgemeinschaft grundsätzlich richtige Annahmen wieder, die aber wegen der Besonderheiten der Ratsentscheidung nach Art. 104 Abs. 6 EGV nicht pauschal in eine Vorrangigkeit der Preisstabilität bei der Entscheidungsvornahme transferiert werden können. Dieses Ergebnis ist die Folge der oben erfolgten Untersuchung:

Die Prüfung des Verhältnisses von Zielbestimmungen hat bereits durch das 1. Untersuchungsergebnis, nämlich die fehlende absolute Priorität der Preisstabilität für den Rat gezeigt, dass die Preisstabilität keine ergiebige Quelle für eine Begrenzung des Entscheidungsfreiraums darstellt. Dass in Bezug auf die konkreten Umstände einer Entscheidung nach Art. 104 Abs. 6 EGV im Einzelfall das Ziel der gesunden öffentlichen Finanzen der Mitgliedstaaten relativ vorrangig sein kann - nicht aber die Preisstabilität - marginalisiert nicht etwa die Preisstabilität als Zielsetzung innerhalb der WWU, sondern trägt dem oben gefundenen Ergebnis Rechnung, dass die Einflussnahme des Rates auf die Preisstabilität in der Eurozone im Rahmen der Feststellung des übermäßigen Defizits in tatsächlicher und rechtlicher Hinsicht begrenzt ist: So ist nicht eindeutig der jeweilige Effekt einer besonderen Haushaltskonstellation in einem Mitgliedstaat auf die Preisstabilität in der WWU vorhersehbar; in rechtlicher Hinsicht ist ein grundsätzlicher Kausalzusammenhang zwischen einem übermäßigen Defizit der Mitgliedstaaten und einer auf Preisstabilität gerichteten Geldpolitik jedenfalls durch die Einführung des Verfahrens nach Art. 104 EGV aufgestellt. Dadurch wird dem Rat jedoch kein unmittelbares Mittel zur Beeinflussung der Preisstabilität in die Hand gegeben, sondern ein mittelbares, da das Verfahren dazu dient, dass die Mitgliedstaaten durch ihre Haushaltspolitik die vorrangig auf die Geldwertstabilität verpflichtete Geldpolitik im Sinne dieses Zieles flankieren. Der Vertrag hat für diese Flankierung das Ziel der gesunden öffentlichen Finanzen mit näherer Ausgestaltung durch die primärrechtlichen Vorgaben in Art. 104 EGV und dem Defizitprotokoll gewählt. Der Vertrag weist dem Rat damit für das spezielle Segment der Haushaltsüberwachung eine Verantwortung für die Preisstabilität des Euros zu. Würde man dem Rat die Preisstabilität generell als vorrangiges Ziel setzen, würde man ihn intensiver darauf verpflichten, als der Vertrag durch seine Ausgestaltung ihm rechtlich an Einfluss einräumt. Damit ist die Preisstabilität zwar ein geltendes Ziel, taugt jedoch nicht als Grenze der Entscheidung nach Art. 104 Abs. 6 EGV, da sie dem Rat keine gegenüber den Regelungen des Art. 104 konkreter gefasste Verpflichtung auferlegt; vielmehr verbleibt dem Rat mit der konkreten Prüfung der Gesamtlage und der Entscheidung über das Vorliegen eines übermäßigen Defizits auch die Mitbewertung der Auswirkungen der Entscheidung auf die Preisstabilität. Da aber die Konzeption des Art. 104 EGV darauf basiert, dass alle Teilnehmerstaaten eine entsprechend disziplinierte Haushaltspolitik verfolgen und dadurch insgesamt die Preisstabilität begünstigt wird, steht dem Rat allerdings kein unterschiedlich strenger Maßstab in Abhängigkeit von der jeweiligen aktuellen Inflationsrate zu (s.o.). Praktisch wird der Entscheidungsspielraum vorwiegend durch das Ziel der gesunden öffentlichen Finanzen eingegrenzt, dessen Erreichung der Rat bei der Feststellung überwacht. Aus diesem Ziel ergibt sich, dass der Rat nicht eine schematische Momentaufnahme des mitgliedstaatlichen Haushalts vornimmt, sondern auch die Prognose der zukünftigen Entwicklung des Haushalts mit berücksichtigt.

Eine höhere Aussagekraft kommt der Preisstabilität jedoch für die Rechtsetzungsbefugnis des Rates nach Art. 104 Abs. 14 Uabs. 2 EGV zu. Hier muss sich eine etwaige neue Regelung über die Referenzwerte oder andere Details des Verfahrens an ihrer Tauglichkeit, zur Preisstabilität beizutragen, messen lassen.

D. Ergebnis zu Kapitel 3

Die gemeinschaftsrechtlichen Ziele haben grundsätzlich die Funktion, die Entscheidungsfreiheit des Rates bei der Feststellung nach Art. 104 Abs. 6 EGV zu begrenzen. Sie dienen als Grundlage der teleologischen Auslegung für Art. 104 Abs. 6 EGV sowie die Vorschriften des Stabilitäts- und Wachstumspakts. Für das Ziel der Preisstabilität gilt, dass seine konkrete Aussagekraft für die Ratsentscheidung nach Art. 104 Abs. 6 EGV gering ist wegen des nur mittelbaren Bezugs zwischen den wirtschaftspolitischen Maßnahmen und dem Preisniveau. Es gibt keine absolute Hierarchie der Vertragsziele im Bereich der Wirtschaftsziele, so dass dem Rat grundsätzlich die Prioriätensetzung im Rahmen seiner Entscheidungsbefugnis zusteht. Eine relative Hierarchie liegt vor zwischen dem Ziel der gesunden öffentlichen Finanzen und der Beschäftigungspolitik bzw. den Grundsätzen nach Art. 99 Abs. 2 EGV: in diesen konkreten Konfliktfällen ist das Ziel der gesunden öffentlichen Finanzen vorrangig.

4. Kapitel: Der Stabilitäts- und Wachstumspakt als Grenze der Entscheidungsfreiheit

Anknüpfend an die oben[286] erfolgte allgemeine Übersicht über den Stabilitäts- und Wachstumspakt soll dieser im Folgenden gezielt daraufhin untersucht werden, welche Grenzen er konkret für die Entscheidungsfreiheit des Rates nach Art. 104 Abs. 6 EGV zieht. Dazu werden die einschlägigen Präzisionen und Definitionen analysiert, um den danach verbleibenden Spielraum zu ermitteln.

Der Untersuchungsgegenstand wird auf die VO 1467/97 und die Entschließung des Europäischen Rates begrenzt; die VO 1466/97 ist in Bezug auf die Ratsentscheidung nach Art. 104 Abs. 6 EGV nicht einschlägig, da sie lediglich Konkretisierungen hinsichtlich des Verfahrens nach Art. 99 EGV beinhaltet[287].

Untersucht wird darüber hinaus, welche Möglichkeiten für veränderte ermessenskonkretisierende Regelungen im Wege einer Verordnung bzw. einer Entschließung auf der Grundlage von Art. 104 EGV bestehen. Dabei werden auch die Änderungen der VO 1467/97 durch die Reform des Stabilitäts- und Wachstumspakts berücksichtigt.

A. Die VO 1467/97

I. Rechtsnatur

Zunächst ist die Rechtsnatur der VO 1467/97 zu bestimmen. Zwar spricht bereits die Qualität als „Verordnung" dafür, sie als einen Akt sekundären Gemeinschaftsrechts i.S.d. Art. 249 Abs. 1 EGV einzuordnen, jedoch werden mit Blick auf die Ermächtigungsgrundlage der Verordnung, nämlich Art. 114 Abs. 14 UAbs. 2 EGV, teilweise Bedenken daran geäußert, ob ein auf Art. 114 Abs. 14 UAbs. 2 EGV gestützter Rechtsakt überhaupt den Rang von Sekundärrecht einnehmen könne; vielmehr stellten diese zwangsläufig Primärrecht dar[288].

Vorschriften, die aufgrund Art. 114 Abs. 14 UAbs. 2 EGV ergehen, können den Rang primären Rechts nur dann einnehmen, wenn die neue Regelung ent-

---

[286] s.o. 1. Kapitel, B)I)3).

[287] Zum Inhalt der VO 1466/97 s.o. Kapitel 1, aaO.

[288] Vgl. Konow, Stabilitätspakt, S. 62; vgl. Smits, The European Central Bank, S. 88, der die Verabschiedung einer Ratsverordnung nicht für rechtmäßig hält.

weder eine Vertragsänderung nach Art. 48 EUV oder eine gemeinschaftsautonome Vertragsergänzung darstellt.

Die erste Variante kommt bereits wegen der Ausgestaltung der Ermächtigungsgrundlage nicht in Betracht: Art. 114 Abs. 14 UAbs. 2 EGV sieht ein Verfahren vor, dass hinter den Anforderungen einer Vertragsänderung nach Art. 48 EUV eindeutig zurückbleibt.

Zwar sieht der EGV an einigen Stellen ausdrücklich vereinfachte gemeinschaftsautonome Vertragsergänzungen vor, die dann den Rang des Primärrechts teilen, wie z.B. Art. 107 Abs. 5 EGV oder Art. 213 Abs. 1 Uabs. 2 EGV. In diesen Vorschriften wird explizit formuliert, dass der Rat durch das jeweils vereinfachte Verfahren die Norm „ändert". In Art. 104 EGV ist hingegen weiter und unbestimmter von dem Erlass „geeigneter Bestimmungen", die das genannte Protokoll „ablösen" sollen, die Rede. Hierdurch wird dem Rat eine Wahlfreiheit hinsichtlich der Rechtsform der abzuschließenden Bestimmungen eingeräumt, die zu unbestimmt wäre, um als Ermächtigungsnorm für Primärrecht zu gelten. Insbesondere mit Blick darauf, dass jegliche Form der Gemeinschaftsautonomen Vertragsergänzung einen Bruch mit der sonst geltenden Grundregel des Art. 48 EUV darstellt, sind Ermächtigungsnormen zu einer Vertragsergänzung unterhalb der Schwelle des Art. 48 EUV als Ausnahme zu begreifen und daher ist die Auslegung restriktiv vorzunehmen. Art. 114 Abs. 14 UAbs. 2 EGV ermächtigt daher nicht zu gemeinschaftsautonomen Vertragsänderungen[289]. Die VO 1467/97 hat daher den Rang von Sekundärrecht.

II. Analyse der Vorgaben der VO 1467/97 (Fassung von 1997) für die Ratsentscheidung nach Art. 104 Abs. 6 EGV

1. Überblick

Im Folgenden sollen zunächst diejenigen Vorgaben der VO 1467/97 i.d. Fassung von 1997 vorgestellt und analysiert werden, die für die Entscheidungsfreiheit des Rates relevant sind. Wie bereits in der Übersicht in Kapitel 1 dargestellt, bestehen die Regelungen der VO thematisch aus den Bereichen Beschleunigung des Verfahrens, Präzisierung unbestimmter Rechtsbegriffe sowie der Konkretisierung des Sanktionsmechanismus. Die Vorgaben zu den Sanktionen

[289] So auch im Ergebnis Blumenwitz/Schöbener, Stabilitätspakt, S. 17; Calliess/Ruffert, EUV/EGV-Häde, Art. 104 EGV, Rn. 80; a.A. Groeben/Thiesing/Ehlermann, EGV-Italianer, 5. Auflage, Art. 104c EGV, Rn. 88, ohne nähere Begründung.

werden im Folgenden nicht untersucht, da diese nicht für die vorgelagerte Feststellung eines übermäßigen Defizits einschlägig sind.

Hinsichtlich der Beschleunigung wird für die Entscheidung nach Art. 104 Abs. 6 EGV eine Frist von drei Monaten in Bezug auf die jeweiligen Meldetermine[290] festgelegt, innerhalb derer der Rat feststellen muss, ob ein übermäßiges Defizit vorliegt (Art. 3 Abs. 3 S. 1 der VO 1467/97). Außerdem wird zum Zweck der Beschleunigung festgelegt, dass bei Feststellung eines übermäßigen Defizits der Rat diese Feststellung mit Empfehlungen nach Art. 104 Abs. 7 verbindet (Art. 3 Abs. 3 S. 2 der VO 1467/97).

Im Rahmen der Präzisierung unbestimmter Rechtsbegriffe regelt Art. 2 der VO 1467/97 zwei Bereiche, die für den Inhalt der Entscheidung nach Abs. 6 von Bedeutung sind und daher im Folgenden näher untersucht werden: Zunächst die ausnahmsweise Überschreitung des Referenzwertes i.S.d. Art. 104 Abs. 2 lit. a 2. Spiegelstr. (2.) und die Berücksichtigung der Bemerkung der Mitgliedstaaten (3.).

2. Die ausnahmsweise Überschreitung des Referenzwertes nach Art. 104 Abs. 2 lit. a, 2. Spiegelstr. EGV

In Art. 2 der VO 1467/97 wird konkretisiert, unter welchen Umständen ein Überschreiten des Defizitkriteriums ausnahmsweise nicht eine Verletzung der Haushaltsdisziplin indiziert. Zwar ist es nach dem Wortlaut des Art. 104 Abs. 2 EGV die Aufgabe der Kommission und nicht des Rates, die Einhaltung der Haushaltsdisziplin u.a. anhand des Defizitkriteriums zu überprüfen. Allerdings ergibt sich aus den Ausführungen oben, dass die Referenzkriterien auch für den Rat wesentliche - wenn auch nicht alleinige - Kriterien für die Feststellung eines übermäßigen Defizits darstellen. Grundsätzlich sind daher auch die Ausnahmen i.S.d Art. 104 Abs. 2 lit. a) und b) für den Rat bei der Entscheidung zu Grunde zu legen.

Nach Art. 2 Abs. 1 UAbs. 1 der VO 1467/97 ist ein ausnahmsweises Überschreiten in zwei Fällen möglich: einerseits, wenn „ein außergewöhnliches Ereignis, das sich der Kontrolle des betreffenden Mitgliedstaats entzieht und die staatliche Finanzlage erheblich beeinträchtigt“ ursächlich für die Überschreitung ist. Durch diese Präzisierung wird dem Rat ein strenger Maßstab für die Prüfung des Ausnahmetatbestands an die Hand gegeben, der sich hinsichtlich

[290] Gemäß Art. 4 Abs. 2 und 3 der VO Nr. 3605/93 teilen die Mitgliedstaaten jeweils vor dem 1. März und dem 1. September eines Jahres der Kommission die Höhe ihrer geplanten und tatsächlichen öffentlichen Defizite und die Höhe ihres tatsächlichen öffentlichen Schuldenstands mit.

der Verursachung als ein Fall höherer Gewalt für den Mitgliedstaat beschreiben lässt. Zusätzlich müssen die Folgen des Ereignisses eine messbare erhebliche Verschlechterung der Finanzlage nach sich gezogen haben. Weitere Präzisierungen erfolgen nicht, so dass dem Rat ein Wertungsspielraum bleibt.

Die zweite Möglichkeit besteht in einem „schwerwiegenden Wirtschaftsabschwung". Hinsichtlich der weiteren Konkretisierung, unter welchen Bedingungen ein solcher anzunehmen ist, stellt die Verordnung keine einheitliche Definition auf, sondern differenziert zwischen der Bewertung durch die Kommission einerseits und der durch den Rat andererseits: Während die Kommission bei der Erstellung ihres Berichts den Referenzwert erst bei einem Rückgang des BIP innerhalb eines Jahres von mindestens 2 % als ausnahmsweise überschritten ansehen soll (Art.2 Abs. 2 der VO), wird dem Rat ausdrücklich eingeräumt, im Rahmen der Prüfung der Gesamtlage auch solche Bemerkungen der Mitgliedstaaten zu berücksichtigen, die einen Rückgang des BIP innerhalb eines Jahres unterhalb von 2 % ergeben (Art. 2 Abs. 3 der VO). Diese unterschiedliche Bewertungsmöglichkeit ist unter folgenden Gesichtspunkten von Bedeutung:

Zunächst bringt sie für den konkreten Fall der Erfüllung der Referenzkriterien die Eigenständigkeit der Wertung durch den Rat bei der Entscheidung nach Abs. 6 zum Ausdruck, die bereits in Art. 104 EGV angelegt ist.

Außerdem führt sie konkret die in Art. 104 EGV angelegte Unterschiedlichkeit des übermäßigen Defizits nach Abs. 6 im Verhältnis zur Verletzung der Haushaltsdisziplin, die von der Kommission überwacht wird, aus[291].

Die Bedeutung der Vorgaben aus Art. 2 Abs. 3 der VO für die Entscheidungsfreiheit des Rates soll sogleich im Kontext mit der „Berücksichtigung der Bemerkungen des Mitgliedstaates" erörtert werden.

Welche Bedeutung die unterschiedliche Ausgestaltung der Bewertungsmaßstäbe für Kommission und Rat im Hinblick auf die Kompetenzverteilung zwischen den beiden Organen hat, wird weiter unten noch zu erörtern sein (Kap. 5).

3. Die Prüfung der Gesamtlage und die Berücksichtigung der Bemerkungen des Mitgliedstaates

Durch die Vorgaben in Art. 2 Abs. 3 der VO wird die Prüfung der Gesamtlage nach Art. 104 Abs. 6 EGV für die Frage, ob ein ausnahmsweises Überschrei-

[291] Vgl. oben Kapitel 1 B)II)2)b).

ten des Referenzwertes vorliegt, konkretisiert. Im Folgenden soll untersucht werden, inwieweit die Vorgaben die Entscheidungsfreiheit des Rates begrenzen.

Die Entscheidungsfreiheit des Rates wird bezüglich der Berücksichtigung von Bemerkungen der Mitgliedstaaten dahingehend beschränkt, dass er Bemerkungen von Mitgliedstaaten, die einen Rückgang von weniger als 2 % des BIP im Jahr berücksichtigen muss, wenn weitere Umstände hinzukommen, die den Rückgang als „gleichwohl außergewöhnlich“ erscheinen lassen. Inhaltlich werden Bagatellfälle durch die beispielhaft genannten Umstände eines „jähen Abschwungs“ und eines „gegenüber den vorangegangenen Trends insgesamt sehr starken Rückgangs der Produktion“ ausgeschlossen.

Diese Vorgaben konkretisieren die Entscheidungsfreiheit des Rates, ohne dabei eine Wertungsvorgabe festzulegen: So ist Art. 2 Abs. 3 auf ein Berücksichtigen der dort genannten Bemerkungen ausgerichtet, d.h. in den genannten Fällen muss der Rat die Bemerkungen in seine Entscheidungsfindung einbeziehen, wird aber nicht darauf festgelegt, in den Fällen auch einen schweren Wirtschaftsabschwung festzustellen - anders hingegen die Vorgabe für die Kommission, die unter den Voraussetzungen des Art. 2 Abs. 2 der VO von einem Wirtschaftsabschwung „in der Regel“ auszugehen hat und damit auf eine Wertung festgelegt wird.

Eine zusätzliche Konkretisierung erfährt die Berücksichtigung der Bemerkungen der Mitgliedstaaten durch die Verpflichtung der Mitgliedstaaten in der Entschließung[292], sich nur unter besonderen Bedingungen auf Art. 2 Abs. 3 der VO zu berufen. Welche Bedeutung diese Verpflichtung für die Entscheidungsfreiheit des Rates hat, soll unten[293] erörtert werden.

III. Möglichkeit und Grenzen einer weiteren Ermessensreduzierung durch eine Verordnung

Im Anschluss an die Untersuchung der Vorgaben der VO 1467/97 sollen abschließend die Möglichkeiten und Grenzen einer weiteren Reduzierung bzw. Konkretisierung des Ermessens durch den Erlass einer Verordnung skizziert werden.

---

[292] Nr. 7 der Vorschriften bezüglich der Mitgliedstaaten.

[293] s.u. B)II)3).

1. Änderungen auf der Grundlage von Art. 104 Abs. 14 Uabs. 2 EGV

Grundsätzlich ist auf der Basis des Art. 104 Abs. 14 UAbs. 2 EGV der Erlass weiterer Bestimmungen über die Durchführung des Defizitverfahrens möglich[294]. Eine Begrenzung der Ermächtigungsnorm auf ein „einmaliges Gebrauchmachen" stünde im Widerspruch zum Zweck der Ermächtigungsnorm, der darin besteht, dem Rat eine gegenüber der Vertragsänderung vereinfachte und damit flexiblere Möglichkeit an die Hand zu geben, aus seiner Sicht erforderliche Einzelheiten zur Durchführung des Verfahrens festzulegen. Insbesondere die fortschreitende praktische Erfahrung mit der Anwendung des Verfahrens kann Veränderungen oder Ergänzungen der Durchführungsbestimmungen nötig machen.

Wenn teilweise[295] der Erlass weiterer Bestimmungen inhaltlich auf die Punkte begrenzt wird, die Gegenstand des Defizitprotokolls sind, so scheint dies Ausdruck einer befürchteten Verselbständigung der möglichen folgenden Veränderungen gegenüber dem Verfahren, wie es in Art. 104 geregelt ist, zu sein. Da jede weitere aufgrund Art. 104 Abs. 14 Uabs. 2 EGV ergangene Regelung nur rechtmäßig ist, wenn sie im Einklang mit Art. 104 EGV steht, besteht keine Notwendigkeit, das flexible Instrument durch Fixierung an die Themen, die bereits anfänglich im Defizitprotokoll vorgesehen waren, zu verkürzen.

Grundsätzlich möglich ist beispielsweise die Änderung der Referenzwerte, eine Konkretisierung von unbestimmten Rechtsbegriffen wie „Defizit" oder „Schuldenstand", die Festlegung weiterer oder anderer Fristen für die einzelnen Verfahrensabschnitte, darüber hinaus auch ermessenslenkende Vorschriften, dazu sogleich.

2. Die Grenze des Art. 104 EGV

Jede Neuregelung aufgrund Art. 104 Abs. 14 UAbs. 2 EGV muss mit Art. 104 EGV vereinbar sein. Art. 104 EGV setzt dabei verschiedene Grenzen:

Zum einen stellt die bereits erörterte eigenständige Wertung des Rates eine solche Grenze dar, so dass Regelungen, die den Ermessensspielraum des Rates punktuell verringern, nur eingeschränkt möglich sind; insbesondere darf keine Bindung an die Empfehlung der Kommission festgelegt werden.

---

294 Vgl. Groeben/Thiesing/Ehlermann, EGV-Italianer, 5. Aufl., Art. 104c EGV, Rn. 88; Streinz, EUV/EGV-Kempen, Art. 104, Rn. 51; Blumenwitz/Schöbener, Stabilitätspakt, S. 21; Konow, Stabilitätspakt, S. 63.

295 Vgl. Grabitz/Hilf, EUV/EGV-Bandilla, Art. 104 Rn. 52.

Im Rahmen des möglichen wäre daher eine Konkretisierung weiterer Elemente, die der Rat bei der Prüfung der Gesamtlage zu berücksichtigen hat, wie es bereits für die ausnahmsweise Überschreitung des Defizitkriteriums erfolgt ist.

Eine weitere Grenze ergibt sich aus dem Zweck des Art. 104 EGV, zu gesunden öffentlichen Finanzen in den Mitgliedstaaten beizutragen.

3. Die Fassung der VO 1467/97 nach der Reform des Stabilitäts- und Wachstumspakts

Im Folgenden sollen die Neuregelungen vorgestellt werden, wie sie als Ergebnis der Debatte über eine Reform des Stabilitätspaktes schließlich in einen Änderungsvorschlag der Kommission zur Änderung der VO 1467/97 eingeflossen sind[296]. Die Darstellung soll auf die Unterschiede zu den Vorgaben der Fassung von 1997 beschränkt werden, die sich auf die folgenden Aspekte beziehen: Das ausnahmsweise Überschreiten i.S.v. Art. 104 Abs. 2 lit. a) 2. Spiegelstr. EGV aufgrund eines schwerwiegenden Wirtschaftsabschwungs (a), die Berücksichtigung „sonstiger einschlägiger Faktoren" durch Kommission und Rat (b), veränderte zeitliche Vorgaben für die Anwendung des Verfahrens (c). Bei jedem Thema wird zunächst der Inhalt in der geänderten Fassung dargestellt und im Anschluss auf die Vereinbarkeit mit Art. 104 EGV hin bewertet.

a) Das ausnahmsweise Überschreiten der Defizitquote nach Art. 104 Abs. 2 lit. a), 2. Spiegelstr. wegen eines schwerwiegenden Wirtschaftsabschwungs

Inhaltlich unterscheiden sich die Vorgaben zur Ausnahme aufgrund eines schwerwiegenden Wirtschaftsabschwungs insbesondere dadurch, dass die neue Fassung keinen Mindestrückgang des BIP als Voraussetzung für eine Ausnahme verlangt und einheitliche Vorgaben für Rat und Kommission trifft: Konkret lässt Art. 2 Abs. 2 neue Fassung der VO eine Ausnahme wegen schwerwiegendem Wirtschaftsabschwung zu, „wenn die Überschreitung des Referenzwertes auf eine negative Wachstumsrate oder einen Produktionsrückstand über einen längeren Zeitraum mit einem am Potenzialwachstum gemessen äußerst geringen Wachstum zurückzuführen ist". Diese Definition gilt für die Bewer-

---

[296] Endgültige Fassung des Vorschlags der Kommission für eine Verordnung des Rates zur Änderung der VO (EG) Nr. 1467/97 über die Beschleunigung und Klärung des Verfahrens bei einem übermäßigen Defizit, v. 20.4.2005, KOM (2005) 155 endgültig, Dok-Nr. 2005/0061 (CNS), am 27.6.2005 vom Rat angenommen, ABl. L 174 v. 7.7.2005, S. 5 ff., abgedruckt im Anhang.

tung durch die Kommission und den Rat für die Verfahrensstufen Art. 104 Abs. 3 bis 6 EGV gleichermaßen.

Legt man die oben aus Art. 104 EGV entwickelten Maßstäbe an die Neufassung der VO an, erscheint der Wegfall des erforderlichen Mindestrückgangs des BIP für sich betrachtet als eine unzulässige Erweiterung des in Art. 104 EGV eng angelegten Ausnahmetatbestands. Zu berücksichtigen ist jedoch zum einen der systematische Zusammenhang mit Art. 2 Abs. 3 und 4 der VO, der die Berücksichtigung „sonstiger einschlägiger Faktoren" verlangt, s. dazu b). Außerdem ist der Zusammenhang mit der unverändert weiter geltenden Vorgabe von Nr. 7 der Entschließung des Stabilitäts- und Wachstumspakts zu berücksichtigen, nach der sich die Mitgliedstaaten dazu verpflichten, erst bei einem Wirtschaftsrückgang von mindestens 0, 75 % im Jahr von einer „schweren Rezession" auszugehen. Ob diese Verpflichtung der Mitgliedstaaten mittelbare Wirkung für den Rat dahingehend hat, dass dieser grundsätzlich erst ab einem Rückgang des BIP von 0, 75 % diesbezügliche Bemerkungen des Mitgliedstaates berücksichtigen sollte, wird im Kontext mit der Analyse der Vorgaben der Entschließung erläutert[297].

Eine abschließende Bewertung über die Zulässigkeit einer ausnahmsweisen Überschreitung der Defizitquote, die auf eine „negative Wachstumsrate" gestützt wird, kann daher erst nach einer Erörterung der genannten Aspekte erfolgen.

b) Die Berücksichtigung „sonstiger einschlägiger Faktoren" durch Kommission und Rat

Die neue Fassung der VO 1467/97 regelt ausdrücklich, in welchen Fällen Kommission und Rat „sonstige einschlägige Faktoren" bei ihren Entscheidungen berücksichtigen dürfen. Inhaltlich werden diese einschlägigen Faktoren nicht abschließend benannt, jedoch werden in Art. 2 Abs. 3 die folgenden beispielhaft als besonders wichtig herausgestellt („ insbesondere"): So ist die Entwicklung bei der mittelfristigen Wirtschafts- und Haushaltslage zu berücksichtigen. Außerdem sind die Faktoren einzubeziehen, die der Mitgliedstaat öffentlich bekannt gegeben und der Kommission innerhalb eines Monats nach den Meldeterminen gemäß der VO (EG) 3605/93 mitgeteilt hat. In der Begründung zu der VO 1467/97 werden u.a. zusätzlich noch als Faktoren für die mittelfristige Wirtschaftslage das Potenzialwachstum, das konjunkturelle Umfeld und die Umsetzung von Maßnahmen im Rahmen der Lissaboner Strategie ge-

[297] s.u. II)4).

nannt[298]. Als Faktoren für die mittelfristige Haushaltslage werden u.a. Bemühungen zur Haushaltskonsolidierung in Zeiten günstiger Konjunktur, die Finanzierbarkeit der Schuldenlast und öffentliche Investitionen genannt[299].

Der Anwendungsbereich für die Berücksichtigung der oben genannten Faktoren wird von der VO in der neuen Fassung differenziert nach den verschiedenen Verfahrensschritten: Bei der Berichtserstellung durch die Kommission nach Art. 104 Abs. 3 sollen die genannten Faktoren berücksichtigt werden, während bei den Entscheidungen, die sich auf die Feststellung eines übermäßigen Defizits nach Art. 104 Abs. 6 EGV beziehen, sowohl für Kommission und Rat folgende Einschränkung gilt: Gemäß Art. 2 Abs. 4 der VO dürfen die einschlägigen Faktoren nur dann berücksichtigt werden, wenn das gesamtstaatliche Defizit in der Nähe des Referenzwertes bleibt und der Referenzwert zudem nur vorübergehend überschritten wird.

Legt man als Maßstab die Grenze des Art. 104 EGV an diese Beschränkung der Berücksichtigung von einschlägigen Faktoren bei der Ratsentscheidung an, so zeigt sich ein Konflikt mit der durch Art. 104 EGV festgelegten Eigenständigkeit der Ratsentscheidung, die insbesondere für die Entscheidung nach Abs. 6 „nach Prüfung der Gesamtlage" erfolgt[300]. Wenn der Rat sonstige einschlägige Faktoren nur bei Referenzwerten in der Nähe des Referenzwertes und bei nur vorübergehender Überschreitung berücksichtigen darf, begibt er sich zwangsläufig in die Abhängigkeit von der durch die Kommission getroffene Wertung, denn insbesondere kann der Rat über die vorübergehende Natur der Überschreitung nur dann befinden, wenn er die Entwicklungen bei der mittelfristigen Wirtschafts- und Haushaltslage selbst bewerten kann. Strukturell ist durch die Neufassung dies aber lediglich der Kommission im Rahmen des Berichts nach Art. 104 Abs. 3 EGV möglich. Das läuft darauf hinaus, dass eine Vorbedingung der Ratsentscheidung nach Art. 104 Abs. 6 EGV vollständig der eigenständigen Wertung durch den Rat entzogen ist. Dies ist mit einer eigenständigen Feststellung des Rates „nach Prüfung der Gesamtlage" nicht vereinbar.

Für den Fall, dass der Rat einmal die Überschreitung der Defizitquote festgestellt hat, dürfen für die folgenden Verfahrensschritte grundsätzlich die einschlägigen Faktoren berücksichtigt werden, Art. 2 Abs. 5. Ausnahmen gelten für die Änderung einer Empfehlung nach Art. 3 Abs. 5 der VO und die Änderung einer Inverzugsetzung nach Art. 5 Abs. 2 der VO sowie für die Aufhebung der Entscheidungen nach Art. 104 Abs. 12 EGV.

---

[298] Begründung des Vorschlags für die Neufassung der VO 1467/97, Abs. 6. abgedruckt im Anhang.

[299] Ebenda.

[300] Siehe dazu bereits oben Kapitel 1 C)II)1).

c) Zeitliche Vorgaben für die Anwendung des Defizitverfahrens

Die zeitlichen Vorgaben für die Anwendung des Defizitverfahrens wurden in zweifacher Hinsicht geändert: zum einen wurden teilweise die Fristen für die einzelnen Verfahrenshandlungen verlängert bzw. an andere Termine geknüpft als unter Geltung der alten VO: so beträgt beispielsweise die Frist des Rates für die Verhängung von Sanktionen nunmehr 14 Monate nach der Annahme eines Berichts nach Art. 104 Abs. 3 EGV durch die Kommission, Art. 7 neue Fassung der VO 1467/97 (ggü. vorher 10 Monaten nach den entsprechenden Meldeterminen gemäß der VO 3605/93).

Außerdem eröffnet die Neufassung der VO 1467/97 dem Rat die Möglichkeit, eine Empfehlung nach Abs. 7 bzw. eine Inverzugsetzung nach Abs. 9 zu ändern und dabei insbesondere eine Fristverlängerung für den Mitgliedstaat auszusprechen: dies ist nur dann möglich, wenn der Mitgliedstaat wirksame Maßnahmen gemäß der Empfehlung bzw. Inverzugsetzung getroffen hat und nach der Annahme der Empfehlung „unerwartete nachteilige wirtschaftliche Ereignisse mit sehr ungünstigen Auswirkungen auf die öffentlichen Finanzen“[301] eintreten. Zwar kann der Rat bei der Entscheidung über eine Fristverlängerung gemäß Art. 2 Abs. 5 keine sonstigen einschlägigen Faktoren berücksichtigen, jedoch nennt Art. 3 Abs. 5 spezielle Kriterien, die der Rat berücksichtigen und bewerten muss: so prüft er, ob der Mitgliedstaat wirksame Maßnahmen ergriffen hat, um eine jährliche Mindestverbesserung des konjunkturbereinigten Saldos ohne Anrechnung einmaliger und sonstiger befristeter Maßnahmen zu erzielen[302]. Außerdem beurteilt er anhand der Wirtschaftsprognosen der Kommission, ob unerwartete nachteilige wirtschaftliche Ereignisse mit sehr ungünstigen Auswirkungen auf die öffentlichen Finanzen vorliegen. Damit ist anders als für die Ratsentscheidung nach Abs. 6 hier der Charakter einer eigenständigen Wertung durch den Rat gewahrt.

Die durch die Neufassung entstandene Möglichkeit der Fristverlängerung um 1 Jahr widerspricht nicht dem Zweck des Defizitüberwachungsverfahres, übermäßige öffentliche Defizite in den Mitgliestaaten zu vermeiden bzw. bestehende zu beseitigen. Zwar entsteht durch die Möglichkeit der Fristverlängerung bei Empfehlung und Inverzugsetzung die Möglichkeit, dass ein Sanktionsverfahren gegen einen Mitgliedstaat erst zeitlich später beginnen kann, wenn die sonstigen Voraussetzungen vorliegen. Dadurch, dass enge Voraussetzungen für eine solche Verlängerung bestehen und insbesondere der betreffende Mitgliedstaat eine vom Rat festgelegte Mindestverbesserung des konjunkturbereinigten

---

[301] Art. 3 Abs. 5 neue Fassung der VO 1467/97 (Empfehlung); Art. 5 Abs. 2 neue Fassung VO 1467/97 (Inverzugsetzung).

[302] Art. 3 Abs. 5 S. 3 neue Fassung der VO 1467/97.

Saldos erzielen muss, besteht kein Anreiz für Mitgliedstaaten, die Bemühungen um Haushaltskonsolidierungen in Zeiten nachteiliger wirtschaftlicher Ereignisse aufzugeben. Aufgrund der Forderung der Mindestbesserung, die unabhängig von einmaligen und befristeten Maßnahmen überprüft wird, berücksichtigt die Defizitüberwachung den Aspekt der mittel- und langfristigen Tragfähigkeit der öffentlichen Finanzen eines Mitgliedstaats. Dieser Aspekt dient dem oben erörterten Ziel des Art. 104 der gesunden öffentlichen Finanzen[303] und ist daher mit Art. 104 EGV im Einklang.

B. Die Entschließung des Europäischen Rates

Bevor die Vorgaben der Entschließung analysiert werden, die für die Ratsentscheidung nach Art. 104 Abs. 6 EGV von Bedeutung sind, soll die rechtliche Bedeutung der Entschließung erörtert werden. Auf dieser Grundlage kann dann im abschließenden Ausblick festgestellt werden, inwiefern sich die Entschließung als mögliches Medium für die Umsetzung von Änderungen des Stabilitätspaktes eignet.

I. Rechtliche Bedeutung

Ausgangspunkt ist die bereits oben getroffene Feststellung, dass die Entschließung nicht rechtlich verbindlich ist[304]. Es ist daher zu klären, welche Bedeutung ihr zukommt. Zunächst steht außer Frage, dass einer Entschließung ebenso wie anderen atypischen Rechts- und Handlungsformen eine besondere integrationspolitische Bedeutung zukommt, da auf diese Weise Zielvorstellungen formuliert werden können, die wahrscheinlich noch nicht mehrheitsfähig sind und somit (noch) nicht im Rahmen eines förmlichen Rechtsaktes ergehen könnten. Die Fixierung solcher Zielvorstellungen im Wege einer atypischen Handlungsform stellt somit eine wichtige Etappe auf dem Weg der Konsensbildung dar[305].

---

303 s.o. Kapitel 3 B)IV)3)c).

304 s.o. Kapitel 1 B)I)3).

305 Vgl. EVERLING, Probleme atypischer Rechts- und Handlungsformen bei der Auslegung des europäischen Gemeinschaftsrechts, S. 420 f.: „ Es fragt sich ob man aus europarechtlichem Rigorismus heraus verdammen muss, dass die Mitgliedstaaten zunächst zögernd einen halben Schritt getan haben, weil sie sich zu dem ganzen Schritt, nämlich einer rechtlich verbindlichen Regelung, nicht entschließen konnten. Eine Maßnahme, die als informelle Absprache getroffen wird, ist immer noch besser als gar keine.“

Im Folgenden soll untersucht werden, inwiefern der Entschließung rechtliche Bedeutung zukommt. Hier ist insbesondere die Funktion der Entschließung als Auslegungshilfe für Art. 104 EGV und die beiden Verordnungen zu erörtern (2.), sowie die Frage einer möglichen Selbstbindung der Mitgliedstaaten bzw. des Rates aufgrund der Entschließung (3.)

1. Auslegungshilfe für die Ratsverordnungen

Grundsätzlich können atypische Handlungsformen zur Auslegung von Gemeinschaftsrecht herangezogen werden. Die Bedeutung als Auslegungsmaßstab kann sich einerseits im Rahmen einer - im Gemeinschaftsrecht nur nachrangigen[306] - historischen Auslegung ergeben; so können etwa einseitige Erklärungen von Mitgliedstaaten im Rahmen des Rechtsetzungsprozesses in begrenztem Maße Aufschluss über den mit einem Rechtssatz verfolgten Willen geben.

Allerdings geht die Bedeutung der Entschließung darüber hinaus, da sie sich nicht darin erschöpft, den Willen des Europäischen Rates zur Verwirklichung gesunder Staatsfinanzen zu bekräftigen, sondern konkrete Präzisierungen und Definitionen zu den anderen Bestandteilen des Stabilitätspaktes sowie Art. 99 und Art. 104 EGV formuliert. Dadurch, dass diese in Handlungsaufforderungen an die jeweils beteiligten Akteure Rat, Kommission und die Mitgliedstaaten konkretisiert werden, etabliert die Entschließung ein in sich geschlossenes System der Anwendungspraxis für die rechtsverbindlichen Vorgaben aus Art. 99, 104 EGV und den beiden Verordnungen. Wegen dieser Besonderheit eignet sich die Entschließung insbesondere zur teleologischen Auslegung der jeweils konkretisierten Bestimmungen der Art. 99, 104 und der beiden VO's. Der allgemeine geltende Grundsatz, dass Bestimmungen nach dem Prinzip des „effet utile" so auszulegen sind, dass der Verwirklichung der Ziele eine möglichst große praktische Wirksamkeit zukommt[307], muss sich hier am Maßstab der Bestimmungen der Entschließung orientieren, da diese konkret definiert, was nötig ist für die praktische Wirksamkeit des Paktes.

Die Bedeutung der Entschließung als Auslegungsmaßstab lässt sich zusätzlich auf den Grundsatz der Gemeinschaftstreue stützen. Nach diesem Grundsatz, der vom EuGH auf Art. 10 und den Gedanken der Rechtsgemeinschaft gestützt wird, sind die Mitgliedstaaten und die Gemeinschaftsorgane zu einer loyalen

---

306 Vgl. Calliess/Ruffert, EUV/EGV-Wegener, Art. 220 EGV, Rn. 12 m.w.N.

307 EuGH Slg. 1955/56, S. 197, 312 (Fédération charbonière de Belgique); Slg. 1980, S. 119, 129 ff. (Camera Care); Slg. 1963, S. 287, 318 (Deutschland/Kom.); Grabitz/Hilf, EUV/EGV-Pernice/Meyer, Art. 220 EGV, Rn. 46.

Zusammenarbeit verpflichtet[308]. Wie oben bereits angedeutet, handelt es sich bei dem Europäischen Rat zwar nicht um ein Gemeinschaftsorgan i.S.d. Art. 7 EGV, sondern um ein Organ der Europäischen Union[309]. Ergänzend sei hier darauf hingewiesen, dass nach dem Vertrag für eine Verfassung Europas die Stellung des Europäischen Rates als Organ ausdrücklich festgestellt wird[310].

Gerade weil der Europäische Rat keine rechtlich verbindlichen Beschlüsse treffen kann, ist er auf Kohärenz mit den Gemeinschaftsinstitutionen angewiesen. Diese ist bereits strukturell dadurch vorgegeben, dass der Rat teilidentisch mit dem Europäischen Rat ist und der Kommissionspräsident gleichberechtigtes Mitglied des Europäischen Rates ist. Konsequent ist es daher, auch eine loyale Zusammenarbeit der Gemeinschaftsorgane und der Mitgliedstaaten mit dem Europäischen Rat in dem Sinne zu fordern, dass diese bei Anwendung des Art. 104 EGV sowie der Verordnungen die Auslegungsmaßstäbe der Entschließung berücksichtigen.

Dies bedeutet für die Mitgliedstaaten, die Kommission und den Rat, dass sie sich an den Festlegungen in der Entschließung des Europäischen Rates als Organ der EU, dem für den Bereich der Wirtschafts- und Währungsunion besondere Kompetenzen zugewiesen sind, orientieren sollten, wenn sie im Rahmen des Art. 99 bzw. 104 EGV tätig werden.

Die Reichweite der Entschließung als Auslegungshilfe ist begrenzt: Da die Entschließung ein außervertraglicher Akt ist, kann der EGV durch sie nicht verändert oder eingeschränkt werden[311], da sonst das vertraglich vorgesehene Verfahren der Vertragsänderung (Art. 48 EUV) umgangen werden könnte. Entschließungen sind daher nur insoweit für die Auslegung des Gemeinschaftsrechts heranzuziehen, als sie auf die Sicherung, Förderung und Verstärkung der Vertragsziele gerichtet sind[312]. Diese Begrenzung ist bei der Folgenden Analyse der Vorgaben aus der Entschließung zu berücksichtigen.

---

308 EuGH, Rs. 54/81, Slg. 1982, S. 1449, 1463 (Fromme/Balm); Rs. 230/81, Slg. 1983, S. 255 (Luxemburg/Parlament); Rs. 240/86, Slg. 1988, S. 1835, 1858 (Kommission/Griechenland).

309 Gegen die Rechtspersönlichkeit der EU vgl. Bleckmann, Europarecht, Rn. 166; König/Pechstein, Rechtspersönlichkeit für die Europäische Union?, EuZW1997, S. 225; seit dem Inkrafttreten des Amsterdamer Vertrages sind dem Europäischen Rat erweiterte Kompetenzen eingeräumt worden, die eine eigenständige Rechtspersönlichkeit voraussetzen: Vgl. Calliess/Ruffert, EUV/EGV-Wichard, Art. 1 EGV; In Art. I 19 und 21 des Vertrag über eine Verfassung für Europa, i.d. Fassung vom 29.10.2004 wird der Europäische Rat ausdrücklich als Organ der Europäischen Union genannt, CIG 87/2/04.

310 Art. 1-19 des Vertrags.

311 EuGH, Slg. 1976. S. 455 -Defrenne (Rs. 43/75); Slg. 1976, S. 91- Manghera (Rs. 59/75).

312 Vgl. Everling, Probleme atypischer Rechts- und Handlungsformen bei der Auslegung des europäischen Gemeinschaftsrechts, 417 (426).

2. Selbstbindung der Mitgliedstaaten und des Rates

Abschließend soll untersucht werden, ob sich aus der Entschließung eine rechtliche Bedeutung in der Form einer Selbstbindung der Mitgliedstaaten bzw. des Rates ergibt. Hinsichtlich der Mitgliedstaaten ist an eine Selbstverpflichtung der Mitgliedstaaten, ihr Stimmrecht im Rat entsprechend der Festlegungen in der Entschließung zu denken.

Zwar scheint auf den ersten Blick eine Teilidentität zwischen dem Europäischen Rat und dem Rat insoweit gegeben zu sein, dass auch Vertreter der Mitgliedstaaten sowohl im Europäischen Rat als auch im Rat vertreten sind und somit eine politische Bindung in der einen Formation eine Bedeutung für die Auslegung des Tätigwerdens in der anderen Formation zur Folge haben könnte, allerdings steht dieser Überlegung die Funktion des Mitgliedstaates im System der EU- bzw. EG-Organe entgegen:

Zum einen ist der Europäische Rat ein eigenständiges Organ der EU, so dass Handlungen diesem zuzurechnen sind, nicht den einzelnen Mitgliedstaaten[313]. Andererseits stellt der Rat ebenfalls ein eigenständiges Organ dar, dessen Verfahrensregeln durch eine Entschließung des Europäischen Rates nicht geändert werden dürfen. Insbesondere bleibt die dem Rat nach Art. 104 Abs. 6 eingeräumte Wertung, ob ein übermäßiges Defizit vorliegt, nur dann eine Wertung des Rates, wenn die einzelnen Wirschafts- und Finanzminister in rechtlicher Hinsicht weisungsfrei im Verhältnis zu den Staats- und Regierungschefs der Mitgliedstaaten und dem Europäischen Rat sind. Die Möglichkeiten der Einflussnahme des Europäischen Rates auf den Rat bzw. der Staats- und Regierungschefs auf den jeweiligen Fachminister sind auf politische Mittel zu begrenzen[314].

Eine Selbstbindung des Rates, Entscheidungen im Sinne der Entschließung vorzunehmen ist daher allenfalls dahingehend denkbar, dass der Rat durch eine ständige Praxis der Auslegung, die auf der Entschließung basiert, gebunden werden könnte. Die Bedeutung der Vertragspraxis des Rates wird unten (IV) gesondert behandelt.

---

[313] Vgl. Nicolaysen, Europarecht I, S. 195.

[314] Vgl. Nicolaysen, Der EuGH zum Defizitverfahren, S. 1324.

II. Analyse der Vorgaben der Entschließung für die Ratsentscheidung nach Art. 104 Abs. 6 EGV

1. Überblick

Thematisch finden sich in der Entschließung zum einen Vorgaben für eine Beschleunigung bei dem Tätigwerden aller Akteure im Rahmen des Art. 99 und Art. 104 EGV sowie der Verordnungen des Paktes. Für den Rat konkret wird festgelegt, dass er die erforderlichen Beschlüsse nach Art. 99 und Art. 104 EGV „so rasch wie möglich" fasst[315]. Vom Rat wird nicht nur eine rechtzeitige, sondern auch eine strikte Durchführung aller ihn betreffenden Bestandteile des Paktes gefordert[316].

Außerdem fordert die Entschließung in verfahrensrechtlicher Hinsicht mehr Transparenz in dem Fall, dass der Rat im Verfahren nach Art. 104 oder Art. 99 EGV auf eine Empfehlung der Kommission hin nicht tätig werden sollte: dann ist der Rat zur Begründung verpflichtet und zur Offenlegung der Voten eines jeden Mitgliedstaates[317].

Darüber hinaus enthalten die auf den Rat bezogenen Vorschriften der Entschließung keine Vorgaben, die unmittelbar das Ermessen des Rates bei der Entscheidung nach Art. 104 Abs. 6 EGV konkretisieren, sondern lediglich solche, die sich auf die Empfehlungen nach Abs. 7 oder auf das Sanktionsverfahren beziehen.

Im Folgenden soll untersucht werden, inwiefern sich mittelbar aus den Vorgaben für die Mitgliedstaaten Folgerungen für die Ermessensausübung des Rates ziehen lassen. Dabei sollen die Verpflichtung der Mitgliedstaaten auf das Ziel eines nahezu ausgeglichenen Haushalts (2.) und die Vorgabe für die Berufung auf den Ausnahmetatbestand nach Art. 2 Abs. 3 der VO 1467/97 (3.) untersucht werden.

---

[315] Entschließung, zum Stabilitäts- und Wachstumspakt (Fn. 57), Nr. 1 der Vorschriften zum Rat.

[316] Ebenda.

[317] Entschließung aaO., Nr. 6 der Vorschriften bezüglich des Rates.

2. Die Verpflichtung der Mitgliedstaaten auf das Ziel eines ausgeglichenen Haushalts

Gemäß Nr. 1 der Entschließung bezüglich der Vorschriften über die Mitgliedstaaten verpflichten sich die Mitgliedstaaten, „das in ihren Stabilitäts- oder Konvergenzprgrammen festgelegte mittelfristige Haushaltsziel eines nahezu ausgeglichenen oder einen Überschuss aufweisenden Haushalts einzuhalten ...". Mit dieser Verpflichtung gibt die Entschließung den Mitgliedstaaten ein strengeres Ziel vor, als sich dies aus Art. 104 Abs. 1 EGV ergibt, wonach die Mitgliedstaaten übermäßige öffentliche Defizite vermeiden.

Fraglich ist, welche Auswirkung dieses strengere Ziel auf die Entscheidung des Rates nach Art. 104 Abs. 6 EGV hat. Grundsätzlich wäre denkbar, dass sich die strengere Verpflichtung der Mitgliedstaaten in einem strengeren Auslegungsmaßstab bei der Feststellung des übermäßigen Defizits widerspiegelt. Konsequenz wäre, dass der Rat möglicherweise schon dann ein übermäßiges Defizit feststellt, wenn ein Mitgliedstaat hinter dem Haushaltsziel aus dem Stabilitäts- bzw. Konvergenzprogramm zurückbleibt. Eine solche Folge ist mit Blick auf die begrenzte Wirkung der Entschließung als atypische Handlungsform jedoch nicht möglich, da die Entschließung dann die primärrechtliche Vorschrift des Art. 104 Abs. 1 und Abs. 6 EGV ändern würde: Das Haushaltsziel nach dem Stabilitätsprogramm stellt nämlich einen Maßstab dar, der in Art. 104 EGV nicht genannt wird. Zwar ist die Verpflichtung der Mitgliedstaaten auf ein strengeres Haushaltsziel eine Verpflichtung, die dem Ziel der gesunden öffentlichen Finanzen förderlich ist. Dies allein macht es aber nicht zu einem berechtigten Maßstab für die Feststellung des übermäßigen Defizits, da diese den Sanktionsmechanismus mit möglichen weitreichenden Folgen für den betreffenden Mitgliedstaat eröffnet. Die Voraussetzungen für diesen Rechtsakt mit Außenwirkung dürfen nicht durch die Entschließung herabgesetzt werden.

Zulässige Konsequenz der verschärften Verpflichtung des Rates können lediglich Maßnahmen des Rates nach Art. 99 Abs. 3 und 4 EGV sein, wenn eine „nahezu ausgeglichener Haushalt" in die Grundzüge der Wirtschaftspolitik nach Art. 99 Abs. 2 EGV aufgenommen wurde[318].

3. Die Vorgaben für die Berufung auf einen Ausnahmetatbestand nach Art. 2 Abs. 3 der VO 1467/97

Gemäß Nr. 7 der Entschließung bezüglich der Vorgaben für die Mitgliedstaaten verpflichten sich die Mitgliedstaaten dazu, nur eingeschränkt das Vor-

---

[318] Vgl. NICOLAYSEN, Rechtliche Bindungen einer Stabilitätspolitik, S. 844.

liegen von Umständen geltend zu machen, die trotz eines Rückgang des BIP innerhalb eines Jahres von unter 2 % den Rückgang als „außergewöhnlich" erscheinen lassen.

Konkret sollen die Mitgliedstaaten nur dann weitere relevante Umstände anführen, wenn sie sich in einer „schweren Rezession" befinden. Einen schwerwiegenden Wirtschaftsrückgang sollen sie erst ab einem Rückgang des BIP um mindestens 0,75 % im Jahr annehmen.

In direkter Wirkung konkretisiert diese Vorgabe den Ermessensspielraum eines Mitgliedstaates bei der Frage, wann er eine Bemerkung i.S.d. Art. 2 Abs. 3 der VO 1467/97 geltend macht, die der Rat bei der Bewertung, ob ein ausnahmsweises Überschreiten des Defizit-Referenzwertes vorliegt, berücksichtigen müsste. Durch die Festlegung einer unteren Schwelle soll ein missbräuchliches Berufen auf einen Ausnahmetatbestand durch die Mitgliedstaaten verhindert werden. Dies ist eine zulässige Konkretisierung, da der Vertragstext selbst in Art. 104 Abs. 2 lit. a) den Grundsatz aufstellt, dass ein Überschreiten des Referenzwertes für die Defizitquote eine Verletzung der Haushaltsdisziplin darstellt und die genannten Ausnahmetatbestände daher restriktiv auszulegen sind.

Fraglich ist, ob die Festlegung dieser Bagatellschwelle für Mitgliedstaaten mittelbar den Rat als Adressat der mitgliedstaatlichen Bemerkungen bei seiner Bewertung eben dieser beeinflusst.

Hier ist zwischen zwei denkbaren Ebenen zu unterscheiden, einerseits der Frage, unter welchen Voraussetzungen der Rat Bemerkungen der Mitgliedstaaten überhaupt berücksichtigen muss i.S.d. Art. 2 Abs. 3 der VO 1467/97 und zum anderen die Frage, zu welcher Wertung der Rat bei Berücksichtigung der Bemerkungen kommt.

Hinsichtlich der 1. Ebene könnte die Mindesthöhe von 0, 75 % Rückgang des BIP im Jahr auch ein maßgeblicher Auslegungsmaßstab für den Rat sein, bei der Frage, ab wann er Bemerkungen berücksichtigt. Diese Konkretisierung erscheint gemessen an der Vorgabe der VO 1467/1997 zulässig, da die übergeordnete Bedingung für ein ausnahmsweises Überschreiten ein „schwerwiegender Wirtschaftsabschwung" ist[319]. Vor diesem Hintergrund steht die Eingrenzung auf ein bestimmtes Mindestmaß beim Rückgang des BIP im Einklang mit dem Ziel der VO und auch mit Art. 104 Abs. 2 EGV, der - wie oben gezeigt - selbst einen restriktiven Auslegungsmaßstab für das Vorliegen eines Ausnahmetatbestandes vorgibt. Grundsätzlich sollte der Rat daher nur Bemerkungen von Mitgliedstaaten berücksichtigen, die einen Mindestrückgang des BIP von mindestens 0,75 % aufweisen.

---

[319] Art. 2 Abs. 1 VO 1467/97 alte Fassung, aaO. (Fn. 72).

Im Umkehrschluss kann die Mindestvorgabe aber nicht bewirken, dass der Rat in keinem Falle berechtigt wäre, bei einem darunter liegenden Wert Bemerkungen zu berücksichtigen. Eine solche Wirkung der Entschließung würde die in Art. 2 Abs. 3 VO 1467/97 eingeräumte Möglichkeit des Rates, allgemein bei einem Rückgang „um weniger als 2 %" die Bemerkungen zu berücksichtigen, unzulässigerweise ändern. Eine kategorische Nichtberücksichtigung der Fälle unterhalb von 0,75 % würde die festgelegte Interdependenz zu den „weiteren relevanten Umständen" missachten, die Art. 2 Abs. 3 herstellt: danach können besondere Umstände erst dazu führen, dass ein geringerer Rückgang des BIP in der Zusammenschau mit ebendiesen Umständen einem außergewöhnlichen Rückgang gleichgestellt ist.

Vereinbar ist mit den Vorgaben der VO daher eine Auslegungswirkung der Entschließung dahingehend, dass grundsätzlich ein Rückgang von 0,75 % zu einer Berücksichtigung von Bemerkungen der Mitgliedstaaten hinsichtlich besonderer Umstände führt.

Bei darunter liegenden Werten hat dies Auswirkungen auf die 2. Ebene, nämlich die Bewertung des Rates, ob die Bemerkungen des Mitgliedstaates eine Ausnahme rechtfertigen. Für diese Wertung trifft Art. 2 Abs. 3 der VO keine Wertungsvorgabe für den Rat. Wie bereits erläutert, zeigt die beispielhafte Nennung möglicher relevanter Umstände sowie der systematische Zusammenhang mit Art. 104 Abs. 2 lit. a) EGV, dass eine enge Auslegung des Ausnahmetatbestands geboten ist.

Daher bedeutet die eingeschränkte Berufung der Mitgliedstaaten auf Art. 2 Abs. 3 der VO für die Wertung des Rates als mittelbare Folge, dass der Rat bei einem Rückgang von weniger als 0, 75 % strengere Anforderungen an die weiteren relevanten Umstände stellen muss, um das notwendige Erfordernis eines schwerwiegenden Wirtschaftsabschwungs zu erfüllen.

1. Die Vorgaben für die Berufung auf einen Ausnahmetatbestand nach Art. 2 Abs. 4 der VO 1467/97 (geänderte Fassung)

An dieser Stelle soll die bereits oben skizzierte Bedeutung der Verpflichtung der Mitgliedstaaten nach Nr. 7 der Entschließung für die neue Fassung der VO 1467/97 diskutiert werden: Kann sich aus dieser Verpflichtung der Mitgliedstaaten, sich erst ab einem Rückgang des Wirtschaftswachstums von mind. 0, 75 % auf eine Ausnahme zu berufen, auch unter Geltung der neuen Fassung des Art. 2 der VO 1467/97 eine mittelbare Verpflichtung des Rates ergeben, grundsätzlich nur solche Bemerkungen zu berücksichtigen, die einen Rückgang um mindestens 0, 75 % begründen?

Der Rückgriff auf diese Mindestgrenze der Entschließung überspannt den rein politischen Charakter der Entschließung nicht, da sie lediglich als Auslegungshilfe für die Vorschrift der VO 1467/97 herangezogen wird. Insbesondere ist ein gewisser Mindestrückgang durch Art. 104 Abs. 2 lit. a) EGV, der als Ausnahmeregelung grundsätzlich eng auszulegen ist, geboten. Auch durch den nunmehr geänderten Art. 2 der VO selbst ist weiterhin ein „schwerwiegender" Wirtschaftsabschwung nötig, der somit weiterhin ein Ausschluss von Bagatellfällen nötig macht.

Daher haben die Ergebnisse für die alte Fassung der VO 1467/67 dem Grunde nach auch Geltung für die neue Fassung[320]. Zu ergänzen ist, dass die grundsätzliche Orientierung an einem Rückgang von 0, 75 % des BIP auch hier nicht zu einem Umkehrschluss dahingehend führen darf, dass der Rat bei einem geringeren Rückgang überhaupt keine Ausnahme annehmen darf. Eine solche Auslegungswirkung kann der Entschließung nicht zukommen, da sie dem Wortlaut des Art. 2 Abs. 2 der VO widersprechen würde, der ausdrücklich eine „negative Wachstumsrate" ausreichen lässt. Wie bereits für die alte Fassung der VO 1467/97 festgestellt, müssen aber bei Werten unterhalb von 0, 75 % erhöhte Anforderungen an die Rechtfertigung einer solchen Annahme gestellt werden. Durch die neue Fassung der VO 1467/97 selbst wird eine Begründung des Rates für die Annahme einer Ausnahme bei einem Rückgang unter 0, 75 % deutlich erschwert, da Art. 2 Abs. 4 der VO die Berücksichtigung sonstiger einschlägiger Faktoren für die Entscheidung des Rates nach Art. 104 Abs. 6 EGV dahingehend beschränkt, dass diese Faktoren nur berücksichtigt werden dürfen, wenn das gesamtstaatliche Defizit in der Nähe des Referenzwertes bleibt und nur vorübergehend überschritten wird[321]. In allen anderen Fällen wird der Rat wegen fehlender zulässiger Berücksichtigung von Faktoren gar keine Argumentationsmasse haben, um eine Ausnahme im Einklang mit Art. 104 EGV anzunehmen.

Zudem müssen, um der engen Auslegung des Ausnahmetatbestands gerecht zu werden, die Begriffe „in der Nähe des Referenzwertes" sowie „die vorübergehende Überschreitung" eng ausgelegt werden und vom Rat bei seiner Entscheidung nach Art. 104 Abs. 6 anhand der Wirtschaftsdaten des betreffenden Mitgliedstaates plausibel begründet werden.

[320] Siehe dazu bereits oben unter Nr. 3.

[321] Siehe zur kritischen Bewertung dieser Neuregelung oben unter A)III)3)b).

III. Ausblick: Möglichkeiten und Grenzen einer weiteren Ermessenskonkretisierung durch eine Entschließung

Die rechtsunverbindliche Natur der Entschließung führt dazu, dass die Möglichkeiten einer Ermessenskonkretisierung begrenzt sind, da sie lediglich Ergänzungen und Präzisierungen im Rahmen des Art. 104 EGV und der rechtsverbindlichen Verordnungen vornehmen können.

Die Bedeutung, politisch verbindliche Leitlinien für die Anwendung des Defizitverfahrens aufzustellen, ist darin zu sehen, dass sie eine Grundlage für einen möglichen zukünftigen Konsens über rechtsverbindliche Akte darstellen können und darüber hinaus das Vertrauen in die rechtsverbindlichen Akte bestärken können.

Die zukünftige Bedeutung von Entschließungen oder anderen nicht rechtsverbindlichen Akten im Bereich des Defizitverfahrens ist im Kontext mit der Reform der rechtsverbindlichen Elemente des Stabilititäts- und Wachstumspaktes zu sehen. Insbesondere in Punkten, die als Reformvorhaben diskutiert wurden, aber mangels ausreichender Mehrheiten nicht rechtsverbindlich wurden, ist ein möglicher Anwendungsbereich für Entschließungen gegeben.

Berücksichtigt man die oben skizzierten Reformvorhaben der Kommission, so zeigt sich, dass diese u.a die zunehmende Berücksichtigung länderspezifischer Gegebenheiten bei der Anwendung des Verfahrens beinhalten sollen.

Eine solche Diversifizierung bei der Anwendung, die sich in der Praxis durch unterschiedliche Tempi bei der Korrektur eines übermäßigen Defizits niederschlagen kann, verlangt, um die Gleichbehandlung der Mitgliedstaaten sicher zu stellen, eine Aufstellung einheitlicher Kriterien, welche Faktoren zu einer längeren Frist berechtigen sollen. Wenn solche Kriterien nicht rechtsverbindlich geregelt werden, sondern lediglich in einer Entschließung, würde dies nicht den Anforderungen eines fairen Verfahrens genügen, da dann eine verfahrensmäßige Ungleichbehandlung ermöglicht würde, die darin läge, dass die Voraussetzungen dieser Ungleichbehandlung nicht rechtlich verbindlich bestimmt sind.

Diese Ungleichbehandlung kann nicht mit Hinweis auf die insgesamt dem Rat in Art. 104 eingeräumte Entscheidungsfreiheit gerechtfertigt werden, da sich diese ausdrücklich nur auf inhaltliche Wertungen bezieht, nicht aber auf Wertungsfreiheiten hinsichtlich der Anwendung der Verfahrensvorschriften.

IV. Die Bedeutung der Praxis von Rat und Mitgliedstaaten

1. Überblick

Im Rahmen dieses Kapitels soll erörtert werden, welche Bedeutung die Ratspraxis und die Praxis der Mitgliedstaaten bei der Entscheidung nach Art. 104 Abs. 6 EGV hat, insbesondere, ob der Rat bei einer konkreten Entscheidung durch seine bisherige Praxis gebunden werden kann. Diese Frage soll zum Abschluss der Ausführungen zur Entschließung erörtert werden, da ein beständiges Handeln des Rates gemäß der für sich betrachtet rechtsunverbindlichen Vorgaben der Entschließung eine rechtliche Selbstbindung des Rates kraft Gewohnheitsrechts bedeuten könnte.

Zunächst sind die Voraussetzungen für die Entstehung von Gewohnheitsrecht im Gemeinschaftsrecht darzustellen (2.). In diesem Rahmen wird insbesondere zu erörtern sein, ob der Rat tauglicher Träger einer ständigen Übung sein kann. Darauf aufbauend wird die bisherige Praxis des Rates bzw. der Mitgliedstaaten daraufhin untersucht, ob sie Gewohnheitsrecht bezüglich der Entscheidungsfreiheit des Rates nach Art. 104 Abs. 6 EGV geschaffen haben (3. u. 4.).

2. Die Entstehung von Gewohnheitsrecht im Gemeinschaftsrecht

Zunächst ist der völkerrechtliche Hintergrund für die Entstehung von Gewohnheitsrecht im Gemeinschaftsrecht zu skizzieren: Obwohl insgesamt dem Grunde nach Einigkeit darüber besteht, dass sich die Europäischen Gemeinschaften u.a. durch die Fülle der Hoheitsrechte, die die Mitgliedstaaten auf die Gemeinschaften übertragen haben, von internationalen Organisationen im völkerrechtlichen Sinne deutlich unterscheiden, ist klarzustellen, dass die Entstehung der Europäischen Gemeinschaften auf einer völkerrechtlichen Basis beruht, nämlich den Gründungsverträgen zwischen den Mitgliedstaaten[322]. Daraus folgt, dass das Völkerrecht als Rechtsquelle in gewissem Maße relevant für das Europäische Gemeinschaftsrecht ist. Für das hier interessierende Gewohnheitsrecht der Europäischen Gemeinschaft bedeutet das, dass es hinsichtlich der Entstehung den gleichen Regeln folgt wie das Völkergewohnheitsrecht, während die Qualität des aufgrund Gewohnheitsrechts entstandenen Gemeinschaftsrechts

---

[322] Vertrag über die Gründung der Europäischen Gemeinschaft für Kohle und Stahl v. 18.4.1951, BGBl 1952 II, 447; Vertrag zur Gründung der Europäischen Wirtschaftsgemeinschaft v. 25.3.1957, BGBl. 1957 ii, 766; Vertrag zur Gründung der Europäsichen Atomgemeinschaft v. 25.3.1957, BGBl. 1957 II, 1014; Vertrag über die Europäische Union v. 7.2.1992, BGBl. 1992 II, 1253.

sich nach den Besonderheiten des Gemeinschaftsrechts selbst richtet, insbesondere in Bezug auf die innerstaatliche Geltung[323].

Die Entstehung von Völkergewohnheitsrecht setzt nach der Zwei-Elementenlehre[324] sowie nach Art. 38 Abs. 1 lit. b IGH-Statut voraus, dass ein bestimmtes Verhalten seitens relevanter Subjekte und Organe objektiv in ständiger Übung vorgenommen wird und die handelnden Subjekte und Organe subjektiv davon überzeugt sind, rechtlich zu diesem Handeln verpflichtet zu sein (opinio iuris).

Übertragen auf das Gemeinschaftsrecht ist zunächst zu klären, ob der Rat durch seine Praxis überhaupt Gewohnheitsrecht schaffen kann, d.h., ob er tauglicher Rechtsträger ist.

Die Frage nach dem tauglichen Rechtsträger macht eine Differenzierung zwischen dem Rang des entstehenden Gewohnheitsrechts notwendig: Wenn es sich dabei um Primärrecht handelt, so muss die ständige Übung durch das Verhalten der Mitgliedstaaten selbst begründet sein. Eine vom Willen der Mitgliedstaaten losgelöste Änderung oder Ergänzung des Primärrechts verbietet sich schon wegen der beschriebenen völkerrechtlichen Basis der Europäischen Gemeinschaften. Diese Basis wird für die Organe der EG konkretisiert durch das Prinzip der begrenzten Einzelermächtigung, wonach die Organe nur nach Maßgabe des Vertrages, d.h. des Primärrechts, handeln dürfen. Darüber hinaus verdeutlicht Art. 48 EUV, dass Vertragsänderungen nur nach Maßgabe dieser Vorschrift bzw. speziellerer Vorschriften erfolgen können, so dass hinsichtlich des Primärrechts die Mitgliedstaaten „Herren der Verträge“ bleiben[325]. Für die hier interessierende Praxis des Rates bedeutet dies, dass sie kein primärrechtliches Gewohnheitsrecht begründen kann.

Sekundäres Gewohnheitsrecht hingegen kann durch eine ständige Übung der Organe der Gemeinschaft oder durch die Praxis der Mitgliedstaaten oder durch ein übereinstimmendes Verhalten von Mitgliedstaaten und Gemeinschaft entstehen[326]. Hinsichtlich der inhaltlichen Anforderungen an das Gewohnheitsrecht auf sekundärrechtlicher Ebene gilt das gleiche wie bei auf anderem Wege entstandenem Sekundärrecht, d.h. es findet seine Grenze im Primärrecht.

Zu klären ist, wessen Rechtsüberzeugung für die Entstehung von sekundärrechtlichem Gewohnheitsrecht erforderlich ist: Außer Frage steht, dass mindestens die betreffenden Träger der Übung auch die Rechtsüberzeugung haben

---

[323] Vgl. Vitzthum, Völkerrecht-Kunig, Rn. 136.

[324] Vgl. dazu Vitzthum, Völkerrecht-Kunig, Rn. 131 ff.

[325] Vgl. zur Diskussion über die Mitgliedstaaten als Herren der Verträge Nicolaysen, Europarecht I, S. 156 ff.

[326] Vgl. Koenig/Haratsch, Europarecht, Rn. 259.

müssen. Fraglich ist, ob darüber hinaus auch die opinio iuris der Mitgliedstaaten hinsichtlich einer ständigen Übung eines Organes erforderlich ist.

Anders als bei der Entstehung primärrechtlichen Gewohnheitsrechts besteht bei der Entstehung sekundärrechtlichen Gewohnheitsrechts nicht die Gefahr, dass vertragsänderndes Gemeinschaftsrecht entstehen könnte, so dass der Willen der Mitgliedstaaten hier nicht zwingend notwendig erscheint. Zumindest in Bereichen, in denen die Organe ohne oder gegen den Willen der Mitgliedstaaten durch Rechtsakt handeln können, wird man daher auf die opinio iuris der Mitgliedstaaten verzichten können[327]. Die Defizitüberwachung nach Art. 104 EGV obliegt dem Rat und der Kommission. Die nach Maßgabe des Art. 104 EGV zu treffenden Beschlüsse treffen diese unabhängig vom Willen der Mitgliedstaaten. Dass sich der Rat aus Vertretern der Mitgliedstaaten zusammensetzt, ändert nichts an der Eigenständigkeit des Rats als Organ. Daher kann eine ständige Übung des Rates im Bereich des Defizitüberwachungsverfahrens nach Art. 104 EGV auch ohne die opinio iuris der Mitgliedstaaten zu sekundärrechtlichem Gewohnheitsrecht werden.

Im Folgenden soll untersucht werden, ob durch die bisherige Praxis des Rates bzw. der Mitgliedstaaten Vorgaben der Entschließung zu sekundärem Gewohnheitsrecht erstarkt sind.

Wegen der Zielsetzung der Arbeit ist der Untersuchungsgegenstand (primär) auf solche Vorgaben zu beschränken, die für die Ermessensausübung des Rates bei der Entscheidung nach Art. 104 Abs. 6 EGV relevant sind. Hierzu wird auf die in der Analyse der Entschließung gewonnenen Ergebnisse Bezug genommen[328]. Wie oben festgestellt, ergeben sich konkret auf die Ratsentscheidung nach Abs. 6 bezogene Vorgaben für den Rat in der Entschließung nur mittelbar über die Vorschriften bezüglich der Mitgliedstaaten. Hier ist die Verpflichtung der Mitgliedstaaten auf einen „nahezu ausgeglichenen Haushalt“[329] (3.) und die eingeschränkte Berufung auf Art. 2 Abs. 3 der VO 1467/97[330] (4.) relevant. Außerdem soll die für alle Verfahrensstufen relevante Verpflichtung des Rates auf eine strikte und rechtzeitige Durchführung aller relevanten Bestandteile des Pakts nach Nr. 1 der Entschließung (bezüglich der Vorgaben für den Rat) in der Ratspraxis untersucht werden (5.)

---

[327] Vgl. KOENIG/HARATSCH, Europarecht, Rn. 259.

[328] s.o. B)II)1).

[329] Entschließung, aaO. (Fn. 72), Nr. 1 der Bestimmungen bezüglich der Mitgliedstaaten.

[330] Entschließung, aaO. (Fn. 72), Nr. 7 der Bestimmungen bezüglich der Mitgliedstaaten.

3. Die Verpflichtung auf einen nahezu ausgeglichenen Haushalt in der Praxis

Hinsichtlich der Verpflichtung der Mitgliedstaaten auf einen ausgeglichenen Haushalt wurde bereits oben festgestellt, dass diese die Verpflichtung aus Art. 104 Abs. 1 EGV ändern würde, so dass der Rat sie nicht als Maßstab für die Feststellung eines übermäßigen Defizits heranziehen darf. Dies bedeutet auch, dass eine diesbezügliche Praxis kein wirksames sekundärrechtliches Gewohnheitsrecht begründen könnte. Ein diesbezügliches Gewohnheitsrecht wäre wegen des vertragsändernden Charakters nur primärrechtlich durch die ständige Praxis der Mitgliedstaaten zu begründen, nicht aber allein durch die Ratspraxis.

Der Vollständigkeit halber soll im Folgenden kurz untersucht werden, ob die Mit- gliedstaaten die Verpflichtung auf einen mindestens ausgeglichenen Haushalt als ständige Übung praktizieren. Dies lässt sich anhand der tatsächlichen Entwicklung der Defizitquote der Mitgliedstaaten ablesen sowie an den Zielen, die sich die Mitgliedstaaten in ihren Stabilitätsprogrammen bezüglich der Defizitquote setzen.

Betrachtet man die tatsächliche Entwicklung der Defizitquote der Mitgliedstaaten[331] des Euroraums, so zeigt sich, dass im Zeitraum von 1999 bis 2003 lediglich 1 teilnehmender Mitgliedstaat, nämlich Finnland, durchgehend einen vollständig ausgeglichenen bzw. einen Überschuss aufweisenden Haushalt hatte und 3 weitere Mitgliedstaaten, nämlich Belgien, Irland und Luxemburg einen beinahe durchgehend ausgeglichenen Haushalt vorweisen konnten.

Unter den 10 neuen Beitrittsländern, für die als Teilnehmer der 3. Stufe der WWU sowohl die hier relevanten Art. 104 Abs. 1 und Abs. 6 EGV seit dem 1.5.2004 gelten[332], wies 2003 lediglich ein Mitgliedstaat, nämlich Estland, einen ausgeglichenen bzw. einen Überschuss aufweisenden Haushalt auf.

Erweitert man die Untersuchung der mitgliedstaatlichen Praxis, indem man ihre in den Stabilitäts- bzw. Konvergenzprogrammen selbst gesetzten Haushaltsziele auf das Ziel eines ausgeglichenen bzw. einen Überschuss aufweisenden Haushalt hin untersucht, ergibt sich für die Mitgliedstaaten des Euroraumes folgendes Bild:

---

[331] Siehe Tabelle 1 im Anhang.

[332] Siehe zu den Ausnahmeregelungen für die neuen Mitgliedstaaten bereits oben Kap. 1 A)I)6.) „3. Stufe: Die Entscheidung über die Teilnahme".

In den Stabilitätsprogrammen[333], die für den Zeitraum 1998-2004 vorgelegt bzw. aktualisiert wurden, zeigt sich, dass lediglich zwei Mitgliedstaaten, nämlich Spanien und Finnland, in jedem Programm das Ziel eines ausgeglichenen bzw. einen Überschuss aufweisenden Haushalts für sich festlegten, mit leichten Einschränkungen auch Belgien. Umgekehrt fällt auf, dass Deutschland als einziger Mitgliedstaat des Euroraumes in seinen Programmen noch nie das Ziel eines ausgeglichenen bzw. einen Überschuss aufweisenden Haushalts festgelegt hat. Die Stabilitätsprogramme der übrigen Mitgliedstaaten des Euroraumes enthalten jeweils teilweise Zielangaben eines ausgeglichenen oder eines positiven Haushalts und teilweise Ziele, die einem defizitären Haushalt entsprechen.

In der Gruppe der neuen Mitgliedstaaten zeigt sich, dass in ihren nach dem Beitritt vorgelegten Konvergenzprogrammen lediglich ein Mitgliedstaat, nämlich Estland, für den Zeitraum 2003-2004 als Ziel eines ausgeglichenen bzw. einen Überschuss aufweisenden Haushalt festlegte. Lediglich zwei weitere Mitgliedstaaten, nämlich Lettland und Litauen haben zumindest ihr grundsätzliches Festhalten am Ziel eines ausgeglichenen Haushalts bekräftigt, ohne bereits eine Präzisierung in zeitlicher Hinsicht vorzunehmen.

Daraus ergibt sich, dass eine ständige Übung der Mitgliedstaaten hinsichtlich der Verpflichtung aus Nr. 1 der Entschließung bezüglich der Vorgaben für Mitgliedstaaten nicht gegeben ist und diesbezüglich kein Gewohnheitsrecht entstehen konnte.

4. Der schwerwiegende Wirtschaftsabschwung als Grundlage einer ausnahmsweisen Überschreitung der Defizitquote in der Praxis

Im Folgenden ist die Ratspraxis im Hinblick auf die eingeschränkte Berufung der Mitgliedstaaten[334] auf Art. 2 Abs. 3 der VO 1467/97 zu untersuchen. Als Grundlage dient die mögliche mittelbare Folge der mitgliedstaatlichen Verpflichtung für die Ratsentscheidung: Es ist denkbar, dass der Rat sich bei der Frage, wann ein ausnahmsweises Überschreiten der Defizitquote vorliegt, an einem Rückgang von mindestens 0,75 % des BIP auf Jahresbasis im Sinne von Nr. 7 der Entschließung bezüglich der Vorgaben an die Mitgliedstaaten orientiert. Unter welchen Bedingungen der Rat einen schweren Wirtschaftsab-

[333] Sämtliche Stabilitätsprogramme von 1998 bis 2004 aller Mitgliedstaaten stehen im Volltext auf den

Seiten der EU zum Abruf bereit:

http://europa.eu.int/comm/economy_finance/about/activities/sgp/scplist_en.htm.

[334] Gemäß Nr. 7 der Entschließung bezüglich der Vorgaben an die Mitgliedstaaten .

schwung feststellt bzw. eine ausnahmsweise Überschreitung der Defizitquote soll im Folgenden untersucht werden.

Dazu sind die bisher ergangenen Entscheidungen nach Art. 104 Abs. 6 EGV in Bezug zu setzen mit den jeweiligen Wachstumsraten des BIP[335].

Innerhalb der Mitgliedstaaten des Euroraumes hat der Rat insgesamt in 5 Fällen das Vorliegen eines übermäßigen Defizits festgestellt. In allen Fällen hat der Rat zumindest in allgemeiner Form die Berücksichtigung der Bemerkungen des jeweiligen Mitgliedstaates am Anfang der Entscheidung festgestellt[336]. Allerdings ergibt sich daraus noch kein Rückschluss darauf, ob solche Bemerkungen berücksichtigt wurden, die sich auf ein ausnahmsweises Überschreiten der Defizitquote beziehen. Vielmehr verdeutlicht der Rat durch die vorangestellte Wendung, dass der betreffende Mitgliedstaat von seinem Recht, Bemerkungen abzugeben, Gebrauch gemacht hat und der Rat dies berücksichtigt hat. Diese Bedeutung wird bestätigt durch die in allen Entscheidungen als Erwägungsgrund genannte Verpflichtung des Rates, evtl. Bemerkungen des Mitgliedstaates zu berücksichtigen, Art. 104 Abs. 6[337]. Insbesondere besagt die bloße Berücksichtigung von Bemerkungen nichts darüber, welche Wertung der Rat diesen Bemerkungen beigemessen hat.

Bevor die konkreteren Äußerungen des Rates zur ausnahmsweisen Überschreitung der Defizitquote analysiert werden, ist zunächst vorauszuschicken, dass die realen Wachstumsraten derjenigen Mitgliedstaaten, für die eine Entscheidung nach Art. 104 Abs. 6 EGV zu treffen war, in den betreffenden Jahren in 3 Mitgliedstaaten, nämlich Frankreich, Portugal und Griechenland positiv waren. In Deutschland war die Wachstumsrate geringfügig negativ (-0,1%). Lediglich in den Niederlanden lag mit -0,9% eine negative Wachstumsrate vor, die sich im Bereich des von Nr. 1 der Entschließung genannten Korridors von -0,75% bis -2,0% befindet.

Insgesamt zeigt sich, dass der Rat in allen zu entscheidenden Fällen trotz eines geringeren Rückgangs als 2% zumindest ausdrücklich festgestellt hat, dass kein Fall der ausnahmsweisen Überschreitung der Defizitquote vorliegt. Dies bedeutet, dass er ein ausnahmsweises Überschreiten grundsätzlich aber

---

335 Siehe Statistik zur Entwicklung der realen Wachstumsrate des BIP in der Eurozone im Anhang, Tabelle 2.

336 zB. „Having regard to the observations made by Germany“, Ratsentscheidung v. 21.1.2003 (2003/89/EC), S. 1.

337 z.B. „Article 104 (6) of the Treaty lays down that the Council should consider any observations which the Member State concerned may wish to make before the Council decides after an overall assessment whether an excessive deficit exists“, Ratsentscheidung v. 21.1.2003, s. Fn. 337.

auch bei einem geringeren Rückgang nicht per se für ausgeschlossen hält. Deutlich wird aber auch, dass der Rat den „schwerwiegenden Wirtschaftsabschwung" eng auslegt, d.h. mit dem Maßstab von mind. 2 % Rückgang, den Art. 2 Abs. 2 VO 1467/97 für die Kommission als Richtwert vorsieht: „ ... nor is it the result of a severe economic downturn in the sense of the Stability and Growth Pact, which is defined as a fall in real GDP of at least 2%."[338] Daraus ergibt sich, dass der Rat die Anforderungen an das Vorliegen eines „schwerwiegenden Wirtschaftsabschwungs" nicht durch die nach Art. 2 Abs. 3 erweiterte Basis bei der Berücksichtigung lockert. Die Tatsache, dass der Rat nach der Feststellung, dass kein schwerwiegender Wirtschaftsabschwung vorliegt, gar nicht mehr die Frage erörtert, ob in der Zusammenschau mit weiteren relevanten Umständen ein Fall der gleichwohl außergewöhnlichen Überschreitung vorliegt, könnte man dahin gehend verstehen, dass der Rat bei einem Rückgang von 0,9 % noch gar nicht die Möglichkeit einer „gleichwohl" vorliegenden Ausnahme gegeben sieht. Andererseits ist dieses Ergebnis nicht zwingend, da die weiter erfolgte Prüfung ebenso das Ergebnis einer nicht erfolgten Geltendmachung weiterer relevanter Umstände durch den Mitgliedstaat sein kann[339].

Insgesamt zeigt sich, dass der Rat bei seiner Formulierung der Entscheidung den Schwerpunkt auf die Klarstellung legt, dass die Überschreitung der Defizitquote nicht aufgrund eines außergewöhnlichen Ereignisses oder wegen eines schwerwiegenden Wirtschaftsabschwungs bedingt ist, d.h. die Kausalität steht im Vordergrund, während er die genauen Zahlen des Rückgangs des BIP nicht im einzelnen aufführt. Diese Prioritätensetzung bestätigt den bereits oben herausgearbeiteten Maßstab: Vorgabe für die Frage des Ausnahmetatbestands ist Art. 2 Abs. 1 der VO 1467/97, der mit dem „außergewöhnlichen Ereignis" und dem „schwerwiegenden Wirtschaftsabschwung" eine gewisse Schwere vorgibt, die nicht leichtfertig in der Anwendung unterlaufen werden darf.

Im Ergebnis kann damit keine ständige Übung des Rates dahingehend festgestellt werden, dass er einen schwerwiegenden Wirtschaftsabschwung bereits ab einem Rückgang von 0,75 % annimmt. Im Gegenteil definiert er einen schwerwiegenden Wirtschaftsabschwung, wie es Art. 2 Abs. 2 VO 1467/97 für die Kommission vorsieht, mit einem Mindestrückgang von 2 %. Zur Anforderung an einen „gleichwohl außergewöhnlichen" Rückgang ist die bisherige Praxis nicht aussagekräftig. Der Rat hat in allen Entscheidungen eine Ausnahme daran scheitern lassen, dass die Überschreitung nicht durch einen schweren Wirtschaftsabschwung bzw. ein außerordentliches Ereignis verursacht sah.

---

[338] Ratsentscheidung v. 3.6.2004 über das Vorliegen eines übermäßigen Defizits in den Niederlanden, 10143/04, S. 3, Erwägung 6.

[339] Die Teile der Ratsprotokolle, die sich auf die Äußerungen der Mitgliedstaaten beziehen, sind der Öffentlichkeit nicht zugänglich wegen besonderer Interessen der Mitgliedstaaten.

5. Die Verpflichtung auf eine strikte und rechtzeitige Durchführung aller relevanten Bestandteile des Pakts in der Praxis des Rats

Gemäß Nr. 1 der Entschließung bezüglich der Vorgaben für den Rat wird der Rat verpflichtet, alle für ihn relevanten Bestandteile des Pakts strikt und rechtzeitig durchzuführen; insbesondere soll er die Beschlüsse gemäß Art. 99 und 104 EGV so rasch wie möglich fassen.

Im Rahmen des Defizitüberwachungsverfahren hat der Rat bisher auf Empfehlungen der Kommission für einen Beschluss nach Art. 104 Abs. 6 EGV diesen auch jeweils innerhalb der vorgesehen Fristen gefasst. Allerdings gab es 2 Fälle, in denen der Rat im Rahmen der Verfahrensschritte nach Art. 104 Abs. 8 und Abs. 9 EGV trotz vorliegender Empfehlungen der Kommission keine entsprechenden Beschlüsse erlassen hat. Es handelt sich dabei um die Defizitverfahren gegen Deutschland und Frankreich, die im Folgenden vorgestellt werden sollen (a), um im Anschluss zu bewerten, ob der Rat durch die Nichtannahme der Beschlüsse gegen die Entschließung verstoßen hat (b).

a) Fallbeispiel: Der Beschluss des Rates vom 25.11.2003 bezüglich Frankreich und Deutschland

Zunächst wird der Ablauf der Defizitverfahren (1) und der Inhalt des Beschlusses dargestellt (2). im Anschluss daran wird die Entscheidung des EuGH vorgestellt (3). Da zum Zeitpunkt des zu untersuchenden Beschlusses und der vorhergehenden Verfahrensschritte die alte Fassung der VO 1467/97 galt, ist im Folgenden stets die Fassung von 1997 gemeint.

(1) Der Ablauf der Defizitverfahren

Nach Einleitung von Defizitverfahren gegen die Bundesrepublik Deutschland und Frankreich stellte der Rat für beide Mitgliedstaaten jeweils auf Empfehlung der Kommission gemäß Art. 104 Abs. 6 EGV fest, dass ein übermäßiges Defizit bestehe[340]. In beiden Fällen sprach der Rat gleichzeitig eine Empfehlung nach Abs. 7 aus, die jeweils eine möglichst schnelle Beendigung des Defizits durch verschiedene Maßnahmen beinhaltete und eine Frist[341] für die Vornahme der Maßnahmen bestimmte.

---

340 Entscheidung v. 21.1.2003 über das Bestehen eines übermäßigen Defizits in Deutschland, 2003/89/EG, ABl. L 34, S. 16; Entscheidung v. 3.6.2003 zum Bestehen eines übermäßigen Defizits in Frankreich, 2003/4b7/EG, ABl. L 165, S. 29.

341 Für Deutschland: 21.Mai 2003; für Frankreich: 3.Oktober 2003.

Nach Ablauf dieser Fristen richtete die Kommission an den Rat Empfehlungen[342], dass dieser gestützt auf Art. 104 Abs. 8 feststellen solle, dass die Mitgliedstaaten jeweils auf die Empfehlungen des Rates nach Abs. 7 keine wirksamen Maßnahmen vorgenommen hätten. Außerdem empfahl er dem Rat, gemäß Art. 104 Abs. 9 EGV eine Inverzugsetzung der beiden Mitgliedstaaten zu beschließen, mit der Maßgabe, dass sie Maßnahmen zum Abbau ihres Defizits treffen. Im Fall Frankreichs lautete die empfohlene Maßgabe, das übermäßige Defizit bis spätestens 2005 zu beenden und 2004 eine Reduzierung seines konjunkturbereinigten Haushaltsdefizits um 1 % des BIP zu erreichen.

Im Fall Deutschlands empfahl die Kommission die Maßgabe, dem übermäßigen Defizit bis spätestens 2005 ein Ende zu setzen und 2004 eines Verbesserung des konjunkturbereinigten Haushaltssaldos um 0,8 % des BIP zu erreichen.

Auf der Tagung des Ecofinrates am 25. November 2004 stimmte der Rat über die Empfehlungen der Kommission für die Entscheidungen des Rates nach Art. 104 Abs. 8 in Bezug auf Deutschland und Frankreich ab[343]. Die erforderliche Mehrheit wurde nicht erreicht, so dass die Entscheidungen nicht angenommen wurden.

(2) Der Inhalt des Beschlusses

Gleichzeitig nahm der Rat unter Anwendung der Abstimmungsregeln für eine Entscheidung nach Abs. 9 Schlussfolgerungen an, die inhaltlich für beide Mitgliedstaaten im wesentlichen übereinstimmende Regelungen enthalten:

Diese Schlussfolgerungen bestehen aus den zwei Folgenden Elementen: Zum einen gibt der Rat den Mitgliedstaaten Empfehlungen für Maßnahmen der Haushaltkonsolidierung auf, die aber nicht identisch mit den zuvor als Empfehlung nach Art. 104 Abs. 7 erlassenen sind. Diese Empfehlungen stützt der Rat nur zum Teil auf die Empfehlung der Kommission („im Lichte der Empfehlung der Kommission"). Darüber hinaus stützt er sich in beiden Fällen darauf, dass

---

[342] Bezüglich Deutschland: Empfehlung der Kommission vom 18.11.2003, Pressemitteilung der Kommission v. 18.11.2003, IP/03/1560; bezüglich Frankreich: Empfehlung der Kommission v. 8.10.2003, Pressemitteilung der Kommission v. 8.10.2003, IP/03/1353; Empfehlung der Kommission vom 21.10.2003, Pressemitteilung der Kommission vom 21.10.2003,IP/03/1420. Sämtliche Pressemitteilungen sind abrufbar unter http://europa.eu.int/rapid/searchAction.do.

[343] 2546. Tagung des Rates der Europäischen Union (Wirtschaft und Finanzen) vom 25.11.2003 in Brüssel, Protokoll v. 12.12.2003, 15272/03.

Abrufbar unter http://register.consilium.eu.int/pdf/de/03/st15/st15272.de03.pdf.

die Mitgliedstaaten öffentlich ihre Verpflichtung bekräftigt hätten, bis spätestens 2005 eine Defizitquote von unter 3% des BIP zu erreichen.

Das zweite wichtige Element der Schlussfolgerungen besteht darin, dass der Rat das Defizitverfahren „vorerst aussetzt". Er behält sich jedoch vor, eine Entscheidung nach Abs. 9 zu treffen, wenn die Mitgliedstaaten sich nicht an die Verpflichtungen gemäß der Schlussfolgerungen halten sollten.

(3) Entscheidung des EuGH

Die Kommission hat Klage erhoben beim EuGH gegen den Beschluss des Rates und beantragte, gem. § 230 EGV die Nichtannahme der Beschlüsse nach Abs. 8 und 9 für nichtig zu erklären sowie die Schlussfolgerungen des Rates, soweit sie sich auf eine Aussetzung des Verfahrens beziehen, für nichtig zu erklären.

Mit Urteil vom 13.7.2004 entschied der EuGH[344], dass die Klage unzulässig sei im Hinblick auf die beantragte Nichtigkeitserklärung der Nichtannahme. Außerdem erklärte er die Schlussfolgerungen hinsichtlich der Aussetzung des Verfahrens und der ändernden Wirkung gegenüber den Empfehlungen nach Abs. 7 für nichtig.

Im Folgenden soll lediglich die oben aufgeworfene Frage erörtert werden, ob die Nichtannahme der Beschlüsse gegen die Entschließung verstieß. Diese Frage wurde vom EuGH wegen der diesbezüglich fehlenden Zulässigkeit im Rahmen seiner Entscheidung nicht behandelt.

Zu weiteren Aspekten dieses Beschlusses - insbesondere in Bezug auf die Bedeutung für die Verfahrensrechte von Kommission und Rat - wird im Kontext mit dem Horizontalen Kompetenzgefüge zwischen Rat und Kommission (5. Kapitel) Stellung genommen.

b) Verstoß des Rates gegen die Entschließung

Durch die Nichtannahme könnte der Rat gegen die Verpflichtung der strikten und rechtzeitigen Durchführung des Pakts im Bezug auf mehrere Vorschriften der VO 1467/07 verstoßen haben:
Maßgeblich ist insbesondere die Zielsetzung der VO 1467/97, nach der die Be-

[344] EuGH Rs. C-27/04 (Kommission/Rat), Urteil v. 13.7.2004, ABl. C 228, S. 16 v. 11.9.2004, vollständiger Text des Urteils abrufbar auf der Homepage des EuGH unter: http://curia.eu.int/de/content/juris/index.htm.

stimmungen zur Beschleunigung und Klärung des Verfahrens das Ziel verfolgen, „gegebenenfalls auftretende Defizite unverzüglich zu korrigieren“ (Art. 1 Abs. 1 der VO). Vor diesem Hintergrund sind Fristenangaben in dieser Verordnung insgesamt grundsätzlich zu beachten und Ausnahmen eng auszulegen. Eine solche Fristenangabe enthält Art. 3 Abs. 4 S. 2 der Verordnung; danach soll innerhalb einer Empfehlung nach Abs. 7 die Frist zur Korrektur des übermäßigen Defizits im Regelfall so gewählt werden, dass die Korrektur im Jahr nach der Feststellung eines übermäßigen Defizits erfolgt, es sei denn, es liegen „besondere Umstände“ vor. Diese Regelung betrifft zwar in direkter Form nur die Empfehlung nach Abs. 7 selbst, ist jedoch mittelbar auch für die Bewertung der getroffenen Maßnahmen nach Abs. 8 und die Inverzugsetzung nach Abs. 9 von Bedeutung. Wenn - wie in diesem Fallbeispiel - der Rat zunächst die Korrektur für das Jahr nach der Defizitfeststellung verlangt, darf es bei der Bewertung dieser Maßnahmen nicht ins völlige Belieben des Rates gestellt werden, ob er die nächste Stufe des Verfahrens, hier die Inverzugsetzung nach Abs. 9 einleitet. Vielmehr wird die Frist zur Korrektur in den Empfehlungen nach Abs. 7 nur dann strikt angewandt, wenn die Vorgabe einer Defizitbeseitigung in dem Jahr nach der Feststellung auch ermessensleitend für das weitere Verfahren bleibt. Daraus folgt, dass für das Vorliegen „besonderer Umstände“ strenge Maßstäbe anzusetzen sind. Fraglich ist, ob sich der Rat bei der Bewertung der Maßnahmen auf solche besonderen Umstände berufen konnte.

Innerhalb der Schlussfolgerungen führt der Rat die für ihn bei der Haushaltsbewertung leitenden Erwägungen an: insbesondere stellt er darauf ab, dass die Erwartungen für das Wachstum in beiden Mitgliedstaaten nun deutlich niedriger seien als zum Zeitpunkt des Erlasses der Empfehlungen: im einzelnen sind die prognostizierten Wachstumsraten für Deutschland um 0,4 Prozentpunkte für 2003 und 2004 nach unten korrigiert worden und für Frankreich um 1 Prozentpunkt (für 2003) bzw. 0,6 Prozentpunkte (für 2004)[345]. Diese veränderten Prognosewerte hinsichtlich des Wachstums können nicht als Rechtfertigung für die Nichtannahme der Beschlüsse herangezogen werden. Dies ergibt sich aus einem Vergleich mit der Berücksichtigung eines Konjunkturabschwungs nach Art. 2 VO 1467/97: Ein solcher darf bei der Erstellung des Berichts nach Abs. 3 nur dann berücksichtigt werden, wenn das reale BIP binnen eines Jahres um mindestens 2 % zurückgegangen ist. Vorliegend hat sich die tatsächliche Entwicklung der Wachstumsrate des BIP[346] für Deutschland von 0,1 % im Jahr 2002 auf -0,1 % im Jahr 2003 verschlechtert; für Frankreich von 1,2 % (2002) auf 0,5 % (2003). In beiden Fällen betrug der tatsächliche Rückgang somit deutlich weni-

---

[345] Vgl. Schlussfolgerungen des Rates, 2546. Tagung des Rates der Europäischen Union (Wirtschaft und Finanzen) vom 25. November 2003 in Brüssel, Protokoll v. 12.12.2003 aaO. (Fn. 344), Erwägung unter 1) iii) S.2 und Erwägung 1) iii), S. 6.

[346] Siehe zu den Werten Tabelle 2 im Anhang.

ger als 2 % und würde einen Ausnahmetatbestand vom Vorliegen eines Defizits daher nicht begründen. Die bloße Divergenz zwischen den erwarteten Wachstumsraten zum Zeitpunkt des Erlasses der Empfehlungen und dem Zeitpunkt der Entscheidung über die Inverzugsetzung erfüllt nicht die Voraussetzungen „besonderer“ Umstände und führt nicht zur Rechtfertigung der Nichtvornahme.

Zwar verfügt der Rat grundsätzlich über ein Ermessen hinsichtlich der Bewertung der getroffenen Maßnahmen und der Vornahme einer Inverzugsetzung nach Abs. 8 bzw. 9. Die Interpretationswirkung der Entschließung ist durch die primärrechtlichen Vorgaben des Art. 104 begrenzt, so dass eine „strikte Durchführung“ und eine „unverzügliche Korrektur“ vom Rat nur verlangt werden können, wenn das grundsätzliche Ermessen, das Art. 104 EGV dem Rat bei der Vornahme von Entscheidungen einräumt, gewahrt wird.

Dieses Ermessen kann sich je nach Sachlage auf das Ob der Annahme eines Beschlusses über die Inverzugsetzung *und* das Wie dieses Verzuges, d.h. die Fristlänge und die Art der durchzuführenden Maßnahmen beziehen oder aber lediglich auf den letzteren Aspekt der Ausgestaltung des Inverzugsetzens. Im vorliegenden Fall verfügte der Rat über kein Entschließungsermessen mehr[347]. Der Rat selbst hielt die jeweils ergriffenen Maßnahmen für unzureichend. Gemäß Art. 10 Abs. 2 der VO 1467/97 trifft der Rat unverzüglich einen Beschluss nach Abs. 9, wenn die ergriffenen Maßnahmen nach seiner Auffassung unangemessen sind. Indem der Rat stattdessen andere Empfehlungen formulierte und in diesen längere Fristen einräumte, umging er das strikte Fortschreiten des Defizitverfahrens.

Der Rat hätte seine Wertung, dass die Frist für die Rückführung des Defizits um ein Jahr zu verlängern, vornehmen können, dann aber nach dem Ziel des Paktes nur im Rahmen einer Inverzugsetzung als „letzte Frist“ für die beiden Mitgliedstaaten. Andernfalls würde dem Rat eine beliebige Fristverschiebung ohne einen Fortschritt des Verfahrens ermöglicht. Gerade in dem rechtzeitigen Fortschritt des Verfahrens liegt aber das Mittel zur schnellstmöglichen Rückführung der Defizitquote.

---

[347] Zu diesem Ergebnis kommt auch Palm, Die Beschlüsse des Ecofinrates, S. 84, Rn. 32. A.A. Streinz/Ohler/Herrmann, Totgesagte leben länger - oder doch nicht?, S. 1557: die Unterscheidung zwischen „qualitativ“ und „quantitativ“ geeigneten Maßnahmen überzeugt nicht, da die quantitativ unzureichenden Maßnahmen das Erreichen einer Defizitquote unter 3 % in gleicher Weise erschwert, so dass das Ziel einer strikten und unverzüglichen Rückführung des Defizits nur durch eine Inverzugsetzung erreicht werden kann.

c) Ergebnis zu 5.)

Der Rat hat somit im Ergebnis durch die Nichtannahme der Beschlüsse nach Art. 104 Abs. 8 und 9 gegen die Verpflichtung aus dem Pakt zur strikten und rechtzeitigen Durchführung aller Bestandteile des Pakts gemäß der Entschließung (Nr. 1 der Vorschriften bezüglich des Rates) in Verbindung mit Art. 1 Abs. 1 und Art. 10 Abs. 2 der VO 1467/97 verstoßen.

6. Gesamtergebnis zu IV.)

Die oben untersuchten Regelungen der Entschließung wurden nicht durch die bisherige Praxis der Mitgliedstaaten bzw. des Rates bestätigt, sondern sogar hinsichtlich der Verpflichtung auf einen Überschuss aufweisenden Haushalt durch die Mitgliedstaaten und hinsichtlich der Verpflichtung zur rechtzeitigen und strikten Anwendung aller Bestandteile des Pakts durch den Rat verletzt.

Damit scheitert die gewohnheitsrechtliche Geltung der Vorgaben der Entschließung bereits an der fehlenden ständigen Übung.

5. Kapitel: Das horizontale Kompetenzgefüge zwischen Rat und Kommission als Grenze der Entscheidungsfreiheit

Im Folgenden soll untersucht werden, ob das Kompetenzgefüge zwischen Rat und Kommission der Entscheidungsfreiheit des Rates Grenzen zieht. Zunächst werden Grundsätze der Kompetenzverteilung daraufhin untersucht, ob sie ermessensbegrenzende Funktion haben erörtert.

Im Anschluss daran wird die kompetentielle Stellung von Rat und Kommission im EGV dargestellt, um dann die Besonderheiten der Kompetenzverteilung im Defizitüberwachungsverfahren zu analysieren. In diesem Rahmen wird insbesondere eine Auseinandersetzung mit der Funktion des Verfahrens als Sanktion der Verletzung der mitgliedstaatlichen Verpflichtung gemäß Art. 104 Abs. 1 EGV erfolgen.

A. Grundsätze und Reichweite der horizontalen Kompetenzverteilung

Zunächst ist zu erörtern, nach welchen Grundsätzen die horizontale Kompetenzverteilung funktioniert und inwiefern diese Grundsätze eine Funktion als Kontrollmaßstab für das Handeln der Organe haben. Dazu werden der Grundsatz der begrenzten Einzelermächtigung (I.) sowie das Prinzip des institutionellen Gleichgewichts (II.) untersucht.

I. Das Prinzip der begrenzten Einzelermächtigung

Zunächst ist das Prinzip der begrenzten Einzelermächtigung daraufhin zu untersuchen, ob es für die horizontale Kompetenzverteilung zwischen den Organen Grenzen zieht, die für die Ermessensausübung der Organe relevant sein könnten.

Nach dem Prinzip der begrenzten Einzelermächtigung bedürfen die Rechtsetzungsorgane der EG einer ausdrücklichen Kompetenzzuweisung im EGV: dies ergibt sich allgemein bereits aus Art. 249 Abs. 1 EGV, wonach der Rat und das Europäische Parlament gemeinsam, der Rat und die Kommission „nach Maßgabe dieses Vertrages" die dort vorgesehenen Rechtsakte erlassen[348]. Das Prinzip bezieht sich in Art. 5 EGV einerseits auf die Kompetenzverteilung im vertikalen

[348] Teilweise wird das Prinzip zusätzlich auf eine Auslegung der Art. 3, 7 Abs. 1, 202, 211 UAbs. 2 EGV gestützt, vgl. dazu die ausführliche Darstellung zur Herleitung bei KRAUSSER, Das Prinzip begrenzter Ermächtigung im Gemeinschaftsrecht des EWG-Vertrages, S. 16 ff.

Verhältnis zwischen der Gemeinschaft und den Mitgliedstaaten. Darüber hinaus ist es für das horizontale Kompetenzverhältnis in soweit von Bedeutung, als bei Vorliegen einer grundsätzlichen Verbandskompetenz der EG die richtige Kompetenzgrundlage für das handelnde Organ bestimmt werden muss. Über die Abgrenzung der Handlungszuständigkeit hinausgehende Regelungen für das Verhältnis zwischen den Organen lassen sich jedoch dem Prinzip selbst nicht entnehmen; die Besonderheit des Prinzips besteht gerade darin, auf die konkreten Bestimmungen zu den einzelnen Regelungsbereichen im EGV zu verweisen. Daher ist das Prinzip selbst nicht geeignet, der Entscheidungsfreiheit des Rates Grenzen zu ziehen.

II. Das Prinzip des institutionellen Gleichgewichts

Als weiterer Grundsatz ist das Prinzip des institutionellen Gleichgewichts daraufhin zu untersuchen, ob es geeignet ist, dem Ermessen des Rates Grenzen zu setzen. Dazu wird zunächst die Entwicklung des Prinzips durch den EuGH aufgezeigt (1.). Im Anschluss daran wird die Bewertung von Inhalt und Bedeutung des Prinzips in der Literatur vorgestellt (2.), um abschließend die Aussagekraft des Prinzips zu bewerten (3.).

1. Die Entwicklung des Prinzips durch den EuGH

Zunächst soll in einem Überblick dargestellt werden, in welchen Kontexten der EuGH in seiner Rechtsprechung das Prinzip des institutionellen Gleichgewichts als Maßstab der Rechtmäßigkeit von Handlungen der Organe angewendet hat. Dabei wird die Aufmerksamkeit auf die Grundlage und den Inhalt des Prinzips gelegt.

Die Entwicklung des Prinzips lässt sich in begrifflicher Hinsicht beschreiben als eine Entwicklung vom „Gleichgewicht der Gewalten“ zum Institutionellen Gleichgewicht, ohne dass dabei eine inhaltliche Veränderung des Prinzips erkennbar wäre:

In den Fällen Meroni I[349] und Meroni II[350] bezeichnet der EuGH das Gleichgewicht der Gewalten als für den organisatorischen Aufbau der Gemeinschaft

---

[349] EuGH, Rs. 9/56, Slg. 1958, S. 12 ff. (Meroni & CO./Hohe Behörde der Europäischen Gemeinschaft für Kohle und Stahl).

[350] EuGH, Rs. 10/56, Slg. 1958, S. 55 ff. (Meroni & CO./Hohe Behörde der Europäischen Gemeinschaft für Kohle und Stahl).

kennzeichnend und sieht darin eine „grundlegende Garantie“[351]. In diesen Urteilen bezieht sich der EuGH zur Begründung der Garantie des Gleichgewichts der Gewalten auf Art. 3 EWG[352], nach dem die genannten Ziele nicht nur für die Hohe Behörde gelten, sondern für alle Organe im Rahmen der jeweils zugewiesenen Befugnisse und im gemeinsamen Interesse.

In den beiden zitierten Urteilen zieht der EuGH die Garantie des Gleichgewichts der Gewalten als Prüfungsmaßstab heran bei der Frage, ob die Übertragung von Befugnissen durch die Hohe Behörde auf Einrichtungen[353], die nicht im Vertrag vorgesehen sind, rechtmäßig war.

Seit dem Urteil Einfuhr- und Vorratsstelle Getreide/Köster aus dem Jahr 1970[354] benutzt der EuGH den Begriff des Institutionellen Gleichgewichts, wobei er dieses Prinzip ohne Abgrenzung zu dem vorher verwandten Begriff des Gleichgewichts der Gewalten verwendet und auch inhaltlich keinen Unterschied erkennen lässt: Insbesondere dient das Prinzip wie schon in den ersten vorgestellten Urteilen als Maßstab der Rechtmäßigkeit „unter den Gesichtspunkten des Verhältnisses der Organe zueinander und der Ausübung ihrer jeweiligen Befugnisse“[355]. Der Sache nach ging es um die Vereinbarkeit eines Verfahrens, das in einer Verordnung des Rates über die schrittweise Errichtung einer gemeinsamen Marktorganisation für Getreide[356] vorgesehen war, mit dem Gemeinschaftsrecht.

Im Urteil Roquette Frères/Rat aus dem Jahr 1980[357] wendet der EuGH das Prinzip des Institutionellen Gleichgewichts an, um die Anforderungen an die ordnungsgemäße Anhörung des Parlaments zu bewerten: Der EuGH benutzt hierbei das Institutionelle Gleichgewicht als Maßstab dafür, dass das Anhörungsrecht eine wesentliche Formvorschrift darstellt, deren Missachtung die Nichtigkeit der betroffenen Handlung zur Folge hat[358].

---

[351] EuGH, Rs. 9/56, Slg. 1958, S. 44; EuGH, Rs. 10/56, Slg. 1958, S. 82.

[352] Dieser entspricht im wesentlichen dem geltenden Art. 3 EGV.

[353] Konkret handelte es sich um das „Gemeinsame Büro der Schrottverbraucher“ und die „Ausgleichskasse für eingeführten Schrott“.

[354] EuGH, Rs. 25/70, Slg. 1970, S. 1161 ff. (Einfuhr- und Vorratsstelle Getreide/Köster).

[355] EuGH, Rs. 25/70, aaO., Rn. 4.

[356] Verordnung Nr. 19 des Rates über die schrittweise Errichtung einer gemeinsamen Marktorganisation für Getreide vom 4. April 1962 (ABl. 1962, S. 933)

[357] EuGH, Rs. 138/79, Slg. 1980, S. 3333 ff. (Roquette Frères/Rat).

[358] EuGH, Rs. 138/79, aaO., Rn. 33.

Im Urteil Europäisches Parlament/Rat der Europäischen Gemeinschaften aus dem Jahr 1990[359] bestätigt sich die inhaltliche Entsprechung vom Gleichgewicht der Gewalten und dem Institutionellen Gleichgewicht dadurch, dass der EuGH das Institutionelle Gleichgewicht als ein System der Zuständigkeitsverteilung zwischen den verschiedenen Organen der Gemeinschaft definiert, das jedem Organ seinen eigenen Auftrag innerhalb des institutionellen Gefüges der Gemeinschaft und bei der Erfüllung der diesem jeweils übertragenen Aufgaben zuweist[360]. Darüber hinaus wird die Reichweite des Prinzips gegenüber den bisherigen Urteilen dahingehend erweitert, dass „jedes Organ seine Befugnisse unter Beachtung der Befugnisse der anderen Organe ausübt". Außerdem stellt der EuGH fest, dass Verstöße gegen das Prinzip justitiabel sind[361] und leitet in diesem Urteil aus dem Institutionellen Gleichgewicht eine Klagebefugnis des Parlaments wegen möglicher Verletzung seiner Rechte bei der Beteiligung am Gesetzgebungsverfahren ab, welche zum damaligen Zeitpunkt noch nicht im Vertrag ausdrücklich geregelt war[362].

Im Urteil Parlament/Rat aus dem Jahr 1995[363], in dem es ebenfalls um die ordnungsgemäße Anhörung des Parlaments geht, bekräftigt der EuGH mit Berufung auf das besprochene Urteil aus dem Jahr 1990, dass die wirksame Beteiligung des Parlaments am Gesetzgebungsverfahren ein „wesentliches Element des vom Vertrag gewollten institutionellen Gleichgewichts" darstelle[364].

Insgesamt zeigt sich, dass der EuGH das Prinzip des Institutionellen Gleichgewichts als Maßstab der Rechtmäßigkeit von Organhandlungen heranzieht, ihm also normativen Charakter beimisst.

2. Die Bewertung des Prinzips in der Literatur

Im Folgenden soll untersucht werden, wie das vom EuGH geprägte Prinzip des Institutionellen Gleichgewichts von der Literatur bewertet wird.

---

[359] EuGH, Rs. C-70/88. Slg. 1990, S. 2041 ff. (Europäisches Parlament/Rat der Europäischen Gemeinschaft).

[360] EuGH, Rs. C-70/88, aaO., S. 2041.

[361] Zur Justitiabilität siehe unten Kap. 6.

[362] Seit dem Vertrag von Nizza ist das Parlament gemäß § 230 Abs. 2 EGV zur Erhebung der Nichtigkeitsklage berechtigt.

[363] EuGH, Rs. C-21/94, Slg. 1995, S. 1827 ff. (Europäisches Parlament/Rat der Europäischen Union).

[364] EuGH, Rs. C.21/94, aaO., Rn. 17.

Teilweise[365] wird dem Institutionellen Gleichgewicht keine normative Qualität beigemessen. Die fehlende Normativität wird auf zwei Argumente gestützt: zum einen handle es sich bei dem institutionellen Rechtsbegriff überhaupt nicht um einen Rechtsbegriff; zum anderen sei die Bezeichnung des institutionellen Gefüges als „Gleichgewicht" unzutreffend.

Ad 1: Die Autoren, die im Institutionellen Gleichgewicht keinen Rechtsbegriff sehen, begründen dies damit, dass der Begriff des institutionellen Gleichgewichts lediglich den status quo beschreibe, der sich aus allen Normen ergibt, die das Verhältnis der Organe zueinander regeln[366]. Normativer Maßstab für die Rechtmäßigkeit von Organhandlungen seien daher allein die speziellen Vorschriften für die Organe und Entscheidungsverfahren[367]. Wenn überhaupt eine rechtliche Bedeutung des Institutionellen Gleichgewichts angenommen werden könne, dann bestehe diese in der verfassungspolitischen Zielsetzung ohne normativen Charakter[368].

Ad 2: Der Begriff des Institutionellen Gleichgewichts tauge schon aus dem Grund nicht als Rechtsbegriff, dass die Verteilung der Befugnisse zwischen den Organen bisher keine gleichgewichtigen Beziehungen erzeuge[369].

Demgegenüber gibt es Autoren, die grundsätzlich die Bedeutung des Institutionellen Gleichgewichts als Grenze für Maßnahmen der Organe, die zu Gewichtsverschiebungen führen, anerkennen. Dabei wird die begrenzende Funktion teilweise[370] darin gesehen, die Hauptorgane daran zu hindern, durch einseitige oder einverständliche Maßnahmen Gewichtsverschiebungen zu bewirken, die wesentliche Veränderungen darstellen würden.

Teilweise[371] wird die Bedeutung des Institutionellen Gleichgewichts dahingehend verstanden, dass bei jeder Auslegung des Gemeinschaftsrechts die Richtung der Positionsentwicklung der EG-Institutionen im Gesamtverfassungsgefüge zu berücksichtigen sei. Außerdem seien Struktur- und Funktionsverschie-

---

365 Vgl. HUMMER, Das institutionelle Gleichgewicht als Strukturdeterminante der Europäischen Gemeinschaften, S. 485; SCHWARZE, EUV/EGV-HATJE, Art. 7 EGV, Rn. 21;GROEBEN/THIESING/EHLERMANN, EUV/EGV-BIEBER, 5. Aufl., Art. 4 EGV,Rn. 8; GROEBEN/SCHWARZE, EGV-BIEBER, 6. Aufl., Art. 7 EGV, Rn. 66.

366 Vgl. SCHWARZE, EUV/EGV-HATJE, Art. 7 EGV, Rn. 21.

367 Vgl. SCHWARZE, EUV/EGV-HATJE, Art. 7 EGV, Rn. 21; GRABITZ/HILF, EUV/EGV-NETTESHEIM, Art. 4 EGV, Rn. 6;

368 Vgl. GROEBEN/SCHWARZE, EUV/EGV-BIEBER, Art. 7 EGV, Rn. 66.

369 Vgl. GROEBEN/SCHWARZE, ebenda.

370 Vgl. HILF, Die Organisationsstruktur der Europäischen Gemeinschaften, S. 314.

371 Vgl. BERNHARDT, Verfassungsprinzipien-Verfassungsgerichtsfunktionen-Verfassungsprozeßrecht im EWG-Vertrag, S. 109 f.

bungen in den vorgezeichneten Bahnen zu halten, miteinander in Einklang zu bringen und zu erhalten.

3. Stellungnahme zur Aussagekraft des Prinzips

Um die Aussagekraft des Prinzips des Institutionellen Gleichgewichts zu erörtern, soll der gleiche Ausgangspunkt gewählt werden, der auch der Rechtsprechung des EuGH zu Grunde lag, nämlich der Grundsatz des Gleichgewichts der Gewalten.

Zunächst ist zu prüfen, ob das Gleichgewicht der Gewalten, das der staatsrechtlichen Konzeption der Gewaltenteilung entstammt, ein tauglicher Ansatz für die Regelung des Verhältnisses zwischen Organen der EG sein kann.

Das staatsrechtliche Prinzip der Gewaltenteilung kann jedenfalls nicht in einem „organischen" Sinne analog auf das Gemeinschaftsrecht angewandt werden, da im Gemeinschaftsrecht eine klare Zuordnung der Gemeinschaftsorgane zu den Gewalten Legislative, Exekutive und Judikative wegen des besonderen Kompetenzgefüges des Gemeinschaftsvertrages nicht möglich ist: Die gemeinschaftsrechtliche funktionelle Integration unterliegt nicht den gleichen Gesetzlichkeiten der Legitimation, der Willensbildung, des Vollzugs und der Kontrolle, die für die Wahrnehmung öffentlicher Staatsaufgaben maßgeblich sind[372]. Das ergibt sich insbesondere daraus, dass die Kompetenzverteilung im Gemeinschaftsrecht einerseits den Bedarf der Mitgliedstaaten an der Mitwirkung und am Schutz ihrer Interessen zu berücksichtigen hat und andererseits den Erfordernissen einer staatenübergreifenden Rechtsetzung und Administration entsprechen muss. Zudem sind die in den Gründerstaaten verankerten Prinzipien der Demokratie und der Rechtsstaatlichkeit für die Organisationsstruktur der Gemeinschaften prägend[373].

Der entscheidende Hebel für die Bedeutung der Gewaltenteilung im Gemeinschaftsrecht ist daher nicht in einer grundgesetzintrovertierten Übernahme[374] des Grundsatzes in das EG-Recht zu sehen. Die Ablehnung einer Analogie eines organbezogenen Verständnisses der Gewaltenteilung bedeutet nicht a priori, dass der Gewaltenteilung im Gemeinschaftsrecht keine Bedeutung zukommt. Vielmehr könnte sich die Bedeutung im Gemeinschaftsrechts aus den Funktionen der Gewaltenteilung ergeben.

---

[372] Vgl. Ipsen, Gemeinschaftsrecht, S. 319.

[373] Vgl. Nicolaysen, Europarecht I, S. 181.

[374] Ipsen, Gemeinschaftsrecht, ebenda.

Die ursprüngliche Funktion der Gewaltenteilung im Sinne von Montesquieu[375] liegt darin, dass sie ein notwendiges Mittel zur Bändigung öffentlicher Gewalt darstellt, die zur Freiheitsbewahrung und zur Rechtsstaatlichkeit führt. In der amerikanischen Verfassung fand dieses Prinzip erstmals seinen Niederschlag in einem staatsrechtlichen System der „checks and balances", das die Bürger gegen jegliche Vereinigung unkontrollierter Macht in einer einzigen Staatsgewalt schützte[376]. Daraus ergibt sich die Funktion der Gewaltenteilung, den demokratischen Charakter der Rechtsordnung zu unterstützen.

Ein System von „checks and balances" im Sinne einer rechtsstaatlichen Funktion der Gewaltenhemmung findet sich auch im Gemeinschaftsrecht wieder-wenn auch in anderer Form als nach der staatsrechtlichen Einteilung in Legislative, Exekutive und Judikative.

Im Gemeinschaftsrecht bestehen mehrere Mittel zur Verwirklichung der teilweise als Strukturprinzip bezeichneten Gewaltenteilung[377]: Die beschränkte Kompetenzzuweisung und die Wahrung der Rechtsstaatlichkeit unter der Kontrolle einer unabhängigen Gerichtsbarkeit gehören ebenso dazu wie die Verschränkung des Willensbildungs- und Entscheidungsprozesses zwischen Kommission und Rat, die durch die polaren Interessen zwischen den Mitgliedstaaten und den bei der Kommission angesiedelten Gemeinschaftszielen zugleich eine Absicherung gegen jede Art von Alleinherrschaft darstellen[378].

Als Zwischenergebnis kann festgehalten werden, dass die Gewaltenteilung im Gemeinschaftsrecht im Sinne einer rechtsstaatlichen Funktion der Gewaltenhemmung gilt und durch gemeinschaftsrechtliche Mittel verwirklicht wird.

Darauf aufbauend ist die Frage zu erörtern, inwiefern darüber hinaus von einem Gleichgewicht der Gewalten im Gemeinschaftsrecht ausgegangen werden kann.

Legt man nach den Erwägungen oben ein funktionales Verständnis der Gewaltenteilung zu Grunde, bedeutet ein Gleichgewicht der Gewalten nicht, dass allen agierenden Organen der gleiche Anteil an Macht zukommt („Machtgleichgewicht"), sondern dass durch die Gesamtheit der Verfahrensregelungen und Kompetenzzuweisungen in den Verträgen ein System von „checks and balances" zwischen den Organen etabliert wird.

---

[375] De l'esprit des lois, 1748, Buch XI, Kap. 6.

[376] Vgl. Lenaerts, Some reflections on the separation of powers in the european community, S. 12.

[377] Vgl. Ipsen, Gemeinschaftsrecht, S. 320.

[378] Vgl. Nicolaysen, Europarecht I, S. 182.

Würde man die Bedeutung eines solchen Systems darauf reduzieren, dass es eine Momentaufnahme der jeweils geltenden Verfahrensregeln ist, diese also nur beschreibt, könnte die konkrete Handlung eines Organes nicht am Maßstab dieses Systems gemessen werden. Wenn aber nur die einzelnen speziellen Regelungen zur Prüfung der Rechtmäßigkeit herangezogen werden, ist keine optimale Auslegung nach dem Grundsatz des „effet utile“ möglich, da gerade bei der möglichen Vielgestaltigkeit der tatsächlichen Maßnahmen eine Bewertung der Rechtmäßigkeit nicht direkt aus einer Spezialregelung ablesbar ist, sondern eine Auslegung nötig ist, bedarf es eines übergeordneten Maßstabs, der vom Gesamtgefüge des Organverhältnisses geprägt ist und dem Einzelfall übergeordnet ist.

Als ein solcher übergeordneter Maßstab eignet sich das Gleichgewicht der Institutionen im Sinne einer organadäquaten Funktionenverteilung, wie es durch den Gemeinschaftsvertrag, durch Verfahren und Regelungen zur Legitimation etabliert wird. Das Institutionelle Gleichgewicht in diesem Sinne darf wegen der im Gemeinschaftsvertrag angelegten Entwicklungsmöglichkeit der Struktur-, Legitimations-, und Verfahrensregeln bezüglich der einzelnen Organe nicht als statischer Begriff verstanden werden, sondern als „dynamisches Gleichgewicht“, das bei Änderungen im gemeinschaftsrechtlichen System der Funktionenzuordnung neu zu bestimmen ist.

4. Zwischenergebnis und weiterer Gang der Prüfung

Nach dem Ergebnis der vorangegangen Stellungnahme ist das Institutionelle Gleichgewicht ein tauglicher normativer Maßstab zur Bewertung, ob das Handeln eines Organes rechtmäßig ist. Kriterien dieses Maßstabs sind das jeweils geltende System der Funktionenverteilung zwischen den Organen, sowie die Struktur- und Legitimationsregeln und die Verfahrensvorschriften, die im zu prüfenden konkreten Fall einschlägig sind. Das durch diese Kriterien aufgespannte System von „checks and balances“ ist Grundlage der Rechtmäßigkeitsprüfung.

Um die Aussagekraft des Prinzips des Institutionellen Gleichgewichts im Verhältnis von Rat und Kommission bei der Feststellung des übermäßigen Defizits zu bestimmen, ist daher zu untersuchen, welches System sich konkret für das Kompetenzverhältnis von Kommission und Rat ergibt. Dazu sind die einzelnen oben genannten allgemeinen Kriterien im konkreten Falle zu untersuchen, so dass sich folgender Gang der Prüfung ergibt: Zunächst soll ein Überblick über die Funktionen und die Stellung von Kommission und Rat in der Gemeinschaftsstruktur gegeben werden (B). Im nächsten Schritt werden dann die Kompetenzverhältnisse in der Wirtschaftspolotik analysiert (C): Hierbei sollen die Besonderheiten der Kompetenzverhältnisse im Defizitüberwachungsverfahren durch einen Vergleich mit dem Multilateralen Überwachungsverfahren nach Art. 99 EGV erarbeitet werden. Insbesondere werden die Funktionen der beiden Verfahren in den Kontext zu der jeweiligen prozeduralen Rolle von Kommission und Rat gesetzt.

B. Funktionen und Stellung in der Gemeinschaftsstruktur

Zunächst werden in einer Übersicht die Funktionen und die Stellung von Kommission und Rat in der Gemeinschaftsstruktur vorgestellt, mit dem Ziel, funktionale Unterschiede und Gemeinsamkeiten zu filtrieren.

I. Kommission

Gemäß Art. 211 EGV wird die Kommission tätig, um das ordnungsgemäße Funktionieren und die Entwicklung des Gemeinsamen Marktes zu gewährleisten. Aus den zentralen Aufgaben, die Art. 211 EGV der Kommission zuweist[379], sollen im Folgenden die wesentlichen Funktionen der Kommission entwickelt werden.

1. Die Vertretung des Gemeinschaftsinteresses

Da die Mitglieder der Kommission auf das allgemeine Wohl der Gemeinschaft verpflichtet sind (Art. 213 Abs. 2 S. 1 EGV), vertritt die Kommission originär die Interessen der Gemeinschaft. Mitgliedschaft und Willensbildung sind von den Mitgliedstaaten abgelöst[380], so dass die Kommission auch als „supranationales" Gemeinschaftsorgan bezeichnet werden kann[381].

---

379 Die Auflistung der Aufgaben in Art. 211 EGV ist nicht abschließend: Detaillierte Aufgaben werden der Kommission u.a. durch folgende Einzelbestimmungen übertragen: Art. 85, 88, 133, 282, 302 EGV, 27, 36 Abs. 2 EUV.

380 Vgl. Herdegen, Europarecht, Rn. 133; Streinz, EUV/EGV-Kugelmann, Art. 211 Rn. 4.

381 Vgl. Nicolaysen, Europarecht I, S. 199 mit Verweis auf die ausdrückliche Regelung des früheren Art. 9 EGKSV für die damalige „Hohe Behörde".

2. Kontrolle der Einhaltung des Gemeinschaftsrechts

Eine wesentliche Aufgabe der Kommission liegt darin, die Einhaltung des Gemeinschaftsrechts zu überwachen und zwar gemäß Art. 211 1. Spiegelstr. EGV sowohl das primäre Gemeinschaftsrecht als auch das sekundäre Gemeinschaftsrecht. Adressaten der Kontrolle sind diejenigen Rechtssubjekte, die an das Gemeinschaftsrecht gebunden sind, also die Mitgliedstaaten, Privatrechtssubjekte und andere Gemeinschaftsorgane. Dabei stehen der Kommission präventive und repressive Mittel zur Ausübung der Kontrolle zur Verfügung.

a) Präventiv

Eine präventive Kontrolle kann die Kommission dadurch ausüben, dass sie die betroffenen Rechtssubjekte darüber informiert, wie das Gemeinschaftsrecht anzuwenden ist. Dies geschieht in der Praxis durch die Verabschiedung von Mitteilungen, in denen die Kommission ihre Interpretation und Anwendung von gemeinschaftsrechtlichen Vorschriften darlegt. Außerdem stehen der Kommission Mittel der Kooperation zur Verfügung, um Verstöße gegen das Gemeinschaftsrecht zu verhindern, wie dies beispielsweise bei der Notifizierung von Beihilfen (Art. 88 Abs. 3 EGV) der Fall ist: Gemäß Art. 96 Abs. 1 EGV ist die Kommission verpflichtet zur Zusammenarbeit mit den Mitgliedstaaten, indem die Mitgliedstaaten bereits zur Anmeldung geplanter Normen mit Bezug zum Binnenmarkt verpflichtet werden[382], um schon während des Gesetzgebungsverfahrens eine Prüfung durch die Kommission zu ermöglichen.

b) Repressiv

Darüber hinaus stehen der Kommission auch Mittel zur Verfügung, Verletzungen des Gemeinschaftsrechts gegen den Willen bzw. den Widerstand der betroffenen Rechtssubjekte zu beseitigen. Hierzu kann sie im Verhältnis zu Handlungen der Mitgliedstaaten gemäß Art. 226 EGV ein Vertragsverletzungsverfahren einleiten oder gegenüber den Mitgliedstaaten bzw. in Ausnahmefällen auch gegenüber Privatrechtssubjekten[383] verbindliche Entscheidungen treffen.

---

[382] Richtlinie 98/34/EG, ABl. 1998 L 204/37.

[383] Insbesondere im Rahmen des Beihilfrechts hat die Kommission gemäß Art. 81 ff. EGV, der KartellVO Nr. 17 und der FusionskontrollVO das Recht, gegen Unternehmen vorzugehen.

c) Maßstäbe für die Wahl des Mittels

Neben der Geltung der Grundsätze eines fairen rechtsstaatlichen Verfahrens, das für die Kommission gleichermaßen wie für die anderen Gemeinschaftsorgane bei der Ausübung ihrer Befugnisse von Bedeutung ist, muss die Kommission vor der Ergreifung repressiver Maßnahmen gegenüber den Mitgliedstaaten das Prinzip der loyalen Zusammenarbeit beachten. Dieses Prinzip, das der EuGH auf der Basis von Art. 10 EGV entwickelte[384], gilt auch im Verhältnis zwischen den EG-Organen[385]. Dies wird in der Schlussakte der Konferenz von Nizza ausdrücklich betont[386]. Nach der Rechtsprechung des EuGH[387] erfordert dies ein vertrauensvolles Zusammenwirken der Kommission mit den Mitgliedstaaten. Diese Rücksichtnahme kann die Kommission durch die Anwendung der oben genannten präventiven Mittel der Kontrolle ausüben oder durch andere Formen der Kooperation mit dem Mitgliedstaat, beispielsweise im Vorfeld eines Vertragsverletzungsverfahrens. Nach der Erklärung in der Schlussakte können das Europäische Parlament, die Kommission und der Rat interinstitutionelle Vereinbarungen schließen, wenn es für die loyale Zusammenarbeit nötig ist, die Anwendung des EGV zu erleichtern, wobei dies nicht zu einer Änderung bzw. Ergänzung der Vertragsbestimmungen führen darf. Solche Vereinbarungen bedürfen der Zustimmung durch die drei genannten Organe[388].

d) Funktion der Kontrolle gegenüber dem Rat?

Abschließend ist im Rahmen der Kontrollfunktion der Kommission noch eine etwaige Bedeutung dieser Funktion im Verhältnis zum Rat zu klären. Das Kontrollmittel des Vertragsverletzungsverfahrens steht der Kommission gemäß Art. 226 EGV ausdrücklich nur gegenüber Akten der Mitgliedstaaten zur Verfügung, nicht aber gegenüber den anderen Gemeinschaftsorganen. Darüber hinaus sieht der Gemeinschaftsvertrag keine Kontrollbefugnis der Kommission gegenüber Akten des Rates in der Form verbindlicher Entscheidungen vor. Damit beschränkt sich die Rolle der Überwachung von Gemeinschaftsrecht durch die Kommission gegenüber Handlungen des Rates darauf, dass sie die Nichtigkeits-

---

[384] EuGH, Rs. 54/81, Slg. 1982, S. 1449, 1463 (Fromme/Balm); Rs 230/81, Slg 1983, S. 255 (Luxemburg/Parlament); Rs. 240/86, Slg. 1988, S. 1835, 1858 (Kommission/Griechenland).

[385] EuGH Rs. 204/86, Slg. 1988, S. 5323 Rn. 16 (Griechenland/Rat); Rs. C-65/93, Slg. 1995, I-643, Rn. 23 (Europäisches Parlament/Rat); Streinz, EUV/EGV-Streinz, Art. 10 Rn. 7.

[386] Schlussakte der Konferenz von Nizza v. 26.2.2001,3. Erklärung zu Art. 10 EGV, ABl. 2001, L 70-76. Nr. 2.

[387] EuGH Rs. 204/86, Slg. 1988, S. 5323 Rn. 16 (Griechenland/Rat); Rs. C-65/93, Slg. 1995, I-643, Rn. 23 (Europäisches Parlament/Rat).

[388] Schlussakte der Konferenz von Nizza, aaO.

klage beim EuGH erheben könnte (Art. 230 Abs. 2 EGV). Gegenüber dem Vertragsverletzungsverfahren, in dem die Kommission in einem außergerichtlichen Vorverfahren eigenständig die Kontrolle des Gemeinschaftsrechts ausübt, ist der Kommission im Rahmen der Nichtigkeitsklage keine besondere Kontrollfunktion zugewiesen: vielmehr ist sie neben den Mitgliedstaaten, dem Europäischen Parlament und dem Rat lediglich ein Gemeinschaftsorgan mit Parteifähigkeit gemäß Art. 230 Abs. 2 EGV.

Im Verhältnis zum Rat hat die Kommission somit keine besondere Kontrollbefugnis.

3. Rolle im gemeinschaftlichen Rechtsetzungsverfahren

Es soll untersucht werden, wie die funktionelle Rolle der Kommission in dem herkömmlichen Rechtsetzungsverfahren, dem Verfahren der Zusammenarbeit (Art. 252 EGV) und dem Mitentscheidungsverfahren (Art. 251 EGV) ausgestaltet ist. Zunächst soll das Vorschlagsrecht bzw. das Vorschlagsmonopol der Kommission vorgestellt werden (a). Im Anschluss daran sollen die Auswirkungen des Vorschlagsmonopols im weiteren Rechtsetzungsverfahren erörtert werden (b); dabei steht die Frage der Abänderbarkeit des Vorschlages durch den Rat im Mittelpunkt.

a) Vorschlagsrecht und Monopol

Bei dem Erlass von Rechtsakten der Gemeinschaft hat grundsätzlich die Kommission das alleinige Recht, das Verfahren zur Normsetzung zu initiieren: Dies ergibt sich aus den Regelungen der jeweiligen Kompetenznormen, die einen Vorschlag der Kommission vorschreiben[389] oder durch Verweis auf die Art. 251 Abs. 2 UAbs. 2 und Art. 252 lit. a) EGV, die das Vorschlagserfordernis für das Verfahren der Mitentscheidung und der Zusammenarbeit festlegen.

Dieses grundsätzliche Initiativmonopol erfährt folgende Durchbrechungen bzw. Modifikationen:

Im Bereich Visa, Asyl und Einwanderung konnte bis zum 30.4.2004 neben der Kommission auch ein Mitgliedstaat die Rechtsetzung initiieren (Art. 67 Abs. 1). Nach Ablauf dieser Übergangszeit hat nunmehr die Kommission das alleinige Vorschlagsrecht, allerdings mit der Modifikation, dass sie jeden Antrag eines Mitgliedstaates auf einen Vorschlag prüfen muss.

---

[389] Z.B. Art. 37 Abs. 2 UAbs. 3 EGV; Art. 49 Abs. 2 EGV.

Ein paralleles Initiativrecht von Kommission und Mitgliedstaaten gibt es außerdem in den Bereichen der intergouvernementalen Zusammenarbeit[390], dort auch in Bezug auf Vertragsänderungen (Art. 48 Abs. 1 EUV).

Die Abweichungen vom Initiativmonopol im Bereich der WWU werden unten gesondert behandelt.

Eine Abschwächung erfährt das Initiativmonopol der Kommission insoweit, als der Rat gemäß Art. 208 EGV die Kommission auffordern kann, Untersuchungen vorzunehmen und ihm entsprechende Vorschläge zu unterbreiten. Die Aufforderung muss inhaltlich zur Verwirklichung der „gemeinsamen Ziele" geeignet sein. Darunter fallen die Ziele der EU (Präambel und Art. 2 EUV) und der EG (Art. 2 bis 4 EGV)[391]. Fraglich ist, inwieweit das Aufforderungsrecht des Rates gegenüber der Kommission Bindungswirkung entfaltet. Der Wortlaut des Art. 208 EGV legt zwar nicht eindeutig eine rechtliche Bindungswirkung fest, allerdings weisen die Ausdrücke „Untersuchungen vorzunehmen" und „Vorschläge zu unterbreiten" eher auf eine Pflicht der Kommission hin, die über die Anforderungen des bloßen Prüfens eines entsprechenden Antrags - wie es in Art. 67 Abs. 2 1. Spiegelstr. gefordert wird - hinausgeht[392]. Hinsichtlich des Grades der Bindungswirkung ist zu differenzieren zwischen der Frage, ob die Kommission überhaupt tätig werden muss und der Frage, in welcher Weise sie der Aufforderung nachkommt. Bezüglich des „Ob" des Tätigwerdens wird in der Lehre überwiegend vertreten, dass die Kommission verpflichtet ist, einer Aufforderung des Rates nachzukommen[393]. Das Ermessen der Kommission über das Ob des Tätigwerdens ist stark eingeschränkt, da Art. 208 EGV dem Rat die Einschätzung überlässt, ob die Aufforderung der Verwirklichung der Gemeinschaftsziele dient. Daher kann eine Untätigkeit der Kommission nur dann rechtmäßig sein, wenn schwerwiegende Gründe des Gemeinschaftsinteresses dies erfordern, d.h. insbesondere dann, wenn die angeforderte Maßnahme vertragswidrige Ziele verfolgt[394].

Hingegen besitzt die Kommission bezüglich des „Wie" ihres Handelns einen weiten Entscheidungsspielraum. An Vorgaben des Rates ist sie nicht gebunden, da dies ein Weisungsrecht des Rates gegenüber der Kommission bedeuten wür-

---

[390] Art. 22, 34 Abs. 2 S. 2, Art. 42 EUV.

[391] Vgl. STREINZ, EUV/EGV-STREINZ, Art. 208 EGV, Rn. 6; CALLIESS/RUFFERT, EUV/EGV-WICHARD, Art. 208 EGV, Rn. 2.; SCHWARZE, EGV-HIX, Art. 208 EGV, Rn. 3.

[392] Vgl. STREINZ, EUV/EGV-HUMMER/OBWEXER, Art. 208 EGV, Rn. 12.

[393] Vgl. SCHWARZE, EUV/EGV-HIX, Art. 209 EGV, Rn. 7; GROEBEN/SCHWARZE, EUV/EGV-HARNIER/JACQUÉ, Art. 208 EGV, Rn. 4; CALLIESS/RUFFERT, EUV/EGV-WICHARD, Art. 208 EGV, Rn. 3.

[394] Vgl. STREINZ, EUV/EGV-HUMMER/OBWEXER, Art. 208, Rn. 13.

de, das gegen das institutionelle Gleichgewicht zwischen Rat und Kommission im Bereich des Rechtsetzungsverfahrens verstoßen würde[395]: Für das Verhältnis zwischen Rat und Kommission gilt in den Fällen des Rechtsetzungsverfahrens mit Initiativmonopol der Kommission, dass die Kommission gegenüber dem Rat die ungeteilte Kompetenz für einen Vorschlag hat. Dieser Kern des Initiativrechts der Kommission muss auch in den Fällen als Grenze der Kompetenzverschiebung gewahrt werden, wenn Art. 208 EGV durch das Aufforderungsrecht des Rates dieses Monopol abschwächt. Diese Grenze wäre überschritten, wenn die Kommission inhaltlich an die Vorgaben eines Vorschlages durch den Rat gebunden wäre.

Wenn die Prüfungspflicht der Kommission als Pflicht zur ermessensfehlerfreien Entscheidung[396] bezeichnet wird, ist dies im Hinblick auf die im Gemeinschaftsrecht andere Bedeutung des Ermessensbegriffs (s.o.) unscharf und kann daher nur im Ergebnis bezüglich der Zweistufigkeit des Entscheidungsprozesses in das „ob“ und „wie“ des Tätigwerdens und unter Berücksichtigung der soeben aufgezeigten speziellen Entscheidungsgrenzen richtig sein.

Neben dem hier beschriebenen Aufforderungsrecht nach Art. 208 EGV gibt es im Bereich der WWU ein funktionell vergleichbares Aufforderungsrecht des Rates und der Mitgliedstaaten gem. Art. 115 EGV. Die Besonderheiten dieses Aufforderungsrechts werden unten bei den Ausführungen zu den Kompetenzverhältnissen in der WWU dargestellt[397]. Ferner hat der Rat Aufforderungsrechte im Bereich der GASP (Art. 14 Abs. 4 EUV), die für den Kontext dieser Bearbeitung jedoch nicht relevant sind.

b) Das Schicksal des Vorschlagsrechts im weiteren Rechtsetzungsprozess: Änderungen durch den Rat (Verfahren der Zusammenarbeit, Mitentscheidung)

Im Folgenden soll untersucht werden, inwiefern das Vorschlagsrecht der Kommission in der Form eines Vorschlagsmonopols im weiteren Rechtsetzungsprozess erhalten bleibt. Wegen der Fragestellung dieser Arbeit wird konkret die Absicherung des Vorschlagsmonopols gegenüber dem Rat untersucht. Im Verhältnis zwischen Rat und Kommission kristallisiert sich der Schutz des Vorschlagsmonopols in der Frage, ob und ggf. unter welchen Voraussetzungen der Rat den ursprünglichen Vorschlag der Kommission ändern kann. Dieser Frage wird im Folgenden für die verschiedenen Arten der Rechtsetzungsverfah-

---

395 Vgl. STREINZ, EUV/EGV-HUMMER/OBERWEXER, Art. 208 EGV, Rn. 14.

396 So SCHWARZE, EUV/EGV-HIX, Art. 209 EGV Rn. 7.

397 s.u. C)I)3).

ren nachgegangen. Ausgangspunkt ist der Vorschlag der Kommission, den sie gemäß Art. 219 EGV beschlossen hat.

(1) Herkömmliches Verfahren

Wird der Rat im herkömmlichen Verfahren der Rechtsetzung auf Vorschlag der Kommission tätig, kann der Rat Änderungen des Vorschlags nur einstimmig beschließen, Art. 250 Abs. 1 EGV. Durch diese Vorgabe wird das Vorschlagsmonopol der Kommission auch über die Phase des Vorschlagsstadiums hinaus abgesichert. Die formelle Hürde der Einstimmigkeit bedeutet jedoch nicht, dass eine Änderung bei Erreichen eines einstimmigen Beschlusses in jedem Falle zulässig ist: die Absicherung des Vorschlagsmonopols erfordert auch inhaltliche Grenzen der Vorschlagsänderung, um zu verhindern, dass der tatsächlich erlassene Rechtsakt letztlich ein anderer ist als der ursprünglich von der Kommission vorgeschlagene. Nach der Rechtsprechung des EuGH darf der Rat weder vom Gegenstand des Kommissionsvorschlages abweichen noch seinen Zweck verändern[398].

(2) Verfahren der Mitentscheidung

Die wesentliche Besonderheit des Mitentscheidungsverfahrens nach Art. 251 EGV besteht darin, dass die Rechtsakte eine gemeinsame Entscheidung von Parlament und Rat darstellen, so dass sich das Verfahren in mehrere Stufen gliedert. Im Folgenden soll für die einzelnen Stufen überprüft werden, wie sich die Abänderbarkeit des Kommissionsvorschlag durch den Rat gestaltet.

Zunächst wird der Kommissionsvorschlag dem Europäischen Parlament und dem Rat vorgelegt. Schlägt das Parlament in seiner Stellungnahme Änderungen vor, ergeben sich für den Rat folgende Beschlussmöglichkeiten: er kann die gewünschten Abänderungen des Parlaments billigen durch Beschluss mit qualifizierter Mehrheit[399] (Art. 251 Abs. UAbs. 2, 1. Spiegelstr. EGV).

Billigt der Rat die Änderungen des Parlaments nicht, legt er einen „gemeinsamen Standpunkt" fest, der dem Parlament und der Kommission vorgelegt wird. In der 2. Lesung im Parlament besteht für das Parlament erneut die Möglichkeit, Änderungen vorzuschlagen. Für die Billigung dieser Änderungen und

---

[398] EuGH, Rs. 355/87, Slg. 1989, 1517, Rn. 44 (Kommission /Rat); Rs. C-408/95, Slg. 1997, I-6315, Rn. 39 (Eurotunnel SA u.a. /Sea France).

[399] Vorbehaltlich einer anderen Regelung in der betreffenden Ermächtigungsgrundlage, z.B. Art. 18 Abs. 2 EGV, Art. 42 EGV, die die Einstimmigkeit des Rates voraussetzen.

den Erlass des entsprechenden Rechtsaktes genügt jedoch nur dann die qualifizierte Mehrheit des Rates, wenn sich die Kommission in ihrer Stellungnahme mit den Änderungen des Vorschlags einverstanden erklärt hat. Hat sie sich jedoch gegen die Änderungen ausgesprochen, muss der Rat einstimmig beschließen (Art. 251 Abs. 3 2. Halbs. EGV).

Wenn keine Übereinstimmung zwischen Parlament und Rat erzielt wird, folgt das Verfahren im Vermittlungsausschuss (Art. 251 Abs. 4-6). Die Kommission nimmt an diesem Vermittlungsverfahren teil und hat die Aufgabe, vermittelnd auf einen gemeinsamen Standpunkt von Rat und Parlament hinzuwirken. Dies ergibt sich für das Vermittlungsverfahren direkt aus Art. 251 Abs. 4 S. 2 EGV. Darüber hinaus wird in der gemeinsamen Erklärung des Parlaments, des Rates und der Kommission v. 4.5. 1999[400] die Vermittlung und Hinwirkung auf ein positives Ergebnis als Aufgabe der Kommission für alle Verfahrensstufen festgelegt.

In der Phase des Vermittlungsverfahrens stellt sich die Frage nach dem Schutz des Vorschlagsmonopols der Kommission nicht mehr, da der einleitende Vorschlag der Kommission jedenfalls mit Eröffnung des Vermittlungsverfahrens nicht mehr Verfahrensgegenstand ist; vielmehr ist Grundlage des Vermittlungsverfahrens der gemeinsame Standpunkt auf der Grundlage der Änderungen, die das Parlament vorgeschlagen hat[401] (Art. 251 Abs. 4 S. 3 EGV).

(3) Verfahren der Zusammenarbeit

Wie im Verfahren der Mitentscheidung legt auch im Verfahren der Zusammenarbeit (Art. 252 EGV) der Rat einen gemeinsamen Standpunkt fest. Das Parlament kann Änderungen an diesem Standpunkt vorschlagen. In diesem Fall wird dann die Kommission nochmals eingeschaltet: Sie überprüft ihren Vorschlag, der dem gemeinsamen Standpunkt zu Grunde lag, unter Berücksichtigung der Änderungsvorschläge des Parlaments und übermittelt diesen überprüften Vorschlag dem Rat. Für diesen überprüften Vorschlag wird das Vorschlagsmonopol der Kommission wiederum geschützt, indem der Rat diesen Vorschlag nur einstimmig ändern kann, Art. 252 lit. e) EGV. Das Vorschlagsmonopol wird allerdings geringfügig dadurch gelockert, dass der Rat auch die vom Parlament vorgeschlagenen Änderungen, die von der Kommission nicht in den überprüften

---

400 Gemeinsame Erklärung des Parlaments, des Rates und der Kommission vom 4.5.1999 zu den praktischen Modalitäten de neuen Mitentscheidungsverfahrens, ABl. C 148/1 v 18.5.1999.

401 Insofern hat der in Art. 250 Abs. 1 EGV erklärte Vorbehalt zum Erfordernis der Einstimmigkeit bezüglich Art. 251 Abs. 4 und Abs. 5 allenfalls deklaratorische Bedeutung.

Vorschlag übernommen wurden, annehmen kann - wenngleich auch nur mit der Hürde der Einstimmigkeit, Art. 252 lit. d) UAbs. 2 S. 2 EGV.

(4) Zwischenergebnis und Analyse zu b)

Die obige Untersuchung hat ergeben, dass das Vorschlagsmonopol in den 3 Hauptverfahrensarten der gemeinschaftlichen Rechtsetzung gegenüber dem Rat 2-fach abgesichert wird, wenn der Rat den ursprünglichen Vorschlag der Kommission ändern möchte: Zum einen sind ihm inhaltlich Schranken gesetzt durch die Bindung an Gegenstand und Zweck des Vorschlags. Darüber hinaus kann der Rat eine Änderung des Vorschlags nur durch einstimmigen Beschluss herbeiführen. Die Auflockerung der Abänderbarkeit im Verfahren der Zusammenarbeit bezieht sich nur auf die inhaltliche Materie des Vorschlags, die zu Gunsten des in diesem Verfahren gestärkten Parlaments erweitert wird, so dass das Parlament als „Mitautor des Vorschlagsrechts" erscheint. Das Erfordernis der Einstimmigkeit für Änderungen durch den Rat bleibt jedoch erhalten.

Im Mitentscheidungsverfahren ist die Abänderbarkeit durch den Rat insofern zu Gunsten der Verfahrensrechte des Parlaments reduziert, als er nur in Übereinstimmung mit dem Parlament Rechtsakte erlassen kann.

Die Lockerung des Vorschlagsrechts in den Verfahren der Mitentscheidung und Zusammenarbeit ist insgesamt nur gering, da die Beteiligten verpflichtet sind, möglich effizient an der Verabschiedung von Rechtsakten mitzuwirken; dies ergibt sich zum einen aus der allgemeinen Pflicht der Organe zu loyaler Zusammenarbeit (s.o) und darüber hinaus für das Mitentscheidungsverfahren zusätzlich aus der oben genannten gemeinsamen Erklärung der Organe bzw. für das Verfahren der Zusammenarbeit (als Selbstverpflichtung) aus der Geschäftsordnung des Parlament, die Abänderungen des Gemeinsamen Standpunkts nur für die dort genannten fälle zulässt und nur dann, wenn diese Änderungswünsche bereits in der ersten Lesung geäußert wurden[402].

4. Ausnahmsweise Funktionen der Kommission im Rechtsetzungsverfahren

Während die vorrangige Rolle der Kommission im Rechtsetzungsverfahren darin besteht, das Vorschlagsrecht auszuüben (s.o.), hat sie im Ausnahmefall auch selbständige Rechtsetzungskompetenzen, z.B. gem. Art. 86 Abs. 3 EGV und Art. 82 EAGV. Außerdem stehen der Kommission Durchführungsbefug-

[402] Art. 70 der Geschäftsordnung des Europäischen Parlaments, 16. Aufl. 2004, abrufbar unter http://www2.europarl.eu.int/omk/sipade2?PROG=RULES-EP&L=DE&REF=TOC.

nisse zu, die ihr regelmäßig vom Rat übertragen werden (Art. 211 4. Spiegelstr., Art. 202 3. Spiegelstr. S. 1). Zur Delegation der Durchführungsbefugnisse siehe unten bei den Ausführungen zum Rat.

II. Rat

Im Folgenden werden die Funktion und Stellung des Rates im Gemeinschaftsgefüge vorgestellt, wobei das Augenmerk auf strukturelle Unterschiede gegenüber den Funktionen der Kommission, die soeben erarbeitet wurden, gerichtet werden soll.

1. Die ambivalente Struktur des Rats

Der Rat unterscheidet sich strukturell von anderen Organen – und damit auch von der Kommission - dadurch, dass er sich aus politisch weisungsgebundenen Vertretern der Mitgliedstaaten zusammensetzt (Art. 203 S. 1 EGV), die teilweise als Vertreter ihres Mitgliedstaates nationalem Recht unterworfen sind und gleichzeitig als Angehörige eines Gemeinschaftsorgans zur Wahrung der gemeinschaftlichen Interessen verpflichtet sind (Art. 10 EGV).

Nationales Recht ist anwendbar auf die Entsendung, die Handlungsbefugnis, das Verfahren der innerstaatlichen Willensbildung und die Haftung des jeweiligen Vertreters. Etwaige Verstöße des Vertreters eines Mitgliedstaates gegen solche nationalen Regeln bleiben grundsätzlich ohne Auswirkung auf die Rechtswirksamkeit des Ratsbeschlusses. Dies ergibt sich aus Art. 203 Abs. 1 EGV, wonach das Abstimmungsverhalten der Ratsmitglieder der jeweiligen Regierung verbindlich zugerechnet wird[403].

Aus der Qualität des Rates als Gemeinschaftsorgan ergibt sich, dass die in den Rat entsandten Minister in erster Linie Mitglieder des Gemeinschaftsorgans Rat sind und bei der Beteiligung an Beschlüssen des Rats autonome Hoheitsgewalt der Gemeinschaft wahrnehmen, nicht etwa mitgliedstaatliche Hoheitsgewalt[404]. Hier liegt der wesentliche Unterschied zwischen Beschlüssen des Rates und den „uneigentlichen Ratsbeschlüssen“, die nicht vom Rat als Gemeinschaftsorgan, sondern von den im Rat vereinigten Vertretern der Regierungen der Mitgliedstaaten verabschiedet werden. Diese „uneigentlichen Beschlüsse“

---

[403] Vgl. Schwarze, EUV/EGV-Hix, Art. 203, Rn. 8; Streinz, EUV/EGV-Hummer/Obwexer, Art. 203 Rn. 24.

[404] Vgl. Nicolaysen, Europarecht I, S. 184; Ipsen, Gemeinschaftsrecht, S. 494.

sind formal Regierungsabkommen, die nach den Verfassungen der Mitgliedstaaten der Ratifikation bedürfen können.

2. Die Funktion als Rechtsetzungsgeber

Gemäß Art. 202 2. Spiegelstr. EGV hat der Rat eine allgemeine Entscheidungsbefugnis. Mit dieser Entscheidungsbefugnis ist die originäre Rechtsetzungsbefugnis des Rates zur näheren Ausgestaltung des EG-Vertrages gemeint, der als bloßer Rahmenvertrag („traité cadre") ausgestaltet wurde.

Der Rat ist gegenüber dem Parlament und der Kommission als dominantes rechtsetzendes Organ zu betrachten: Insbesondere wird die abschließende Fassung von Rechtsakten häufig erst vom Rat festgelegt, so dass ihm insofern auch eine „materielle Vorhand"[405] gegenüber den anderen beteiligten Organen bei der Rechtsetzung zukommt. Zudem ergibt sich die Dominanz des Rates daraus, dass er allein befugt ist, der Kommission Rechtsetzungsbefugnis zu delegieren, Art. 202. 3. Spiegelstr. EGV[406].

Die Dominanz im Rechtsetzungsverfahren wird durch zwei Aspekte geringfügig gelockert: Zum einen durch die verstärkte Beteiligung des Parlaments am Rechtsetzungsprozess durch das Verfahren der Mitentscheidung und das Verfahren der Zusammenarbeit (s.o.). Andererseits hat die Kommission eine politische Mitgestaltungsrolle durch ihr oben beschriebenes Vorschlagsmonopol, das für die meisten wesentlichen Beschlüsse gilt und zur erschwerten Abänderbarkeit eines Kommissionsvorschlags führt. Allerdings ist die Abhängigkeit des Rates vom Vorschlagsrecht der Kommission insofern abgemildert, als der Rat das Recht hat, die Kommission zu Vorschlägen aufzufordern, Art. 208 EGV (s.o.). Zudem zeigt die Praxis, dass die Kommission in der Regel bereits bei der Abfassung der Vorschläge den erklärten oder vermuteten Ratswillen berücksichtigt, damit der Rat letztlich den Vorschlag auch annimmt[407].

Insgesamt ist die Dominanz des Rates in der Rechtsetzung nicht im Sinne einer übergeordneten Alleinherrschaft im Verhältnis zur Kommission zu sehen, da der Rat sowohl primärrechtlich als auch sekundärrechtlich zu einer Kooperation mit dem Rat verpflichtet ist. Primärrechtlich folgt dies aus der allgemeinen Pflicht der Organe zu loyaler Zusammenarbeit (s.o) und speziell aus Art. 218 Abs. 1 EGV: danach „ziehen Rat und Kommission einander zu Rate und regeln einvernehmlich die Art und Weise ihrer Zusammenarbeit." Durch diese Vor-

---

[405] Vgl. OPPERMANN, Europarecht, Rn. 319.

[406] Siehe dazu unten Nr. 3.

[407] Vgl. OPPERMANN, Europarecht, Rn. 320.

schrift wird ein allgemeines Subordinationsverhältnis zwischen Kommission und Rat ausgeschlossen[408]. Darüber hinaus hat sich der Rat in seiner Geschäftsordnung[409] weiteren Bindungen der Kommission gegenüber unterworfen.

3. Die Delegation der Durchführungsbefugnisse an die Kommission

Der Rat wird gemäß Art. 202, 3. Spiegelstr. EGV ermächtigt und verpflichtet, die Durchführung der von ihm erlassenen Rahmenregelungen an die Kommission zu delegieren. Um zu verhindern, dass die Kommission bei der Durchführung der Rahmenregelung als supranationales Organ die Interessen der Mitgliedstaaten übergeht, hat der Rat bei der Kommission eigene Ausschüsse („Komitologie-Ausschüsse“) eingerichtet. Diese bestehen aus nationalen Beamten der Mitgliedstaaten unter dem Vorsitz eines Kommissionsvertreters und deren Stellungnahme muss von der Kommission berücksichtigt werden. Dadurch relativiert sich die hoheitliche Durchführungsbefugnis der Kommission zugunsten der Interessenvertretung der Mitgliedstaaten.

Als Ausnahme von der Regeldelegation steht dem Rat gemäß Art. 202 3. Spiegelstr. S. 3 EGV das Recht zu, Durchführungsbefugnisse selbst auszuüben. Wegen des Ausnahmecharakters des S. 3 darf der Rat wegen der Formulierung des S. 3 als Ausnahme nur restriktiv von diesem Recht Gebrauch machen.

Der Umfang der Durchführung auf die Kommission ist weit auszulegen und umfasst sowohl den Erlass von allgemeinen Durchführungsvorschriften als auch den Erlass individueller Rechtsakte[410]. Die in S. 2 festgelegte Ermächtigung des Rates zu „bestimmten Modalitäten für die Ausübung dieser Befugnisse“ limitiert das grundsätzlich weite Recht zur Delegation der Durchführungsbefugnisse: Der Rat muss die wesentlichen Grundzüge der zu regelnden Materie selbst festlegen.

Hintergrund dieser Begrenzung ist, dass das institutionelle Gleichgewicht, das zwischen Rat, Kommission und Parlament im Rechtsetzungsverfahren besteht, auch bei der Delegation der Durchführungsbefugnisse erhalten werden muss; eine unbegrenzte Übertragung der Durchführungsbefugnisse auf die Kommission käme einer Übertragung der Rechtsetzungsbefugnisse des Rates

[408] Vgl. GRABITZ/HILF, EUV/EGV-HUMMER, Art. 162 EGV Rn. 2; OPPERMANN, Europarecht, Rn. 370.

[409] Geschäftsordnung des Rates der EU, ABl. 230 v. 28.8.2002.

[410] EuGH, Rs. 16/88, Slg. 1989, 3457 Rn. 11 (Kommission/Rat).

auf die Kommission gleich. Dabei würden die Mitwirkungsrechte des Parlaments, sofern sie vorgesehen sind[411], abgeschnitten.

4. Abstimmung der Wirtschaftspolitik der Mitgliedstaaten

Gemäß Art. 202 1. Spiegelstr. EGV sorgt der Rat für die Abstimmung der Wirtschaftspolitik der Mitgliedstaaten. Damit werden dem Rat jedoch keine zusätzlichen, über die in Art. 4, 98, 99 EGV hinausgehenden Kompetenzen verliehen[412]. Dies ergibt sich aus dem allgemein geltenden Grundsatz der begrenzten Einzelermächtigung, der zusätzlich ausdrücklich zu Beginn der Vorschrift des Art. 202 EGV konkretisiert wird, wo sämtliche Aufgaben als Aufgaben zur Verwirklichung der Ziele und „nach Maßgabe des Vertrags“ festgelegt werden. Zum Umfang der Kompetenzen des Rates bezüglich der Empfehlung der „Grundzüge der Wirtschaftspolitik der Mitgliedstaaten“ nach Art. 99 EGV und der multilateralen Überwachung (Art. 99 Abs. 3 und 4 EGV) siehe unten[413].

III. Zwischenergebnis zur Funktion und Stellung von Kommission und Rat in der Gemeinschaftsstruktur

Die Untersuchung der Funktion und Stellung von Rat und Kommission in der Gemeinschaftsstruktur allgemein hat gezeigt, dass sich die Besonderheit der funktionellen Ausstattung beider Organe weniger durch die isolierte Betrachtung jedes einzelnen Organs ergibt, sondern vielmehr durch das situative Zusammenspiel der Funktionenwahrnehmung durch beide Organe. Am Beispiel des Rechtsetzungsverfahrens wurde gezeigt, dass die grundsätzlich im Vertrag angelegten prinzipiellen Kompetenzrechte der beiden Organe - das Vorschlagsmonopol der Kommission einerseits und das Letztentscheidungsrecht des Rates andererseits - keine absoluten und streng polaren Kompetenzen sind, sondern sich jeweils gegenseitig begrenzen. Zur effektiven Ausübung ihrer Verfahrensrechte sind beide Organe strukturell durch den Vertrag zu einer Kooperation untereinander verpflichtet; auch die praktische Realität der Rechtsetzung fordert eine komplementäre Funktionenwahrnehmung.

---

[411] Namentlich das Anhörungsrecht und die Rechte im Verfahren der Zusammenarbeit, s.o.

[412] Vgl. GROEBEN/SCHWARZE, EUV/EGV-JACQUÉ, Art. 202 Rn. 4; STREINZ, EUV/EGV-HUMMER/OBERWEXER, Art. 202 Rn. 20; GRABITZ/HILF, EUV/EGV-SCHWEITZER, Art. 202 EGV, Rn. 19.

[413] C) Analyse der Kompetenzverhältnisse in der Wirtschaftspolitik.

C. Analyse der Kompetenzverhältnisse in der Wirtschaftspolitik

Im Folgenden sollen die Kompetenzverhältnisse zwischen Kommission und Rat in der Wirtschaftspolitik untersucht werden. Ausgangspunkt der Untersuchung werden die bisher für die Gemeinschaftsstruktur allgemein erarbeiteten Koordinaten der Kompetenzbalance zwischen Rat und Kommission sein. Diese Koordinaten sollen im Bereich der Wirtschaftspolitik auf Abweichungen oder Verschiebungen gegenüber der allgemeinen Gemeinschaftsstruktur untersucht werden.

Gegenstand der Untersuchung sind einerseits die Kompetenzen des Rates bei den Empfehlungen zu den Grundzügen der Wirtschaftspolitik der Mitgliedstaaten nach Art. 99 EGV sowie bei der multilateralen Überwachung (Art. 99 Abs. 4 und 5 EGV) sowie die Kompetenzen im Rahmen des Defizitüberwachungsverfahrens.

Der Gang der Prüfung orientiert sich an den oben ermittelten Rechten: Zunächst wird die Absicherung des Vorschlagsmonopols der Kommission gegenüber dem Rat untersucht, im Anschluss daran die Ausgestaltung der Letztentscheidungsbefugnis des Rates insbesondere im Hinblick auf seine Kompetenz zur Kontrolle des Gemeinschaftsrechts im Defizitüberwachungsverfahren.

I. Die Absicherung des Initiativmonopols der Kommission gegenüber dem Rat

Im Folgenden soll untersucht werden, wie im Bereich der Wirtschaftspolitik das Initiativmonopol der Kommission gegenüber dem Rat abgesichert wird. Dies ist für die Koordinierung der Wirtschaftspolitik (Art. 99 EGV) und das Defizitüberwachungsverfahren (Art. 104 EGV) darzustellen. Für beide Bereiche gilt neben den Vertragsbestimmungen die politische Verpflichtung der Kommission gemäß der Entschließung über den Stabilitäts- und Wachstumspakt, dass sie ihr Initiativrecht in einer Weise ausübt, die das „strikte und wirksame Funktionieren des Stabilitäts- und Wachstumspakts erleichtert“[414].

1. Koordinierung der Wirtschaftspolitik nach Art. 99 EGV

Zunächst ist im Überblick zu untersuchen, wie das Initiativrecht im Rahmen der Koordinierung der Wirtschaftspolitik nach Art. 99 EGV ausgestaltet ist. Innerhalb des Art. 99 EGV wird das Verfahren zur Erstellung der Grundzüge der

---

[414] Nr. 1 der Bestimmungen bezüglich der Kommission.

Wirtschaftspolitik der Mitgliedstaaten (Art. 99 Abs. 2 EGV) sowie das multilaterale Überwachungsverfahren (Art. 99 Abs. 3 ff.) untersucht.

Bei der Erstellung der Grundzüge liegt das Initiativmonopol zwar insofern bei der Kommission, als der Rat den Entwurf der Grundzüge nur auf Empfehlung der Kommission erstellen kann, Art. 99 Abs. 2 EGV; allerdings ist dieses Initiativmonopol unter zwei Aspekten deutlich schwächer strukturiert als oben für die Gemeinschaftsstruktur allgemein festgestellt: Zum einen eröffnet die Erstellung des Entwurfs „auf Empfehlung" der Kommission dem Rat eine leichtere Möglichkeit der Abänderung des empfohlenen Entwurfs, da hier nicht das Einstimmigkeitserfordernis des Art. 250 Abs. 1 EGV gilt. Es bleibt vielmehr im Fall von Änderungen bei dem Erfordernis einer doppelt qualifizierten Mehrheit, Art. 99 Abs. 2, Art. 205 Abs. 2 2. Spiegelstr. EGV.

Eine weitere Schwächung erfährt das Initiativmonopol gegenüber dem Rat im weiteren Verfahrensgang der Erstellung der Grundzüge dadurch, dass der Rat letztendlich die Grundzüge auf der Grundlage der Schlussfolgerungen des Europäischen Rates erlässt. Somit ist durch die Einschaltung des Europäischen Rates die Bindung an die anfängliche Empfehlung der Kommission bei der Erstellung der Grundzüge vergleichsweise gering.

Im Rahmen der multilateralen Überwachung kann der Rat die erforderlichen Empfehlungen bei Unvereinbarkeit der Wirtschaftspolitik eines Mitgliedstaates mit den Grundzügen bzw. bei drohender Gefahr für das ordnungsgemäße Funktionieren der WWU ebenfalls „auf Empfehlung" der Kommission erlassen, Art. 99 Abs. 4 EGV, so dass auch in diesem Falle die vereinfachte Abänderbarkeit durch doppelt qualifizierte Mehrheit gilt.

Insgesamt zeigt sich damit für den Bereich der Koordinierung der Wirtschaftspolitik eine Schwächung des Initiativrechts der Kommission bei den im Rahmen des Art. 99 EGV zu erlassenden Akten. Angesichts der rechtlichen Unverbindlichkeit der Empfehlungen des Rates nach Art. 99 EGV ist die Bedeutung des geringeren Initiativrechts im Hinblick auf die Entscheidungsbefugnis[415] des Rates jedoch zu relativieren.

2. Defizitüberwachungsverfahren

Im Folgenden soll im Überblick für die Verfahrensstufen des Defizitverfahrens die Ausgestaltung des Inititiativrechts der Kommission untersucht werden. Wegen inhaltlicher Änderungen nach dem Vertrag über eine Verfassung Euro-

---

[415] Siehe dazu unten II)1).

pas wird zunächst die geltende Rechtslage dargestellt und im Anschluss die Rechtslage nach dem Inkrafttreten des Vertrags über eine Verfassung Europas.

a) Geltende Rechtslage

Bei allen Verfahrensschritten des Art. 104 EGV ergeht der entsprechende Akt des Rats „auf Empfehlung" der Kommission. Für die Entscheidung nach Abs. 6 folgt dies unmittelbar aus dem Wortlaut des Abs. 6. Für die Akte nach Abs. 7, 8, 9, 11 und 12 ergibt sich das aus Abs. 13.

Daraus folgt, dass bei allen Akten des Rates das Inititiativrecht der Kommission gegenüber dem Rat dahingehend gelockert ist, dass der Rat die Empfehlung entweder mit doppelt qualifizierter Mehrheit (Abs. 6) oder mit 2/3 der nach Art. 205 Abs. 2 EGV gewogenen Stimmen (für die Akte nach Abs. 7-9, 11 und 12[416]) ändern kann.

Somit ist das Initiativrecht der Kommission im Defizitüberwachungsverfahren insgesamt zugunsten des Rates geschwächt. Da es sich bei allen Entscheidungen des Rates um rechtsverbindliche Entscheidungen handelt, ist dies eine bedeutende Abweichung von der Absicherung des Vorschlagsrechts in der Gemeinschaftsstruktur allgemein. Die Koordinaten des Kompetenzgefüges sind diesbezüglich zugunsten einer stärkeren rechtlichen Stellung des Rates im Rechtsetzungsprozess verschoben.

b) Rechtslage nach Inkrafttreten des Verfassungsentwurfs

Der Verfassungsvertrag sieht für die Entscheidung des Rates nach Abs. 6 vor, dass diese „auf Vorschlag" der Kommission ergeht, Art. II-184 Abs. 6 des Verfassungsvertrags[417]. Dies bedeutet, dass Änderungen durch den Rat dann nur noch einstimmig erfolgen können, Art. 250 Abs. 1 EGV. Für alle anderen Ratsentscheidungen im Rahmen des Defizitüberwachungsverfahrens bleibt es bei der bisherigen Entscheidung auf Empfehlung.

Durch diese Änderung wird das Initiativrecht der Kommission somit punktuell für die Feststellung des übermäßigen Defizits aufgewertet. Als zusätzliche

---

[416] Das ergibt sich aus Art. 104 Abs. 13 EGV. Eine doppelt qualifizierte Mehrheit nach Art. 205 Abs. 2 2. Spiegelstr. EGV wird danach ausdrücklich nicht gefordert. So aber i.E. SCHULZE-STEINEN, Wirtschaftsunion, S. 267.

[417] Vertrag über die Verfassung Europas, i.d. Fassung vom 29.10.2004, ABl. C /310 v. 16.12.2004.

Erschwernis dürfte sich auswirken, dass der betroffene Mitgliedstaat selbst an der Abstimmung nicht teilnimmt, Art. III-184 Abs. 6 UAbs. 2 des Vertrags.

c) Fallbeispiel: Der Beschluss des Rates vom 25.11.2003 bezüglich Frankreich und Deutschland

Um die praktische Reichweite des Initiativrechts der Kommission gegenüber dem Rat zu verdeutlichen, soll als Fallbeispiel der Beschluss des Rates vom 25.11.2003[418] bezüglich Frankreich und Deutschland dienen, der oben unter einer anderen Fragestellung im Kontext mit der Entschließung bereits vorgestellt wurde. Zum Verfahrensablauf und zum Inhalt des Beschlusses wird daher auf die Ausführungen oben verwiesen[419]. Im Folgenden wird der vorgenannte Beschluss insbesondere im Hinblick auf das Initiativrecht der Kommission hin untersucht (1), wobei das Urteil des EuGH[420] zu diesem Beschluss vom 13. Juli 2004 berücksichtigt wird.

(1) Analyse des Beschlusses: Bedeutung für das Initiativrecht der Kommission

Der Beschluss ist dahingehend zu analysieren, welche Bedeutung er im Hinblick auf das Initiativrecht der Kommission hat. Dazu ist zunächst näher zu bestimmen, in welchen Aspekten das Initiativrecht der Kommission durch den Beschluss überhaupt tangiert wird. Dabei ist zu differenzieren zwischen unmittelbaren und mittelbaren Beziehungen zwischen dem Beschluss und dem Initiativrecht der Kommission: Die unmittelbare Beziehung ergibt sich aus der in dem Beschluss getroffenen Entscheidung, dass die Empfehlungen der Kommission zum Erlass von Akten nach Art. 104 Abs. 8 und Abs. 9 EGV nicht angenommen wurden. Diese Nichtannahme ist in Relation zu setzen mit dem dahinterstehenden Inititiativrecht der Kommission, d.h. in diesem Falle dem ausgeübten Recht, Maßnahmen nach Art. 104 Abs. 8 und 9 EGV zu empfehlen. Die Nichtannahme dieser Empfehlungen wegen der nicht erreichten erforderlichen Mehrheit für die Annahme ist verfahrensrechtlich eine zulässige Reaktion auf eine Empfehlung. Insofern ist das Initiativrecht der Kommission dadurch nicht verletzt worden.

---

[418] 2546. Tagung des Rates der Europäischen Union (Wirtschaft und Finanzen) vom 25.11.2003 in Brüssel, Protokoll v. 12.12.2003 aaO. (Fn. 344).

[419] Siehe oben Kapitel 4 B)IV)5)a).

[420] EuGH Rs. C-27/04 (Kommission/Rat), Urteil v. 13.7.2004, ABl. C 228, S. 16 v. 11.9.2004, vollständiger Text des Urteils abrufbar auf der Homepage des EuGH unter: http://curia.eu.int/de/content/juris/index.htm.

Bei näherer Betrachtung zeigt sich, dass der Beschluss das Initiativrecht der Kommission zusätzlich in einem weiteren Aspekt betrifft und zwar insofern, als der Rat in diesem Beschluss Empfehlungen an die Mitgliedstaaten richtet, die er als „Schlussfolgerungen“ erlässt. Inhaltlich weichen diese Empfehlungen von den zuvor als Empfehlungen nach Art. 104 Abs. 7 EGV erlassenen insofern ab, als insbesondere die Fristen für die Erreichung einer Defizitquote von 3% des BIP bzw. unter 3 % des BIP geändert wurden, so dass Deutschland nunmehr dieses Ziel für das Jahr 2005 (statt vorher 2003) aufgegeben wurde und Frankreich ebenfalls für das Jahr 2005 (statt vorher 2004). Auch hinsichtlich der einzelnen Maßnahmen zur Erreichung der Ziele decken sich die Empfehlungen nicht.

Wegen dieses veränderten Inhalts stellt sich die Frage, ob der Rat in dem Verfahrensschritt überhaupt wirksam solche Empfehlungen erlassen konnte. Nach dem Prinzip der begrenzten Einzelermächtigung kann er nur dann Empfehlungen erlassen, wenn er hierzu durch den Vertrag ermächtigt wird. Im Defizitüberwachungsverfahren kann der Rat Empfehlungen ausschließlich nach Art. 104 Abs. 7 EGV erlassen. Daraus ergibt sich die Notwendigkeit, „auf Empfehlung“ der Kommission zu handeln. Vorliegend befand sich der Rat in einer Entscheidung über eine andere Empfehlung der Kommission, nämlich eine in Bezug auf Maßnahmen nach Abs. 8 und 9. Somit konnte der Rat in diesem Stadium keine Empfehlung nach Art. 104 Abs. 7 EGV erlassen. Der dennoch erfolgte Erlass stellt eine Umgehung des Initiativrechts der Kommission für Empfehlungen nach Art. 104 Abs. 7 EGV dar.

Der EuGH, der in seinem Urteil vom 13. Juli 2004[421] den vorstehenden Beschluss zu prüfen hatte, stellt ausdrücklich fest, dass der Rat grundsätzlich ein Ermessen hat, die Empfehlungen der Kommission bezüglich der Beurteilung der Wirtschaftsdaten oder der Fristen zur Erreichung des Defizitabbaus anders zu bewerten[422]. Gleichzeitig macht er deutlich, dass verfahrensmäßig dieses Ermessen in dem Recht des Rates zum Ausdruck kommt, die Empfehlungen der Kommission zu ändern, dann aber mit der für die Annahme erforderlichen Mehrheit.

Diese Möglichkeit der Änderung betrachtet der EuGH als abschließende und ausschließliche Möglichkeit zur Änderung einer Empfehlung („Nimmt der Rat jedoch Empfehlungen nach Art. 104 Abs. 7 EG an, so kann er sie später nicht ohne erneute Empfehlung der Kommission ändern, da diese, wie der Rat anerkennt, im Rahmen des Defizitverfahrens über ein Initiativrecht verfügt“[423]).

---

[421] EuGH Rs. C-27/04 (Kommission/Rat), aaO.

[422] Urteil des EuGH v. 13.7.2004 aaO., Rn. 80.

[423] Urteil des EuGH v. 13.7.2004, aaO., Rn. 92.

(2) Ergebnis zu c)

Dieses Fallbeispiel zeigt, dass die Absicherung des Initiativrechts gerade im Defizitüberwachungsverfahren, in dem das Initiativrecht grundsätzlich schwächer ausgestaltet ist als in der Gemeinschaftsstruktur allgemein, eine besondere Bedeutung erlangt, da sie eine verfahrensmäßige Absicherung gegen eine unbegrenzte Entscheidungsbefugnis des Rates setzt. Dies zeigt, dass das Institutionelle Gleichgewicht zugleich ermessensbegrenzende Funktion hat. Für die praktische Anwendung des Defizitüberwachungsverfahrens bedeutet das, dass die Verfahrensvorschriften nicht nur Selbstzweck sind, sondern einer transparenten Entscheidungsfindung dienen und zugleich das Ermessen des Rates dadurch begrenzen, dass sie jeweils die Koordinaten für das jeweilige Institutionelle Gleichgewicht zwischen Rat und Kommission festlegen.

3. Die Abschwächung des Initiativmonopols durch das Aufforderungsrecht nach Art. 115 EGV

Das grundsätzlich bestehende Initiativmonopol der Kommission wird im Bereich der WWU abgeschwächt durch das Recht des Rates und der Mitgliedstaaten, den Rat um eine Empfehlung oder einen Vorschlag zu ersuchen. Von der Funktion her ist Art. 115 EGV daher vergleichbar mit Art. 208 EGV, der im Rahmen der Gemeinschaftsstruktur allgemein gilt. Anders als bei dem Aufforderungsrecht nach Art. 208 EGV sind bei Art. 115 EGV neben dem Rat auch die Mitgliedstaaten zur Aufforderung berechtigt. In sachlicher Hinsicht ist der Anwendungsbereich des Art. 115 EGV auf die abschließend aufgeführten Vorschriften beschränkt. Im Rahmen dieser Arbeit ist insbesondere von Bedeutung, dass das Aufforderungsrecht für die Empfehlung des Rates an einen Mitgliedstaat im Rahmen der multilateralen Haushaltsüberwachung nach Art. 99 Abs. 4 EGV gilt sowie bei allen Akten im Rahmen des Verfahrens nach Art. 104 EGV, außer Abs. 14.

Wegen des sachlich engeren Anwendungsbereichs des Art. 115 EGV ist dieses Aufforderungsrecht insoweit lex specialis gegenüber dem allgemeinen Aufforderungsrecht nach Art. 208 EGV. Außerhalb des ausdrücklich in Art. 115 EGV genannten Anwendungsbereichs bleibt damit das allgemeine Aufforderungsrecht nach Art. 208 auch im Bereich der WWU anwendbar[424].

Hinsichtlich der Bindungswirkung eines Ersuchens zur Vorlage einer Empfehlung oder eines Vorschlags gilt grundsätzlich das gleiche wie bereits für Art. 208 EGV festgestellt: Die Kommission hat i. d. Regel eine Sachprüfungspflicht,

---

[424] Vgl. STREINZ, EUV/EGV-KEMPEN, Art. 115, Rn. 4.

ist aber in ihrer Entscheidung inhaltlich nicht an die Aufforderung des Rates oder des Mitgliedstaates gebunden[425].

Zusätzlich ist für die Bindungswirkung einer Aufforderung nach Art. 115 EGV die Verpflichtung der Kommission durch die Entschließung des Stabilitäts- und Wachstumspakts zu beachten, nach der sie Aufforderungen zu Empfehlungen für Ratsbeschlüsse nach Art. 104 Abs. 6 in der Regel nachkommt[426]. Ausdrücklich ist dies nur für Abs. 6 geregelt, allerdings sprechen die Ausführungen in der Entschließung zum Initiativrecht dafür, dass die Kommission auch bei einer Aufforderung zu den anderen Empfehlungen nach Art. 104 EGV verpflichtet ist, diesen in der Regel nachzugehen: So verpflichtet sich die Kommission dazu, ihr Initiativrecht nach dem Vertrag in einer Weise auszuüben, die das strikte, zeitgerechte und wirksame Funktionieren des Stabilitäts- und Wachstumspaktes erleichtert[427]. Zwar ist diese Verpflichtung als Teil der Entschließung nicht rechtlich verbindlich; da sie aber als Interpretationshilfe bei der Auslegung von Art. 104 EGV von Bedeutung ist, wird man für alle Stufen des Defizitverfahrens, die eine Empfehlung der Kommission voraussetzen, von der Kommission in der Regel den Erlass einer Empfehlung auf ein Ersuchen hin verlangen können. Damit ergibt sich im Vergleich zu dem allgemeinen Aufforderungsrecht nach 208 eine verstärkte Pflicht zur Kooperation zwischen der Kommission und dem Rat im Bereich der WWU. Durch das erweiterte Recht eines Ersuchens nach Art. 115 EGV in Verbindung mit den entsprechenden Vorgaben der Entschließung ist das Initiativrecht der Kommission gegenüber dem Rat und den Mitgliedstaaten schwächer als in der Gemeinschaftsstruktur generell.

4. Ergebnis zu I)

Die Analyse der Kompetenzverhältnisse in der Wirtschaftspolitik zeigt, dass das Initiativrecht der Kommission gegenüber dem Rat insgesamt schwächer ausgestaltet ist als in der Gemeinschaftsstruktur allgemein. Insbesondere im Defizitüberwachungsverfahren führt dies zu einer stärkeren rechtlichen Stellung des Rates bezüglich seiner Entscheidungskompetenzen, da er hier rechtsverbindliche Entscheidungen trifft.

Das Fallbeispiel hat gezeigt, dass das insgesamt schwächere Initiativrecht der Kommission im Defizitverfahren in seinem Mindestbestand verfahrensrechtlich abgesichert ist und auf diese Weise die Entscheidungsmacht des Rates begrenzt.

---

[425] Siehe dazu die Ausführungen oben B)I)3)a).

[426] Entschließung, Nr. 5 der Bestimmungen zur Kommission.

[427] Entschließung, Nr. 1 der Bestimmungen zur Kommission.

II. Der Rat als „Hüter des Gemeinschaftsrechts"

Im Folgenden soll untersucht werden, inwiefern der Rat im multilateralen Verfahren und im Defizitüberwachungsverfahren die Rolle des „Hüters des Gemeinschaftsrechts" einnimmt, die in der Gemeinschaftsstruktur allgemein sonst bei der Kommission liegt.

1. Reichweite der Überwachungsbefugnis im multilateralen Verfahren, Art. 99 Abs. 3 EGV

Gemäß Art. 99 Abs. 3 EGV wird dem Rat die Aufgabe zugeteilt, die wirtschaftliche Entwicklung in den Mitgliedstaaten und der Gemeinschaft zu überwachen. Das übergeordnete Ziel der Überwachung besteht darin, eine „engere Koordinierung der Wirtschaftspolitik und eine dauerhafte Konvergenz der Wirtschaftsleistungen der Mitgliedstaaten zu gewährleisten", Art. 99 Abs. 3. Zu diesem Zweck überprüft der Rat in erster Linie die Vereinbarkeit der Wirtschaftspolitiken mit den Grundzügen nach Abs. 2. und nimmt diesbezüglich eine Gesamtbewertung vor. Für diese Gesamtbewertung überträgt der Vertrag dem Rat die abschließende alleinige Entscheidungskompetenz („überwacht der Rat ..."). Die Beteiligung der Kommission an der Überwachung beschränkt sich darauf, dass sie Berichte über die Stabilitäts- und Konvergenzprogramme erstellt, die dem Rat als Entscheidungsgrundlage dienen („anhand von Berichten der Kommission"), dies bedeutet aber keine Bindung an die Feststellungen der Kommission. Dieses Ergebnis wird auch durch die ergänzenden Regelungen der VO 1466/97 bestätigt: Gemäß Art. 5 Abs. 1 bzw. Art. 9 Abs. 1 der Verordnung nehmen die Kommission und der Wirtschafts- und Finanzausschuss eine Bewertung der Programme vor; der Rat prüft anschließend, ob das im jeweiligen Programm genannte mittelfristige Haushaltsziel „eine Sicherheitsmarge vorsieht, um sicherzustellen, dass kein übermäßiges Defizit entsteht, ob die ökonomischen Annahmen, auf denen das Programm beruht, realistisch sind und ob die laufenden und/oder geplanten Maßnahmen ausreichen, um den angestrebten Anpassungspfad in Richtung auf das mittelfristige Haushaltsziel sicherzustellen." Der formale Abschluss der Gesamtbewertung erfolgt nach Art. 5 Abs. 2 S. 2 bzw. Art. 9 Abs. 2 S. 2 der VO 1466/97 durch eine Stellungnahme des Rates.

In dem Fall, dass der Rat in der Gesamtbewertung feststellt, dass die Wirtschaftspolitik nicht mit den Grundzügen nach Art. 99 Abs. 2 EGV vereinbar ist, oder das ordnungsgemäße Funktionieren der WWU zu gefährden droht, kann der Rat nach Art. 99 Abs. 4 EGV die erforderlichen Empfehlungen an den Mitgliedstaat richten. Die Beschlussfassung erfolgt auf Empfehlung der Kommission. Diese Empfehlung stellt eine Sanktion dar, die rechtlich für den Mitgliedstaat wegen der Qualität als Empfehlung nicht verbindlich ist. Allerdings ist die Empfehlung, insbesondere wenn sie gem. Art. 99 Abs. 4 UAbs. 2 EGV veröffentlicht wird, geeignet, politischen Druck auf den Mitgliedstaat zu erzeugen. In der Entschließung zum Stabilitäts- und Wachstumspakt verpflichten sich die Mitgliedstaaten, die erforderlichen Maßnahmen vorzunehmen, wenn eine Frühwarnung nach Abs. 4 an sie ergeht (Nr. 3 der Entschließung).

Für die Überwachungsbefugnis des Rates ergibt sich damit folgendes Ergebnis: Die vermeintliche alleinige Überwachungskompetenz des Rates, die Art. 99 Abs. 2 EGV suggeriert, wird dadurch relativiert, dass der Rat bei Feststellung der Unvereinbarkeit mit den Grundzügen gemäß Art. 99 Abs. 4 EGV lediglich rechtlich unverbindliche Empfehlungen an den Mitgliedstaat beschließen kann. Zudem kann er diese nur „auf Empfehlung der Kommission" erlassen, d.h. er unterliegt der gleichen Bindung an das Initiativrecht der Kommission wie bei den Entscheidungen im Rahmen des Art. 104 EGV.

Zusätzlich wird die Kontrollbefugnis dadurch relativiert, dass die Einhaltung der Empfehlungen innerhalb des Art. 99 EGV nur begrenzt sanktionsbewährt ist, nämlich durch eine Veröffentlichung.

2. Die Überwachungsbefugnis des Rats im Defizitüberwachungsverfahren

Im Folgenden soll die Überwachungsbefugnis des Rats innerhalb des Defizitüberwachungsverfahrens erörtert werden. Ausgangspunkt wird die prozedurale Funktion des Defizitverfahrens sein. Im Anschluss daran wird das Verhältnis zur Überwachungsfunktion der Kommission dargestellt.

a) Die prozedurale Funktion des Defizitüberwachungsverfahrens

Anknüpfend an die Ausführungen oben dient das Verfahren gemäß Art. 104 Abs. 2 -13 EGV der Durchsetzung der Pflicht der Mitgliedstaaten, übermäßige öffentliche Defizite zu vermeiden. Der Charakter als Sanktionsverfahren ergibt sich zum einen durch den abgestuften Maßnahmenkatalog in Art. 104 EGV, der als schärfste Stufe die Verhängung von Geldbußen vorsieht, Art. 104 Abs. 11, 4. Spiegelstr. Außerdem ergibt er sich daraus, dass durch den Ausschluss des Vertragsverletzungsverfahrens für fast alle entscheidenden Verfahrensstufen das interne Sanktionsverfahren des Art. 104 EGV die einzige Sanktionsmöglichkeit bei Verstößen gegen die Pflicht der Mitgliedstaaten nach Art. 104 Abs.

1 darstellt[428]. Dies bedeutet, dass die im Defizitverfahren vorgesehenen Instrumente von den beteiligten Organen Rat und Kommission so eingesetzt werden müssen, dass sie eine größtmögliche Wirkung dafür entfalten, dass die Mitgliedstaaten übermäßige Defizite verhindern bzw. abbauen.

Im einzelnen ist das Vertragsverletzungsverfahren durch Art. 104 Abs. 10 EGV für die Absätze 1-9 ausgeschlossen. Zulässig ist es lediglich im Rahmen des Abs. 11; hierbei geht es um die Durchsetzung für den Fall, dass ein Mitgliedstaat die nach Abs. 11 verhängten Sanktionen nicht befolgt. Für den Beschluss über die Verhängung einer Sanktion selbst bleibt das Vertragsverletzungsverfahren jedoch ausgeschlossen.

Auf welche Weise der Rat in Abgrenzung zur Kommission zur Überwachung im Rahmen des Defizitverfahrens befugt ist, wird im Folgenden erörtert.

b) Das Verhältnis zur Überwachungsfunktion der Kommission

Während die Kommission in der Gemeinschaftsstruktur allgemein in der Rolle als Hüterin des Gemeinschaftsrechts Kontrollfunktionen wahrnimmt, ist ihr dies im Bereich des Defizitverfahren zumindest nicht durch die Einleitung eines Vertragsverletzungsverfahrens möglich, Art. 104 Abs. 10 EGV. Allerdings sieht das interne Verfahren des Art. 104 EGV selbst ausdrückliche Kompetenzen der Kommission zur Überwachung vor, die sich letztlich auf die Einhaltung der Pflicht nach Abs. 1 beziehen: So überwacht sie u.a. die Einhaltung der Haushaltsdisziplin anhand der Referenzkriterien, Art. 104 Abs. 2 lit. a) EGV.

Fraglich ist, ob die Kommission auch im Rahmen ihrer speziellen Überwachungsfunktion in Art. 104 EGV über eine Opportunität hinsichtlich des Eingreifens verfügt, wie sie für die Einleitung des Vertragsverletzungsverfahrens nach Art. 226 EGV besteht. Bei den folgenden Verfahrensschritten legt der Vertrag eindeutig eine Handlungspflicht der Kommission fest: Die Überwachung der Einhaltung der Haushaltsdisziplin nach Abs. 2, die Erstellung eines Berichts bei Nichterfüllung mindestens eines der Referenzkriterien (Abs. 3), das Vorlegen einer Stellungnahme an den Rat, wenn sie der Auffassung ist, ein übermäßiges Defizit liege vor bzw. eine diesbezügliche Gefahr, Abs. 5 sowie das Vorlegen einer entsprechenden Empfehlung an den Rat für eine Feststellung nach Abs. 6.

Für die Beteiligung der Kommission an dem Erlass der Ratsbeschlüsse nach Abs. 7-9, 11 und 12 fehlt eine ausdrückliche vertragliche Regelung, ob die

[428] Zu den Möglichkeiten von Sanktionsmöglichkeiten jenseits des Gemeinschaftsrechts vgl. BARK, Das gemeinschaftsrechtliche Defizitverfahren, S. 161, der diese i.E. ablehnt.

Kommission in diesen Fällen ebenfalls verpflichtet ist, tätig zu werden. Allgemein regelt Abs. 13 lediglich die Beschlussfassung in den genannten Fällen auf Empfehlung der Kommission. Denkbar wäre daher, in diesen Fällen der Kommission die Opportunität zum Eingreifen wie bei der Einleitung des Vertragsverletzungsverfahrens einzuräumen.

Dagegen spricht jedoch, dass dem Rat auch in den fraglichen Verfahrensstufen eine eigene Letztentscheidungsbefugnis hinsichtlich der empfohlenen Maßnahmen zukommt. Um diese Entscheidungsfreiheit grundsätzlich zu wahren, darf es nicht in die Opportunität der Kommission gestellt werden, ob sie Empfehlungen bei Vorliegen der Voraussetzungen erlässt. Denn in der Regel ist erst die Empfehlung der Kommission nötig, um überhaupt die Entscheidung des Rates zu ermöglichen und damit die verbindliche Prüfung über den Fortgang des Defizitverfahrens[429].

Im Unterschied zum Vertragsverletzungsverfahren hat die Kommission im Defizitverfahren keine Möglichkeit, direkt gegen den betreffenden Mitgliedstaat vorzugehen. Dies kann nur über den Rat geschehen. Die Zuordnung der Letztentscheidungsbefugnis über die Sanktionsmaßnahmen an den Rat ist vor dem Hintergrund zu sehen, dass die mitgliedstaatliche Haushaltspolitik weiterhin in die Souveränität der Mitgliedstaaten fällt. Die Verhängung von Sanktionen an Mitgliedstaaten wegen deren Haushaltspolitik greift in die mitgliedstaatliche Souveränität ein. Im Rat können mitgliedstaatliche Interessen nach Maßgabe des Vertrags Berücksichtigung finden, so dass auf diese Weise ein gewisser Ausgleich zur Anerkennung der mitgliedstaatlichen Souveränität erfolgt. Problematisch ist an dieser Lösung die Gefahr, dass die einzelnen Mitgliedstaaten jeweils durch ihre Stimmabgabe selbst gleichzeitig die Kontrollfunktion des Rates mit ausüben und auch selbst potentielle Betroffene eines Sanktionsverfahren sein können. Im Falle der Feststellung nach Abs. 6 ist sogar der betroffene Mitgliedstaat selbst an der Abstimmung beteiligt. Diese Konstellation stellt ein Spannungsverhältnis zwischen mitgliedstaatlicher Souveränität und effektiver Durchsetzung der Pflicht nach Abs. 1 dar.

3. Ergebnis zu II.

Die Analyse der Überwachungskompetenz des Rates in der Wirtschaftspolitik hat gezeigt, dass er im Defizitverfahren anders als in der Gemeinschaftsstruktur allgemein die Letztentscheidungsbefugnis über die Durchsetzung der mitgliedstaatlichen Verpflichtung nach Art. 104 Abs. 1 EGV hat. Der Kommission steht das Vertragsverletzungsverfahren gegenüber den Mitgliedstaaten und

---

[429] Vgl. Nicolaysen, Der EuGH zum Defizitverfahren nach Art. 104 EGV, S. 1323.

dem Rat nicht offen; das Hauptmittel ihrer Überwachung stellt nach außen die Abgabe von Empfehlungen an den Rat dar, entsprechende Verfahrensschritte vorzunehmen. Dabei steht ihr keine Opportunität zum Tätigwerden zu, sondern sie hat bei Vorliegen der entsprechenden Voraussetzungen eine Pflicht, Empfehlungen vorzunehmen, insbesondere, um die Entscheidung des Rates und damit die verbindliche Kontrolle bzw. Sanktion zu ermöglichen.

III. Ergebnis zu C

Im Bereich der Wirtschaftspolitik zeigen sich deutliche Verschiebungen beim Kompetenzverhältnis zwischen Rat und Kommission gegenüber der Gemeinschaftsstruktur allgemein: Einerseits ist das Initiativrecht der Kommission insbesondere im Defizitverfahren schwächer zugunsten einer stärkeren Entscheidungsbefugnis des Rates. Außerdem nimmt der Rat für die Einhaltung und Durchsetzung der mitgliedstaatlichen Verpflichtung nach Art. 104 Abs. 1 EGV eine Überwachungsfunktion mit Letztentscheidungsbefugnis wahr, während die Kommission die Grundlage der Überwachung schafft. In beiden verfahrensmäßigen Rechtsbeziehungen zwischen Rat und Kommission sind die Organe zur Kooperation verpflichtet, um einen möglichst blockadefreien Verfahrensfortgang zu ermöglichen und so das Sanktionsverfahren effektiv durchzusetzen.

D. Gesamtergebnis zur Aussagekraft des Institutionellen Gleichgewichts zwischen Rat und Kommission für die Feststellung nach Art. 104 Abs. 6 EGV

Zum Abschluss dieses Kapitels soll festgehalten werden, welche Aussagekraft das horizontale Kompetenzgefüge unter dem Aspekt des Institutionellen Gleichgewichts zwischen Rat und Kommission für die Feststellung eines übermäßigen Defizits nach Art. 104 Abs. 6 EGV hat.

Zunächst ist festzustellen, dass grundsätzlich die oben analysierten Koordinaten des Institutionellen Gleichgewichts im Bereich der Wirtschaftspolitik auch für die Feststellung des Rates nach Art. 104 Abs. 6 EGV gelten: So ist das Verhältnis des Rates zur Kommission im Bereich des Art. 104 Abs. 6 EGV geprägt durch das schwächere Initiativrecht der Kommission zugunsten einer strukturell stärkeren Entscheidungsbefugnis des Rates, die durch die eigenständige „Prüfung der Gesamtlage" im Wortlaut der Vorschrift eine zusätzliche Stütze findet. Die Absicherung des Initiativrechts gegenüber dem Rat spielt bei Art. 104 Abs. 6 EGV eine herausragende Rolle, da die Durchsetzung der Ratsentscheidung mit mitgliedstaatlichen Interessen in Abs. 6 die Besonderheit aufweist, dass im

Gegensatz zu den sonstigen Entscheidungen nach Art. 104 EGV der betreffende Mitgliedstaat selbst stimmberechtigt ist. Dadurch ist strukturell die Gefahr angelegt, dass die erforderliche Mehrheit für das Feststellen eines Defizits nicht zu Stande kommt, insbesondere, wenn man berücksichtigt, dass nicht nur der betreffende Mitgliedstaat gegen eine ihn betreffende Feststellung stimmt, sondern auch noch Allianzen mit den Vertretern anderer Mitgliedstaaten knüpft. Wegen dieser Konstellation besteht die Gefahr, dass die Überwachungsfunktion des Rates innerhalb von Abs. 6 geschwächt wird. Um eine größtmögliche Wirksamkeit des Defizitverfahrens sicherzustellen, ist das Initiativrecht der Kommission in der Form abzusichern, dass die Verfahrensvorschriften zur Beschlussfassung nach Art. 104 Abs. 6 EGV vom Rat eingehalten werden. Insbesondere muss er zügig auf eine Empfehlung hin eine Entscheidung treffen, was zusätzlich durch Art. 3 Abs. 3 VO 1467/97 präzisiert wird. Verfahrensmäßig darf er in einem Beschluss nach Abs. 6 die Empfehlung der Kommission, ein übermäßiges Defizit festzustellen, inhaltlich nur dahingehend ändern, dass er kein übermäßiges Defizit feststellt. In einem solchen Fall muss er dies nach den verfahrensrechtlichen Vorschriften über die Abstimmungsmodalitäten nach Art. 205 Abs. 2 2. Spiegelstrich EGV mit einer doppelt qualifizierten Mehrheit beschließen. Die effektive Anwendung des Sanktionsverfahrens nach Art. 104 EGV erfordert eine Transparenz der Entscheidungsfindung insofern, als der Rat bei einer inhaltlich anderen Entscheidung als der Empfehlung eine schriftliche Begründung für sein Abweichen darlegen sollte.

Ein in diesem Sinne verstandenes und angewandtes Initiativrecht dient der Begrenzung der Entscheidungsbefugnis des Rates in verfahrensrechtlicher Sicht[430].

E. Thesen zu den analysierten Ermessensgrenzen des Rates aus den Kapiteln 3-5

1. Für den Rat sind folgende Zielbestimmungen verbindlich und im Rahmen seiner Entscheidung nach Art. 104 Abs. 6 EGV zu berücksichtigen: Eine harmonische Entwicklung des Wirtschaftslebens, ein hohes Beschäftigungsniveau, ein beständiges, nicht inflationäres Wachstum (Art. 2 EGV); die Förderung des Binnenmarktes, die Festlegung gemeinsamer Ziele i.S.d. Art. 99 Abs. 2 (Art. 4 Abs. 1) EGV; die richtungsweisenden Grundsätze Preisstabilität, gesunde öffentliche Finanzen, eine dauerhaft finanzierbare Zahlungsbilanz (Art. 4 Abs. 3 und Art. 98 S.2 EGV).

[430] Vgl. KOTZUR, Urteilsanmerkung, S. 1074: „Eine vermeintliche Ermessensbetätigung darf Verfahrensgarantien nicht relativieren“.

2. Die genannten Zielbestimmungen sind nicht absolut hierarchisch, so dass nicht a priori eine Auslegungsmaxime zugunsten eines Zieles für den Fall einer Kollision mit einem anderen Ziel festgestellt werden kann. Folge dieser grundsätzlichen Gleichrangigkeit der Ziele ist, dass die im Einzelfall erforderliche Prioritätensetzung grundsätzlich dem Rat zusteht im Rahmen der Vereinbarkeit mit anderen vertraglichen Grenzen. Für den Rat ergibt sich damit aus den Zielbestimmungen keine absolute Auslegungsmaxime für ein bestimmtes Ziel, die als konkrete Ermessensgrenze herangezogen werden könnte.

3. Für das Ziel der Preisstabilität ergibt sich aus These 2., dass sie im Bereich der Wirtschaftspolitik ein gleichrangiges Ziel neben den anderen Zielen für den Rat ist.

4. Bei der Ratsentscheidung nach Art. 104 Abs. 6 EGV gibt es eine relative Hierarchie: Es besteht ein relativer Vorrang des Zieles der gesunden öffentlichen Finanzen gegenüber dem Ziel eines hohen Beschäftigungsniveaus sowie gegenüber den Grundzügen der Wirtschaftspolitik i.S.d. Art. 99 Abs. 2 EGV.

5. Aus dem Stabilitäts- und Wachstumspakt ergeben sich für die Entscheidungsfreiheit des Rates rechtsverbindliche Grenzen aus der VO 1467/97 durch Art. 2 Abs. 3 der Verordnung bezüglich der Berücksichtigung von Bemerkungen der Mitgliedstaaten.

6. Die Entschließung des Stabilitätspaktes setzt dem Rat keine rechtsverbindlichen Ermessensgrenzen: insbesondere sind die entsprechenden Vorgaben mangels einer ständigen Übung durch den Rat bzw. der Organe nicht gewohnheitsrechtlich verbindlich geworden. Die Vorgaben dienen als Auslegungshilfe für die entsprechenden Vorschriften der Art. 99 und 104 EGV sowie der Verordnungen 1466/97 und 1467/97.

7. Ermessensgrenzen ergeben sich für den Rat aus dem Institutionellen Gleichgewicht zwischen Rat und Kommission. Dieses wird durch die wesentlichen Kompetenzrechte der Organe im Verfahren nach Art. 104 EGV aufgespannt: es handelt sich einerseits um das Initiativrecht der Kommission und andererseits um das Letztentscheidungsrecht des Rates.

8. Im Defizitverfahren ist das Initiativrecht der Kommission schwächer ausgestaltet als in der Gemeinschaftsstruktur allgemein. Die damit einhergehende stärkere Entscheidungsbefugnis des Rates wird durch die verfahrensrechtliche Absicherung des Initiativrechts der Kommission in Art. 104 EGV begrenzt.

9. Der Charakter des Defizitverfahrens als alleiniges Sanktionsverfahrens i.V.m. den Anforderungen des „effet utile" zwingt den Rat zu einer strikten und rechtzeitigen Durchführung aller in seine Zuständigkeit fallenden Beschlüsse.

6. Kapitel: Justitiabilität

Abschließend soll die Justitiabilität der Ratsentscheidung nach Art. 104 Abs. 6 EGV untersucht werden. Der Ausschluss des Rechts auf Klageerhebung nach Art. 104 Abs. 10 schließt lediglich das Vertragsverletzungsverfahren nach Art. 226 und 227 EGV aus, nicht aber die Nichtigkeitsklage gemäß Art. 230 EGV und die Untätigkeitsklage nach Art. 232 EGV. Beide sollen im folgenden kurz skizziert werden.

C. Die Nichtigkeitsklage nach Art. 230 EGV

I. Zulässigkeit

Tauglicher Klagegegenstand ist nach Art. 230 jede Handlung des Rates, die einen verbindlichen Gemeinschaftsrechtsakt mit Außenwirkung darstellt[431]. Die Feststellung des Bestehens eines übermäßigen Defizits nach Art. 104 Abs. 6 EGV ist ein Akt mit Außenwirkung und somit justitiabel im Rahmen der Nichtigkeitsklage.

Die Nichtannahme eines Beschlusses mangels der nötigen Mehrheit führt nicht zu einer Entscheidung nach den Bestimmungen des Vertrags[432], so dass diesbezüglich eine Nichtigkeitsklage nicht zulässig wäre. In diesem Fall könnte die Nichtannahme mit der Untätigkeitsklage angegriffen werden[433].

Parteifähig als Kläger sind gemäß Art. 230 Abs. 2 EGV die Mitgliedstaaten-auch der betroffene Mitgliedstaat sowie die Gemeinschaftsorgane.

II. Begründetheit

Die Nichtigkeitsklage kann auf die Verletzung wesentlicher Formvorschriften, die Verletzung des Vertrags und auf Ermessensmissbrauch gestützt werden. Zwar wurden in der Prüfung oben Grenzen für das Ermessen des Rates

---

[431] CALLIESS/RUFFERT, EUV/EGV-CREMER, Art. 230 EGV, Rn. 12; SCHWARZE, EUV/EGV-SCHWARZE, Art. 230 Rn. 19 ff.

[432] Vgl. EuGH Rs. C-27/04 (Kommission/Rat), Urteil v. 13.7.2004, Rn. 31, ABl. C 228, S. 16 v. 11.9.2004, vollständiger Text des Urteils abrufbar auf der Homepage des EuGH unter: http://curia.eu.int/de/content/juris/index.htm.

[433] Siehe dazu unten B).

bei der Entscheidungsfindung nach Art. 104 Abs. 6 EGV herausgearbeitet, allerdings ist damit nicht jedes Überschreiten der aufgezeigten Ermessensgrenzen gleichzeitig unter dem Aspekt des Ermessensmissbrauchs erfolgreich anzufechten. Wie in Kapitel 1 bereits im Kontext mit der Funktion des Ermessens erörtert, legt der EuGH für die Annahme eines Ermessensmißbrauchs einen strengen Maßstab an: Er ist auf die nach objektiven Kriterien zu ermittelnde Verfolgung subjektiv rechtswidriger Zwecke beschränkt[434]. Da es in der Praxis schwierig sein wird, dem Rat den subjektiven Tatbestand des Ermessensmissbrauchs nachzuweisen, werden die Erfolgsaussichten einer diesbezüglichen Klage eher gering sein.

Allerdings sind die herausgearbeiteten Grenzen des Ermessens teilweise unter dem Aspekt der Vertragsverletzung justitiabel: Das gilt für die Verletzung des Institutionellen Gleichgewichts ebenso wie für die Verletzung von Verfahrensvorschriften des Art. 104 EGV, auch wenn die Verletzung erst durch eine entsprechende Auslegung nach dem Prinzip des effet utile besteht. Auch in den Fällen, wo der Rat gegen den relativen Vorrang des Zieles der gesunden öffentlichen Finanzen verstößt zugunsten der Beschäftigungspolitik bzw. der Grundzüge nach Art. 99 Abs. 2, liegt eine Vertragsverletzung vor. In übrigen Fragen der Berücksichtigung von Zielen liegt in der Regel wegen der Kompetenz des Rates zur Zielkokretisierung in der Regel keine Vertragsverletzung vor, es sei denn, aus anderen vertraglichen Grenzen ist das Ermessen auf eine bestimmte Entscheidung reduziert. Bloße Verstöße gegen Vorgaben der Entschließung sind wegen deren Rechtsunverbindlichkeit[435] nicht justitiabel. Ausnahmsweise ist jedoch eine Vorgabe der Entschließung, nämlich die rechtzeitige und strikte Durchführung aller Bestandteile des Pakts, für den Rat rechtsverbindlich: Nicht kraft der Entschließung sondern wegen der Überwachungsfunktion des Rates bezüglich der Pflicht der Mitgliedstaaten nach Art. 104 Abs. 1 EGV; diese kann er nur wirksam ausüben, wenn er eine rechtzeitige und strikte Beschlussfassung vornimmt (s.o.). Justitiabel ist die rechtzeitige und strikte Durchführung nur dann, wenn eine andere Entscheidung des Rates die Pflicht zur effektiven Anwendung des Sanktionsverfahrens nicht mehr erfüllt.

434 Streinz, EUV/EGV-Ehricke, Art. 230 Rn. 79 und bereits oben Kapitel 2 B)II).

435 Siehe dazu bereits oben Kapitel 1 B)I)3)b).

D. Die Untätigkeitsklage nach Art. 232 EGV

I. Zulässigkeit

Parteifähige Kläger sind nach Art. 232 Abs. 1 EGV die Mitgliedstaaten sowie die Gemeinschaftsorgane. Zulässiger Klagegegenstand ist das Unterlassen einer Beschlussfassung u.a. durch den Rat, so dass das Unterlassen eines Beschlusses nach Art. 104 Abs. 6 EGV darunter fällt. Auch der Beschluss über eine Empfehlung der Kommission, die nicht angenommen wird, ist tauglicher Klagegegenstand, da insofern keine verbindliche Entscheidung vorliegt[436].

Vor Erhebung der Klage muss ein Vorverfahren nach Art. 232 Abs. 2 durchgeführt werden, in dem das Organ zum Tätigwerden aufgefordert werden muss. Erst nach einer fruchtlosen Verstreichung einer Frist von 2 Monaten kann Klage erhoben werden. Damit erweist sich das Verfahren als langwierig.

II. Begründetheit

Eine Untätigkeitsklage hat nur Erfolg, wenn das Unterlassen des Beschlusses eine Vertragsverletzung darstellt. Das bedeutet, dass eine Handlungspflicht des Rates zur Feststellung eines übermäßigen Defizits bestehen muss. Daher gelten dann die zur Nichtigkeitsklage gemachten Ausführungen zur justitiablen Vertragsverletzung entsprechend.

Praktischer Nachteil der Untätigkeitsklage ist, dass der EuGH lediglich die Rechtswidrigkeit des Unterlassens feststellen kann, den vertragswidrigen Zustand jedoch nicht beseitigen kann.

---

[436] Siehe dazu bereits oben A)I).

Anhang

Tabelle 1: Öffentlicher Finanzierungssaldo – Nettofinanzierungssaldo des Staates in Prozent des BIP[1]

	1996	1997	1998	1999	2000	2001	2002	2003	2004	2005
EU (25 Länder)	--	--	-1,7	-0,8	0,8	-1,3	-2,3	-3,0	-2,6	-2,3
Eurozone	--	--	--	--	--	-1,9	-2,5	-3.0	-2,8	-2,4
Belgien	-3,8	-2,0	-0,7	-0,4	0,2	0,6	0,0	0,1	0,0	0,1
Dänemark	-1,9	-0,5	0,2	2,4	1,7	2,6	1,2	1,0	2,7	4,9
Deutschland	-3,4	-2,7	-2,2	-1,5	1,3	-2,9	-3,7	-4,0	-3,7	-3,3
Estland	--	1,9	-0,3	-3,7	-0,6	0,3	1,0	2,4	1,5	1,6
Finnland	-3,2	-1,5	1,5	2,2	7,1	5,2	4,1	2,5	2,3	2,6
Frankreich	-4,1	-3,0	-2,7	-1,8	-1,4	-1,6	-3,2	-4,2	-3,7	-2,9
Griechenland	-7,4	-4,0	-2,5	-1,8	-4,1	-6,1	-4,9	-5,8	-6,9	-4,5
Irland	-0,1	1,1	2,4	2,4	4,4	0,8	-0,4	0,2	1,5	1,0
Italien	-7,1	-2,7	-2,8	-1,7	-0,6	-3,2	-2,9	-3,4	-3,4	-4,1
Lettland	--	--	-0,6	-4,9	-2,8	-2,1	-2,3	-1,2	-0,9	0,2
Litauen	--	-1,1	-3,0	-5,6	-2,5	-2,0	-1,4	-1,2	-1,5	-0,5
Luxemburg	1,9	3,2	3,2	3,7	6,0	6,1	2,0	0,2	-1,1	-1,9
Malta	--	-10,7	-10,8	-7,6	-6,2	-6.6	-5,6	-10,2	-5,1	-3,3
Niederlande	-1,8	-1,1	-0,8	0,7	2,2	-0,2	-2,0	-3,1	-1.9	-0,3
Österreich	-3,9	-1,8	-2,3	-2,2	-1,5	0,1	-0,5	-1,5	-1,1	-1,5
Polen	--	-4,0	-2.1	-1.4	-0,7	-3,7	-3,2	-4,7	-3.9	-2,5
Portugal	-4,0	-3,0	-2,6	-2,8	-2,8	-4,2	-2,9	-2,9	-3,2	-6,0
Schweden	-2,7	-0,9	1,8	2,5	5,1	2,5	-0,2	0,1	1,8	2,9
Slowakei	--	-5,5	-4,7	-6,4	-12,3	-6,6	-7,7	-3,7	-3,0	-2,9
Slowenien	--	--	-2,2	-2,1	-3,5	-3,9	-2,7	-2,8	-2,3	-1,8
Spanien	-4,9	-3,2	-3,0	-1,2	-0,9	-0,5	-0,3	0,0	-0,1	1,1
Tschechische Republik	--	-2,5	-5,0	-3,6	-3,7	-5,9	-6,8	-6,6	-2,9	-2,6
Ungarn	--	-6,8	-8,0	-5,6	-3,0	-3,5	-8.4	-6,4	-5,4	-6,1
Vereinigtes Königreich	-4,3	-2,0	0,2	1,0	3,8	0,7	-1,6	-3,3	-3,3	-3,6
Zypern	--	--	-4,3	-4,5	-2,4	-2,3	-4,5	-6,3	-4,1	-2,4

[1] Quelle: EUROSTAT.

Tabelle 2: Reale Wachstumsrate des BIP[2]
-Wachstumsrate des BIP-Volumens - Prozentuale Veränderung relativ zum Vorjahr

	1996	1997	1998	1999	2000	2001	2002	2003	2004	2005
EU (25 Länder)	1,8	2,7	2,9	3,0	3,9	1,9	1,2	1,2	2,4	1,6
Eurozone	1,4	2,5	2,8	3,0	3.9	1,9	0,9	0,8	2,1	1,3
Belgien	1,2	3,3	1,9	3,1	3,9	1,0	1,5	0,9	2,6	1,2
Dänemark	2,8	3,2	2,2	2,6	3,5	0,7	0,5	0,7	1,9	3,1
Deutschland	1,0	1,8	2,0	2,0	3,2	1,2	0,1	-0,2	1,6	1,0
Estland	4,4	11,1	4,4	0,3	7,9	6,5	7,2	6,7	7,8	9,8
Finnland	3,8	6,2	5,0	3,4	5,0	1,0	2,2	2,4	3,6	2,1
Frankreich	1,1	2,2	3,5	3,2	4,0	1,9	1,0	1,1	2,3	1,2
Griechenland	2,4	3,6	3,4	3,4	4,5	5,1	3,8	4,8	4,7	3,7
Irland	8,3	11,7	8,5	10,7	9,2	6,2	6,1	4,4	4,5	4,7
Italien	0,7	1,9	1,4	1,9	3,6	1,8	0,3	0,0	1,1	-0,0
Lettland	3,8	8,3	4,7	4,7	6,9	8,0	6,5	7,2	8,5	10,2
Litauen	4,7	7,0	7,3	-1,7	3,9	6,4	6,8	10,5	7,0	7,5
Luxemburg	1,5	5,9	6,5	8,4	8,4	2,5	3,6	2,0	4,2	4,0
Malta	--	4,9	3,4	4,1	6,4	-0,4	1,7	-2,6	-0,5	2,4
Niederlande	3,4	4,3	3,9	4,7	3,9	1,9	0,1	-0,1	1,7	1,1
Österreich	2,6	1,8	3,6	3,3	3,4	0,8	1,0	1,4	2,4	1,8
Polen	6,2	7,1	5,0	4,5	4,2	1,1	1,4	3,8	5,3	3,2
Portugal	3,6	4,2	4,8	3,9	3,9	2,0	0,8	-1,1	1,2	0,4
Schweden	1,3	2,3	3,7	4,5	4,3	1,1	2,0	1,7	3,7	2,7
Slowakei	6,1	4,6	4,2	1,5	2,8	3,2	4,1	4,2	5,4	6,1
Slowenien	3,7	4,8	3,9	5,4	4,1	2,7	3,5	2,7	4,2	3,9
Spanien	2,4	3,9	4,5	4,7	5,0	3,5	2,7	3,0	3,1	3,4
Tschechische Republik	4,2	-0,7	-1,1	1,2	3,9	2,6	1,5	3,2	4,7	6,0
Ungarn	1,3	4,6	4,9	4,2	6,0	4,3	3,8	3,4	5,2	4,1
Vereinigtes Königreich	2,7	3,2	3,2	3,0	4,0	2,2	2,0	2,5	3,1	1.8
Zypern	1,8	2,3	5,0	4,8	5,0	4,1	2,1	1,9	3,9	3,8

[2] Quelle: EUROSTAT.

Verordnung (EG) Nr. 1467/97 des Rates vom 7. Juli 1997 über die Beschleunigung und Klärung des Verfahrens bei einem übermäßigen Defizit

DER RAT DER EUROPÄISCHEN UNION -

gestützt auf den Vertrag zur Gründung der Europäischen Gemeinschaft, insbesondere auf Artikel 104 c Absatz 14,

auf Vorschlag der Kommission (1),

nach Stellungnahme des Europäischen Parlaments (2),

nach Stellungnahme des Europäischen Währungsinstituts,

in Erwägung nachstehender Gründe:

(1) Das nach Artikel 104 c des Vertrags vorgesehene Verfahren bei einem übermäßigen Defizit muß beschleunigt und geklärt werden, damit übermäßige staatliche Defizite vermieden werden und, sollten sie doch eintreten, umgehend korrigiert werden können. Die Bestimmungen dieser Verordnung, die hierzu nach Artikel 104 c Absatz 14 Unterabsatz 2 erlassen werden, bilden zusammen mit den Bestimmungen des Protokolls Nr. 5 zum Vertrag ein neues geschlossenes Regelwerk für die Anwendung des Artikels 104 c.

(2) Der Stabilitäts- und Wachstumspakt beruht auf dem Ziel einer gesunden öffentlichen Finanzlage als Mittel zur Verbesserung der Voraussetzungen für Preisstabilität und ein solides dauerhaftes Wachstum, das der Schaffung von Arbeitsplätzen förderlich ist.

(3) Der Stabilitäts- und Wachstumspakt besteht aus dieser Verordnung, der Verordnung (EG) Nr. 1466/97 des Rates (3) über den Ausbau der haushaltspolitischen Überwachung und der Überwachung und Koordinierung der Wirtschaftspolitiken und der Entschließung des Europäischen Rates vom 17. Juni 1997 über den Stabilitäts- und Wachstumspakt (4), in der im Einklang mit Artikel D des Vertrags über die Europäische Union feste politische Vorgaben gemacht werden, damit der Stabilitäts- und Wachstumspakt strikt und fristgerecht umgesetzt werden kann und insbesondere das mittelfristige Ziel eines nahezu ausgeglichenen oder einen Überschuß aufweisenden Haushalts, wozu sich alle Mitgliedstaaten verpflichtet haben, eingehalten und die haushaltspolitischen Korrekturmaßnahmen, die ihres Erachtens zur Erreichung der Ziele ihrer Stabi-

litäts- oder Konvergenzprogramme erforderlich sind, ergriffen werden können, wenn es Anzeichen für eine tatsächliche oder zu erwartende erhebliche Abweichung von dem mittelfristigen Haushaltsziel gibt.

(4) In der dritten Stufe der Wirtschafts- und Währungsunion (WWU) besteht für die Mitgliedstaaten nach Artikel 104 c eine klare vertragliche Verpflichtung zur Vermeidung übermäßiger öffentlicher Defizite. Nach Nummer 5 des Protokolls Nr. 11 zum Vertrag gilt Artikel 104 c Absätze 1, 9 und 11 für das Vereinigte Königreich erst, wenn es in die dritte Stufe eintritt. Die Verpflichtung nach Artikel 109 e Absatz 4, sich um eine Vermeidung übermäßiger öffentlicher Defizite zu bemühen, gilt für das Vereinigte Königreich weiterhin.

(5) Dänemark hat unter Bezugnahme auf Nummer 1 des Protokolls Nr. 12 zum Vertrag im Zusammenhang mit dem Edinburgh-Beschluß vom 12. Dezember 1992 notifiziert, daß es an der dritten Stufe nicht teilnehmen wird. Nach Nummer 2 dieses Protokolls gilt Artikel 104 c Absätze 9 und 11 daher nicht für Dänemark.

(6) In der dritten Stufe der WWU sind die Mitgliedstaaten vorbehaltlich der Bestimmungen des Vertrages weiterhin für ihre nationalen Haushaltspolitiken verantwortlich. Die Mitgliedstaaten ergreifen die erforderlichen Maßnahmen, um ihrer Verantwortung entsprechend den Vertragsbestimmungen nachzukommen.

(7) Indem die Mitgliedstaaten an dem mittelfristigen Ziel eines nahezu ausgeglichenen Haushalts oder eines Haushaltsüberschusses festhalten, wozu sich alle Mitgliedstaaten verpflichtet haben, wird ein Beitrag dazu geleistet, daß die geeigneten Voraussetzungen für Preisstabilität und für ein nachhaltiges Wachstum, das der Schaffung von Arbeitsplätzen förderlich ist, in allen Mitgliedstaaten herbeigeführt werden; ferner können die Mitgliedstaaten damit normale Konjunkturschwankungen bewältigen und zugleich bewirken, daß das öffentliche Defizit innerhalb des Referenzwerts von 3 % des BIP gehalten wird.

(8) Damit die WWU reibungslos funktioniert, ist es erforderlich, daß die Konvergenz der Wirtschafts- und Haushaltsleistungen der Mitgliedstaaten, die die einheitliche Währung eingeführt haben - nachstehend "teilnehmende Mitgliedstaaten" genannt - stabil und dauerhaft ist. Haushaltsdisziplin ist in der dritten Stufe der WWU eine Voraussetzung für die Sicherung der Preisstabilität.

(9) Nach Artikel 109 k Absatz 3 des Vertrags ist Artikel 104 c Absätze 9 und 11 nur auf die teilnehmenden Mitgliedstaaten anwendbar.

(10) Für das in Artikel 104 c Absatz 2 Buchstabe a) genannte Kriterium, daß der Referenzwert nur ausnahmsweise und vorübergehend überschritten wird, ist eine Begriffsbestimmung notwendig. In diesem Zusammenhang sollte der Rat unter anderem die mehrjährigen Haushaltsvorausschätzungen der Kommission berücksichtigen.

(11) In einem Bericht der Kommission nach Artikel 104 c Absatz 3 wird berücksichtigt, ob das öffentliche Defizit die öffentlichen Ausgaben für Investitionen übertrifft; berücksichtigt werden ferner alle sonstigen einschlägigen Faktoren, einschließlich der mittelfristigen Wirtschafts- und Haushaltslage des Mitgliedstaats.

(12) Für die Anwendung des Verfahrens bei einem übermäßigen Defizit müssen Fristen gesetzt werden, damit eine zügige und wirksame Anwendung gewährleistet ist. In diesem Zusammenhang ist zu berücksichtigen, daß das Haushaltsjahr im Vereinigten Königreich nicht mit dem Kalenderjahr übereinstimmt.

(13) Es muß festgelegt werden, auf welche Weise die in Artikel 104 c des Vertrags vorgesehenen Sanktionen verhängt werden können, damit die wirksame Anwendung des Verfahrens bei einem übermäßigen Defizit gewährleistet ist.

(14) Die verstärkte Überwachung gemäß der Verordnung (EG) Nr. 1466/97 des Rates sollte zusammen mit der Überwachung der Entwicklung der Haushaltslage durch die Kommission gemäß Artikel 104 c Absatz 2 die wirksame und rasche Anwendung des Verfahrens bei einem übermäßigen Defizit erleichtern.

(15) Dementsprechend erscheint für den Fall, daß es ein teilnehmender Mitgliedstaat unterläßt, wirksame Maßnahmen zur Korrektur eines übermäßigen Defizits zu ergreifen, ein Gesamtzeitraum von höchstens zehn Monaten ab dem Tag der Mitteilung der Haushaltsdaten, die ein übermäßiges Defizit belegen, bis zum etwaigen Beschluß zur Auferlegung von Sanktionen sowohl möglich als auch angemessen, um Druck auf den betreffenden teilnehmenden Mitgliedstaat auszuüben, damit er entsprechende Maßnahmen ergreift. Somit könnten bei einem im März anlaufenden Verfahren Sanktionen noch im Kalenderjahr des Verfahrensbeginns verhängt werden.

(16) Die Empfehlung des Rates zur Korrektur eines übermäßigen Defizits oder die späteren Schritte des Verfahrens bei einem übermäßigen Defizit sollten für den betreffenden Mitgliedstaat absehbar sein, da er frühzeitig gewarnt worden ist. Der Ernst der Lage bei einem übermäßigen Defizit in der dritten Stufe gebietet, daß alle Beteiligten umgehend handeln.

(17) Das Verfahren bei einem übermäßigen Defizit sollte ruhen, wenn der betreffende Mitgliedstaat geeignete Maßnahmen aufgrund einer Empfehlung nach Artikel 104 c Absatz 7 oder einer Inverzugsetzung nach Artikel 104 c Absatz 9 ergreift, damit die Mitgliedstaaten einen Anreiz erhalten, entsprechend zu handeln. Der Zeitraum, während dessen das Verfahren ruht, sollte nicht in den Zeitraum von höchstens zehn Monaten zwischen dem Zeitpunkt der Meldung eines übermäßigen Defizits und der Auferlegung von Sanktionen einbezogen werden. Das Verfahren sollte unverzüglich wiederaufgenommen werden, wenn die in Aussicht genommene Maßnahme nicht umgesetzt wird oder wenn sich die umgesetzte Maßnahme als unangemessen erweist.

(18) Damit das Verfahren bei einem übermäßigen Defizit einen ausreichenden Abschreckungseffekt besitzt, sollte bei einem Sanktionsbeschluß des Rates von dem betreffenden teilnehmenden Mitgliedstaat eine unverzinsliche Einlage in angemessener Höhe verlangt werden.

(19) Die Festlegung von Sanktionen nach einer festen Berechnungsregel dient der Rechtssicherheit. Der zu hinterlegende Betrag sollte an das BIP des betreffenden teilnehmenden Mitgliedstaats geknüpft werden.

(20) Veranlaßt die Auferlegung einer unverzinslichen Einlage den betreffenden teilnehmenden Mitgliedstaat nicht, das übermäßige Defizit rechtzeitig zu korrigieren, so sollten die Sanktionen verschärft werden. Die Einlage sollte dann in eine Geldbuße umgewandelt werden.

(21) Geeignete Maßnahmen des betreffenden teilnehmenden Mitgliedstaats zur Korrektur seines übermäßigen Defizits sind der erste Schritt zu einer Aufhebung der Sanktionen. Werden bei der Korrektur des übermäßigen Defizits erhebliche Fortschritte erzielt, so sollten Sanktionen nach Artikel 104 c Absatz 12 aufgehoben werden können. Die Aufhebung aller Sanktionen sollte erst dann erfolgen, wenn das übermäßige Defizit vollständig korrigiert worden ist.

(22) Die Verordnung (EG) Nr. 3605/93 des Rates vom 22. November 1993 über die Anwendung des dem Vertrag zur Gründung der Europäischen Gemeinschaft beigefügten Protokolls über das Verfahren bei einem übermäßigen Defizit (5) enthält ausführliche Regeln für die Mitteilung von Haushaltsdaten durch die Mitgliedstaaten.

(23) Nach Artikel 109 f Absatz 8 ist in den Fällen, in denen der Vertrag eine beratende Funktion für die Europäische Zentralbank (EZB) vorsieht, vor der Errichtung der EZB unter dieser das Europäische Währungsinstitut zu verstehen -

HAT FOLGENDE VERORDNUNG ERLASSEN:

ABSCHNITT I BEGRIFFSBESTIMMUNGEN UND BEWERTUNGEN

Artikel 1

(1) Diese Verordnung enthält die Bestimmungen zur Beschleunigung und Klärung des Verfahrens bei einem übermäßigen Defizit, womit das Ziel verfolgt wird, übermäßige öffentliche Defizite möglichst zu vermeiden und gegebenenfalls auftretende Defizite unverzüglich zu korrigieren.

(2) Im Sinne dieser Verordnung sind "teilnehmende Mitgliedstaaten" diejenigen Mitgliedstaaten, die die einheitliche Währung nach dem Vertrag einführen, und "nichtteilnehmende Mitgliedstaaten" diejenigen Mitgliedstaaten, die die einheitliche Währung nicht eingeführt haben.

Artikel 2

(1) Überschreitet ein öffentliches Defizit den Referenzwert, so gilt der Referenzwert als ausnahmsweise und vorübergehend überschritten im Sinne von Artikel 104 c Absatz 2 Buchstabe a) zweiter Gedankenstrich, wenn dies auf ein außergewöhnliches Ereignis, das sich der Kontrolle des betreffenden Mitgliedstaats entzieht und die staatliche Finanzlage erheblich beeinträchtigt, oder auf einen schwerwiegenden Wirtschaftsabschwung zurückzuführen ist.

Darüber hinaus gilt der Referenzwert dann als vorübergehend überschritten, wenn die Haushaltsvorausschätzungen der Kommission darauf hindeuten, daß das Defizit unter den Referenzwert sinken wird, wenn das außergewöhnliche Ereignis nicht mehr vorliegt oder der schwerwiegende Wirtschaftsabschwung beendet ist.

(2) Erstellt die Kommission einen Bericht im Sinne von Artikel 104 c Absatz 3, so betrachtet sie den Referenzwert in der Regel nur dann aufgrund eines schweren Wirtschaftsabschwungs als ausnahmsweise überschritten, wenn das reale BIP innerhalb eines Jahres um mindestens 2 % zurückgegangen ist.

(3) Wenn der Rat gemäß Artikel 104 c Absatz 6 entscheidet, ob ein übermäßiges Defizit besteht, so berücksichtigt er bei seiner Prüfung der Gesamtlage sämtliche Bemerkungen des betreffenden Mitgliedstaats, aus denen hervorgeht, daß ein innerhalb eines Jahres eingetretener Rückgang des realen BIP um weniger als 2 % angesichts weiterer relevanter Umstände, insbesondere bei einem jähen Abschwung oder einem gegenüber den vorangegangenen Trends insgesamt sehr starken Rückgang der Produktion, gleichwohl außergewöhnlich ist.

ABSCHNITT 2 BESCHLEUNIGUNG DES VERFAHRENS BEI EINEM ÜBERMÄSSIGEN DEFIZIT

Artikel 3

(1) Hat die Kommission einen Bericht gemäß Artikel 104 c Absatz 3 angenommen, so gibt der Wirtschafts- und Finanzausschuß gemäß Artikel 104 c Absatz 4 innerhalb von zwei Wochen eine Stellungnahme ab.

(2) Ist die Kommission der Auffassung, daß ein übermäßiges Defizit besteht, so legt sie unter uneingeschränkter Berücksichtigung der Stellungnahme nach Absatz 1 dem Rat gemäß Artikel 104 c Absätze 5 und 6 eine Stellungnahme und eine Empfehlung zur Entscheidung vor.

(3) Der Rat entscheidet gemäß Artikel 104 c Absatz 6 innerhalb von drei Monaten nach den in Artikel 4 Absätze 2 und 3 der Verordnung (EG) Nr. 3605/93 genannten Meldeterminen, ob ein übermäßiges Defizit besteht. Stellt der Rat gemäß Artikel 104 c Absatz 6 fest, daß ein übermäßiges Defizit besteht, so spricht er gleichzeitig gemäß Artikel 104 c Absatz 7 Empfehlungen an den betreffenden Mitgliedstaat aus.

(4) In der Empfehlung, die der Rat gemäß Artikel 104 c Absatz 7 ausspricht, wird dem betreffenden Mitgliedstaat eine Frist von höchstens vier Monaten für das Ergreifen wirksamer Maßnahmen gesetzt. In der Empfehlung des Rates wird ferner eine Frist für die Korrektur des übermäßigen Defizits gesetzt; diese Korrektur sollte in dem Jahr erreicht werden, das auf die Feststellung eines übermäßigen Defizits folgt, sofern keine besonderen Umstände vorliegen.

Artikel 4

(1) Wurde festgestellt, daß keine wirksamen Maßnahmen im Sinne von Artikel 104 c Absatz 8 getroffen wurden, und beschließt der Rat aufgrund dessen, seine Empfehlungen zu veröffentlichen, so ergeht dieser Beschluß unmittelbar nach Ablauf der gemäß Artikel 3 Absatz 4 dieser Verordnung gesetzten Frist.

(2) Bei der Entscheidung darüber, ob aufgrund seiner Empfehlungen nach Artikel 104 c Absatz 7 wirksame Maßnahmen getroffen wurden, stützt sich der Rat auf öffentlich bekanntgegebene Beschlüsse der Regierung des betreffenden Mitgliedstaats.

Artikel 5

Beschließt der Rat, den betreffenden teilnehmenden Mitgliedstaat mit der Maßgabe in Verzug zu setzen, Maßnahmen zum Defizitabbau gemäß Artikel

104 c Absatz 9 zu treffen, so ergeht dieser Beschluß innerhalb eines Monats, nachdem der Rat gemäß Artikel 104 c Absatz 8 festgestellt hat, daß keine wirksamen Maßnahmen ergriffen wurden.

Artikel 6

Sind diese Voraussetzungen für eine Anwendung des Artikels 104 c Absatz 11 erfuellt, so verhängt der Rat Sanktionen gemäß Artikel 104 c Absatz 11. Ein entsprechender Beschluß ergeht innerhalb von zwei Monaten nach dem Beschluß des Rates, den betreffenden teilnehmenden Mitgliedstaat gemäß Artikel 104 c Absatz 9 mit der Maßgabe in Verzug zu setzen, Maßnahmen zum Defizitabbau zu treffen.

Artikel 7

Kommt ein teilnehmender Mitgliedstaat den nacheinander getroffenen Beschlüssen des Rates gemäß Artikel 104 c Absätze 7 und 9 nicht nach, so trifft der Rat den Beschluß, gemäß Artikel 104 c Absatz 11 Sanktionen zu verhängen, innerhalb von zehn Monaten nach den in der Verordnung (EG) Nr. 3605/93 genannten Meldeterminen, auf die in Artikel 3 Absatz 3 der vorliegenden Verordnung Bezug genommen wird. Bei einem bewußt geplanten Defizit, das nach Feststellung des Rates übermäßig ist, wird ein Eilverfahren angewandt.

Artikel 8

Beschließt der Rat, Sanktionen gemäß Artikel 104 c Absatz 11 zu verschärfen, die nicht in einer Umwandlung von Einlagen in Geldbußen nach Artikel 14 dieser Verordnung bestehen, so ergeht dieser Beschluß innerhalb von zwei Monaten nach den Meldeterminen gemäß der Verordnung (EG) Nr. 3605/93. Beschließt der Rat, einige oder sämtliche seiner Beschlüsse gemäß Artikel 104 c Absatz 12 aufzuheben, so ergeht dieser Beschluß so bald wie möglich und auf jeden Fall spätestens zwei Monate nach den Meldeterminen gemäß der Verordnung (EG) Nr. 3605/93.

ABSCHNITT 3 RUHEN DES VERFAHRENS UND ÜBERWACHUNG

Artikel 9

(1) Das Verfahren bei einem übermäßigen Defizit ruht,

- wenn der betreffende Mitgliedstaat gemäß den Empfehlungen nach Artikel 104 c Absatz 7 tätig wird;

- wenn der betreffende teilnehmende Mitgliedstaat aufgrund einer Inverzugsetzung nach Artikel 104 c Absatz 9 tätig wird.

(2) Der Zeitraum des Ruhens des Verfahrens wird weder in die in Artikel 7 dieser Verordnung genannte Frist von zehn Monaten noch in die in Artikel 6 dieser Verordnung genannte Frist von zwei Monaten einbezogen.

Artikel 10

(1) Die Kommission und der Rat überwachen die Durchführung der Maßnahmen,

- die der betreffende Mitgliedstaat aufgrund der Empfehlungen nach Artikel 104 c Absatz 7 ergreift;

- die der betreffende teilnehmende Mitgliedstaat aufgrund einer Inverzugsetzung nach Artikel 104 c Absatz 9 ergreift.

(2) Werden von einem teilnehmenden Mitgliedstaat keine Maßnahmen durchgeführt oder erweisen sie sich nach Auffassung des Rates als unangemessen, so trifft der Rat unverzüglich einen Beschluß nach Artikel 104 c Absatz 9 bzw. Artikel 104 c Absatz 11.

(3) Geht aus den gemäß der Verordnung (EG) Nr. 3605/93 ermittelten Daten über die tatsächliche Entwicklung hervor, daß ein übermäßiges Defizit von einem teilnehmenden Mitgliedstaat nicht innerhalb der in den Empfehlungen nach Artikel 104 c Absatz 7 oder der in einer Inverzugsetzung nach Artikel 104 c Absatz 9 festgelegten Frist korrigiert worden ist, so trifft der Rat unverzüglich einen Beschluß nach Artikel 104 c Absatz 9 bzw. Artikel 104 c Absatz 11.

ABSCHNITT 4 SANKTIONEN

Artikel 11

Beschließt der Rat Sanktionen gegen einen teilnehmenden Mitgliedstaat gemäß Artikel 104 c Absatz 11, so wird in der Regel eine unverzinsliche Einlage verlangt. Der Rat kann beschließen, diese Einlage durch die in Artikel 104 c Absatz 11 erster und zweiter Gedankenstrich vorgesehenen Maßnahmen zu ergänzen.

Artikel 12

(1) Geht das übermäßige Defizit auf eine Nichteinhaltung des Kriteriums des Verhältnisses des öffentlichen Defizits zum Bruttoinlandsprodukt gemäß Artikel 104 c Absatz 2 Buchstabe a) zurück, so setzt sich der Betrag der ersten Ein-

lage aus einer festen Komponente in Höhe von 0,2 % des BIP und einer variablen Komponente in Höhe von einem Zehntel der Differenz zwischen dem als Prozentsatz des BIP des Vorjahres ausgedrückten Defizit und dem Referenzwert in Höhe von 3 % des BIP zusammen.

(2) In jedem Folgejahr bis zur Aufhebung des Beschlusses über das Vorliegen eines übermäßigen Defizits beurteilt der Rat, ob der betreffende teilnehmende Mitgliedstaat aufgrund einer Inverzugsetzung durch den Rat nach Artikel 104 c Absatz 9 wirksame Maßnahmen getroffen hat. Im Rahmen dieser jährlichen Beurteilung beschließt der Rat nach Artikel 104 c Absatz 11 unbeschadet des Artikels 13 dieser Verordnung, die Sanktionen zu verschärfen, es sei denn, der teilnehmende Mitgliedstaat ist der Inverzugsetzung durch den Rat nachgekommen. Wird eine zusätzliche Einlage beschlossen, so muß sie einem Zehntel der Differenz zwischen dem als Prozentsatz des BIP des Vorjahres ausgedrückten Defizit und dem Referenzwert in Höhe von 3 % des BIP entsprechen.

(3) Eine einzelne Einlage im Sinne der Absätze 1 und 2 darf die Obergrenze von 0,5 % des BIP nicht überschreiten.

Artikel 13

Eine Einlage wird vom Rat in der Regel nach Artikel 104 c Absatz 11 in eine Geldbuße umgewandelt, wenn das übermäßige Defizit zwei Jahre nach dem Beschluß, von dem teilnehmenden Mitgliedstaat eine Einlage zu verlangen, nach Auffassung des Rates nicht korrigiert wurde.

Artikel 14

Gemäß Artikel 104 c Absatz 12 hebt der Rat die in Artikel 104 c Absatz 11 erster und zweiter Gedankenstrich genannten Sanktionen in dem Maße auf, wie der betreffende teilnehmende Mitgliedstaat bei der Korrektur des übermäßigen Defizits Fortschritte erzielt hat.

Artikel 15

Nach Artikel 104 c Absatz 12 hebt der Rat sämtliche Sanktionen auf, wenn der Beschluß über das Vorliegen eines übermäßigen Defizits aufgehoben worden ist. Sind nach Artikel 13 dieser Verordnung Geldbußen verhängt worden, so werden die entsprechenden Beträge nicht an den betreffenden teilnehmenden Mitgliedstaat rücküberwiesen.

Artikel 16

Einlagen im Sinne der Artikel 11 und 12 dieser Verordnung werden bei der Kommission hinterlegt. Zinsen auf solche Einlagen sowie die Geldbußen im Sinne des Artikels 13 dieser Verordnung stellen sonstige Einnahmen gemäß Artikel 201 des Vertrags dar und werden unter den teilnehmenden Mitgliedstaaten, die kein übermäßiges Defizit im Sinne des Artikels 104 c Absatz 6 aufweisen, im Verhältnis zu ihrem Anteil am gesamten BSP der in Betracht kommenden Mitgliedstaaten aufgeteilt.

ABSCHNITT 5 ÜBERGANGS- UND SCHLUSSBESTIMMUNGEN

Artikel 17

Solange das Haushaltsjahr im Vereinigten Königreich nicht mit dem Kalenderjahr übereinstimmt, werden die Bestimmungen der Abschnitte 2, 3 und 4 im Rahmen dieser Verordnung entsprechend den Bestimmungen im Anhang auf das Vereinigte Königreich angewandt.

Artikel 18

Diese Verordnung tritt am 1. Januar 1999 in Kraft.

Diese Verordnung ist in allen ihren Teilen verbindlich und gilt unmittelbar in jedem Mitgliedstaat.

Geschehen zu Brüssel am 7. Juli 1997.

Im Namen des Rates

Der Präsident

J.-C. JUNCKER

(1) ABl. Nr. C 368 vom 6. 12. 1996, S. 12.

(2) ABl. Nr. C 380 vom 16. 12. 1996, S. 29.

(3) Siehe Seite 1 dieses Amtsblatts.

(4) ABl. Nr. C 236 vom 2. 8. 1997, S. 1.

(5) ABl. Nr. L 332 vom 31. 12. 1993, S. 7.

Vorschlag für eine Verordnung des Rates zur Änderung der VO (EG) 1467/97 über die Beschleunigung und Klärung des Verfahrens bei einem übermäßigen Defizit[437]

BEGRÜNDUNG

1. Auf seiner Tagung am 17. Juni 1997 in Amsterdam beschloss der Europäische Rat einen Stabilitäts- und Wachstumspakt im Einklang mit den Grundsätzen und Verfahren des EG-Vertrags. Im Juni 2004 stellte der Europäische Rat jedoch fest, dass für mehr Transparenz bei den finanzpolitischen Rahmenvorschriften der EU und eine größere nationale Eigenverantwortung in diesem Bereich gesorgt und die Durchsetzung der entsprechenden Regeln und Vorschriften verbessert werden muss. Am 3. September 2004 legte die Kommission eine Mitteilung über die „Stärkung der Economic Governance und Klärung der Umsetzung des Stabilitäts- und Wachstumspakts" vor, in der sie die Richtung für die künftige Gestaltung des Stabilitäts- und Wachstumspakts vorgab und vorschlug, die ökonomischen Grundlagen des Pakts zu verbessern und seine Glaubwürdigkeit und Durchsetzung zu stärken.

Im Anschluss an die Mitteilung der Kommission nahmen Rat und Kommission Diskussionen auf, mit dem Ziel, einen Konsens über die Reform des Stabilitäts- und Wachstumspakts zu erzielen. Am 20. März 2005 verabschiedete der Rat einen Bericht über die „Verbesserung der Umsetzung des Stabilitäts- und Wachstumspakts". In diesem Bericht berücksichtigte der Rat, dass die Anwendung des finanzpolitischen Regelwerks und die nationale Verantwortung hierfür verbessert, die wirtschaftlichen Grundlagen und die Effizienz des Pakts hinsichtlich Prävention wie Korrektur gestärkt, die langfristige Tragfähigkeit der öffentlichen Finanzen gewährleistet, das Wachstum gefördert und eine übermäßige Belastung künftiger Generationen vermieden werden müssen.

Auf seiner Tagung vom 22. und 23. März 2005 billigte der Europäische Rat diesen Bericht und wies darauf hin, dass er den Stabilitäts- und Wachstumspakt – bestehend aus den Ratsverordnungen (EG) Nr. 1466/97 und 1467/97 vom 7. Juli 1997 sowie der Entschließung des Europäischen Rates über den Stabilitäts- und Wachstumspakt vom 17. Juni 1997 - aktualisiert und ergänzt.

[437] Vorgelegt von der Kommission, KOM/2005/155 (endgültig), Dok.- Nr. 2005/0061 (CNS); in dieser Fassung angenommen durch den Rat am 27.6.2005, ABl. L 174 v. 7.7.2005, S. 5 ff.

In den Schlussfolgerungen des Vorsitzes der Tagung vom 22. und 23. März 2005 ersuchte der Europäische Rat die Kommission, Vorschläge zur Änderung der Ratsverordnungen im Sinne des Ratsberichts zu unterbreiten.

2. Der vom Rat zum Ausdruck gebrachten Präferenz folgend, beschränken sich Änderungen an den bestehenden Verordnungen auf ein Minimum. Modifikationen der Rechtstexte wurden nur insoweit vorgenommen, wie sie unbedingt notwendig waren, um eine vollständige Umsetzung der vom Europäischen Rat gebilligten Übereinkunft zu gewährleisten. Der Vorschlag für eine Änderung der Verordnung (EG) Nr. 1467/97 sieht Neufassungen für die vier vom Rat in seinem Bericht ausdrücklich ersuchten Änderungen vor, darunter die Definition eines ‚schwerwiegenden Wirtschaftsabschwungs', die Definition ‚sonstiger einschlägiger Faktoren', die erweiterte Fristsetzung für die Ergreifung wirksamer Maßnahmen im Rahmen des übermäßigen Defizitverfahrens sowie die Möglichkeit zur Wiederholung bestimmter Verfahrensschritte, insbesondere Empfehlungen nach Artikel 104 Absatz 7 sowie Inverzugsetzungen nach Artikel 104 Absatz 9. Zusätzlich zu diesen Änderungen werden einige vorwiegend technische Änderungen der Verordnung (EG) Nr. 1467/97 eingeführt, um Übereinstimmung mit dem Bericht des Rates zu gewährleisten und die Anwendung des Verfahrens bei einem übermäßigen Defizit reibungsloser zu gestalten.

Insbesondere wird die Frist, innerhalb deren der Rat nach Artikel 104 Absatz 6 über das Bestehen eines übermäßigen Defizits entscheiden muss, nicht mehr an die in der Verordnung (EG) Nr. 3605/93 niedergelegten Meldetermine geknüpft, sondern beginnt künftig mit der Annahme eines Berichts nach Artikel 104 Absatz 3 durch die Kommission. Damit würde man auch jenen Fällen gerecht, in denen Haushaltsdaten nicht kurz nach den in der Ratsverordnung (EG) Nr. 3605/93 festgelegten Meldeterminen von der Kommission (Eurostat) validiert werden. Ein Grund für den Vorschlag ist auch, dass die Kommission möglicherweise mehr Zeit für die Erstellung ihrer Berichte nach Artikel 104 Absatz 3 benötigt, um den Einfluss ‚sonstiger einschlägiger Faktoren' im Sinne von Artikel 104 Absatz 3 EG-Vertrag in angemessener Weise zu beurteilen.

Angepasst werden sollte in Anbetracht der Änderungen an der Verordnung (EG) Nr. 1467/97 darüber hinaus auch der Zeitraum von insgesamt höchstens 10 Monaten zwischen den in Artikel 4 Absätze 2 und 3 der Verordnung (EG) Nr. 3605/93 niedergelegten Meldeterminen und der Entscheidung über die Verhängung von Sanktionen, damit er mit den geänderten Fristen für die verschiedenen Verfahrensstufen und mit der Möglichkeit vereinbar ist, geänderte Empfehlungen nach Artikel 104 Absatz 7 oder geänderte Inverzugsetzungen nach Artikel 104 Absatz 9 auszusprechen.

3. Einige der vom Europäischen Rat gebilligten Änderungen machen keine Änderungen der Verordnung (EG) Nr. 1467/97 notwendig. Die Kommission entwirft einen Verfahrenskodex (‚Code of Conduct'), in dem die Umsetzung jener Änderungen erläutert wird. Darin wird insbesondere beschrieben, wie die Kommission und der Rat im Rahmen der im übermäßigen Defizits vorgesehen Beurteilungen der Haushaltsentwicklung die Einführung von Rentenreformen, entsprechend Abschnitt 3.4 des oben genannten Bericht des Rates, angemessen berücksichtigen.

2005/0061 (CNS)

Vorschlag für eine

VERORDNUNG DES RATES

zur Änderung der Verordnung (EG) Nr. 1467/97 über die Beschleunigung und Klärung des Verfahrens bei einem übermäßigen Defizit

DER RAT DER EUROPÄISCHEN UNION -

gestützt auf den Vertrag zur Gründung der Europäischen Gemeinschaft, insbesondere auf Artikel 104 Absatz 14 zweiter Unterabsatz,

auf Vorschlag der Kommission[1],

nach Stellungnahme des Europäischen Parlaments[2],

nach Stellungnahme der Europäischen Zentralbank[3],

in Erwägung nachstehender Gründe:

(1) Der Stabilitäts- und Wachstumspakt bestand ursprünglich aus der Verordnung (EG) Nr. 1466/97 des Rates vom 7. Juli 1997 über den Ausbau der haushaltspolitischen Überwachung und der Überwachung und Koordinierung der Wirtschaftspolitiken[4], der Verordnung (EG) Nr. 1467/97 des Rates vom 7. Juli 1997 über die Beschleunigung und Klärung des Verfahrens bei einem übermäßigen Defizit[5] und der Entschließung des Europäischen Rates vom 17. Juni 1997 über den Stabilitäts- und Wachstumspakt[6]. Der Stabilitäts- und Wachstumspakt hat sich als nützlicher Anker für die Haushaltsdefizite erwiesen und auf diese Weise zu einem hohen Grad an makroökonomischer Stabilität mit niedriger Inflation und niedrigen Zinssätzen beigetragen, der für nachhaltiges Wachstum und die Schaffung von Arbeitsplätzen unabdingbar ist.

(2) Am 20. März 2005 nahm der Rat einen Bericht an mit dem Titel „Verbesserung der Umsetzung des Stabilitäts- und Wachstumspakts", der darauf abzielt,

die Anwendung des finanzpolitischen Regelwerks und die nationale Verantwortung hierfür durch Stärkung der wirtschaftlichen Grundlagen und der Effizienz des Pakts hinsichtlich Prävention wie Korrektur zu verbessern, die langfristige Tragfähigkeit der öffentlichen Finanzen zu gewährleisten, das Wachstum zu fördern und eine übermäßige Belastung künftiger Generationen zu vermeiden. Der Europäische Rat billigte den Bericht in seinen Schlussfolgerungen vom 23. März 2005[7] und wies darauf hin, dass dieser den Stabilitäts- und Wachstumspakt aktualisiert und ergänzt.

(3) Der Stabilitäts- und Wachstumspakt muss gestärkt und seine Umsetzung klarer gestaltet werden, um die Koordinierung und Überwachung der Wirtschaftspolitik in Anbetracht der sich wandelnden Umstände, insbesondere der erhöhten volkswirtschaftlichen Heterogenität einer Gemeinschaft von 25 Mitgliedstaaten und der in Aussicht stehenden demografischen Veränderungen, zu verbessern.

(4) Die Verordnung (EG) Nr. 1467/97 muss geändert werden, damit die vereinbarte Verbesserung der Umsetzung des Stabilitäts- und Wachstumspakts in vollem Umfang zur Anwendung kommen kann.

(5) Das Konzept des aufgrund eines schwerwiegenden Wirtschaftsabschwungs ausnahmsweise überschrittenen Referenzwerts sollte überarbeitet werden, um insbesondere der erhöhten volkswirtschaftlichen Heterogenität der Europäischen Union Rechnung zu tragen.

(6) Definition und Geltungsumfang aller zu berücksichtigenden sonstigen einschlägigen Faktoren bedürfen der Klärung. Der Bericht der Kommission sollte die Entwicklungen bei der mittelfristigen Wirtschaftslage (insbesondere Potenzialwachstum, konjunkturelles Umfeld, Umsetzung von Maßnahmen im Rahmen der Lissabonner Agenda und Maßnahmen zur Förderung von F&E und Innovation) und die Entwicklungen bei der mittelfristigen Haushaltslage (insbesondere Bemühungen zur Haushaltskonsolidierung in Zeiten günstiger Konjunktur, Finanzierbarkeit der Schuldenlast, öffentliche Investitionen und die Qualität der öffentlichen Finanzen insgesamt) in angemessener Weise widerspiegeln. Zudem ist gebührende Aufmerksamkeit allen sonstigen Faktoren zu schenken, die aus Sicht des betreffenden Mitgliedstaats von Bedeutung sind, um die Überschreitung des Referenzwerts qualitativ in umfassender Weise zu beurteilen. In diesem Zusammenhang sind insbesondere haushaltspolitische Anstrengungen zu berücksichtigen, die darauf abzielen, Finanzbeiträge zugunsten der internationalen Solidarität aufzustocken oder auf einem hohen Niveau zu halten und um Ziele der europäischen Politik zu verwirklichen, insbesondere den Prozess der Einigung Europas, falls er sich nachteilig auf Wachstum und Staatshaushalt in einem Mitgliedstaat auswirkt.

(7) Die Frist, innerhalb deren der Rat nach Artikel 104 Absatz 6 des Vertrags über das Bestehen eines übermäßigen Defizits zu entscheiden hat, sollte nicht mehr aufgrund der in Artikel 4 Absätze 2 und 3 der Verordnung (EG) Nr. 3605/93 des Rates über die Anwendung des dem Vertrag zur Gründung der Europäischen Gemeinschaft beigefügten Protokolls über das Verfahren bei einem übermäßigen Defizit[8] niedergelegten Meldetermine festgelegt werden, sondern unter Bezugnahme auf die Annahme eines Berichts nach Artikel 104 Absatz 3 durch die Kommission. Damit würde auch jenen Fällen Rechnung getragen, in denen die haushaltsstatistischen Daten nicht kurz nach den in der Verordnung (EG) Nr. 3605/93 festgelegten Meldeterminen von der Kommission (Eurostat) validiert werden. Außerdem hätte die Kommission damit mehr Zeit, ihre Berichte nach Artikel 104 Absatz 3 zu erstellen und den Einfluss ,sonstiger einschlägiger Faktoren' im Sinne von Artikel 104 Absatz 3 des Vertrags in angemessener Weise zu beurteilen.

(8) Die Verfahrensfristen für Entscheidungen des Rates im Rahmen des Verfahrens bei einem übermäßigen Defizit sind übermäßig knapp und sollten verlängert werden.

(9) Um eine rasche Korrektur übermäßiger Defizite zu gewährleisten, müssen Mitgliedstaaten, in denen ein übermäßiges Defizit besteht, wirksame Maßnahmen ergreifen und alljährlich eine Mindestverbesserung ihres konjunkturbereinigten Saldos ohne Anrechnung einmaliger und befristeter Maßnahmen erzielen.

(10) Die Maximalfristen, innerhalb deren die Mitgliedstaaten wirksame Maßnahmen ergreifen müssen, sollten verlängert werden, damit die Maßnahmen besser in das nationale Haushaltsverfahren eingepasst und besser strukturierte Maßnahmenpakete entwickelt werden können.

(11) Wenn der betreffende Mitgliedstaat im Anschluss an eine Empfehlung nach Artikel 104 Absatz 7 oder eine Inverzugsetzung nach Artikel 104 Absatz 9 wirksame Maßnahmen ergriffen hat und die Korrektur des übermäßigen Defizits innerhalb der vom Rat gesetzten Frist durch unerwartete nachteilige wirtschaftliche Ereignisse mit sehr negativen Auswirkungen auf die öffentlichen Finanzen verhindert wird, sollte der Rat die Möglichkeit haben, eine geänderte Empfehlung nach Artikel 104 Absatz 7 oder eine geänderte Inverzugsetzung nach Artikel 104 Absatz 9 auszusprechen.

(12) Der derzeitige Zeitraum von insgesamt höchstens 10 Monaten von den in Artikel 4 Absätze 2 und 3 der Verordnung (EG) Nr. 3605/93 niedergelegten Meldeterminen bis zur Entscheidung über die Verhängung von Sanktionen wäre mit den geänderten Fristen für die verschiedenen Verfahrensstufen und mit der

Möglichkeit, geänderte Empfehlungen nach Artikel 104 Absatz 7 oder geänderte Inverzugsetzungen nach Artikel 104 Absatz 9 auszusprechen, unvereinbar. Der maximale Gesamtzeitraum sollte daher an diese Änderungen angepasst werden.

(13) Die im Anhang zur Verordnung (EG) Nr. 1467/97 enthaltenen Bestimmungen für die Anwendung des Verfahrens bei einem übermäßigen Defizit im Falle des Vereinigten Königreichs müssen ebenfalls an diese Änderungen angepasst werden.

(14) Die Verordnung (EG) Nr. 1467/97 sollte daher entsprechend geändert werden -

HAT FOLGENDE VERORDNUNG ERLASSEN:

Artikel 1

Die Verordnung (EG) Nr. 1467/97 wird wie folgt geändert:

1. In Artikel 2 werden die Absätze 2 und 3 durch folgende Absätze ersetzt:

„(2) Bei der Bewertung und Entscheidung nach Artikel 104 Absätze 3 bis 6 des Vertrags, ob ein übermäßiges Defizit besteht, können die Kommission und der Rat den Referenzwert im Falle einer Überschreitung aufgrund eines schwerwiegenden Wirtschaftsabschwungs als im Sinne von Artikel 104 Absatz 2 Buchstabe a zweiter Gedankenstrich ausnahmsweise überschritten einstufen, wenn die Überschreitung des Referenzwerts auf eine negative Wachstumsrate oder einen Produktionsrückstand über einen längeren Zeitraum mit einem am Potenzialwachstum gemessen äußerst geringen Wachstum zurückzuführen ist.

(3) Bei der Erstellung eines Berichts nach Artikel 104 Absatz 3 berücksichtigt die Kommission alle sonstigen einschlägigen Faktoren. Der Bericht spiegelt insbesondere die Entwicklungen bei der mittelfristigen Wirtschafts- und Haushaltslage in angemessener Weise wider. Gebührende Aufmerksamkeit schenkt die Kommission außerdem Faktoren, die der Mitgliedstaat öffentlich bekannt gegeben und der Kommission innerhalb eines Monats nach den in Artikel 4 Absätze 2 und 3 der Verordnung (EG) Nr. 3605/93 niedergelegten Meldeterminen mitgeteilt hat.

(4) Bei der Prüfung durch die Kommission, ob ein übermäßiges Defizit besteht oder sich ergeben könnte und somit das Kriterium in Artikel 104 Absatz 2 Buchstabe a nicht erfüllt ist, und der Entscheidung durch den Rat, ob ein übermäßiges Defizit besteht, werden die einschlägigen Faktoren im Sinne von Absatz 3 nur dann berücksichtigt, wenn das gesamtstaatliche Defizit in der Nähe

des Referenzwertes bleibt und der Referenzwert zudem nur vorübergehend überschritten wird.

(5) Hat der Rat auf der Grundlage von Artikel 104 Absatz 6 entschieden, dass in einem Mitgliedstaat ein übermäßiges Defizit besteht, so berücksichtigen die Kommission und der Rat die einschlägigen Faktoren im Sinne von Absatz 3 in den nachfolgenden Verfahrensschritten des Artikels 104. In den in Artikel 3 Absatz 5 und Artikels 5 Absatz 2 geregelten Fällen und bei der Entscheidung des Rates nach Artikel 104 Absatz 12 zur Aufhebung einiger oder sämtlicher Entscheidungen nach Artikel 104 Absätze 6 bis 9 und 11 werden keine sonstigen einschlägigen Faktoren berücksichtigt."

2. Artikel 3 wird wie folgt geändert:

a) Absatz 3 erhält folgende Fassung:

„(3) Innerhalb von zwei Monaten nach der Annahme eines Berichts nach Artikel 104 Absatz 3 durch die Kommission entscheidet der Rat nach Artikel 104 Absatz 6, ob ein übermäßiges Defizit besteht. Entscheidet der Rat, dass ein übermäßiges Defizit besteht, so richtet er gleichzeitig nach Artikel 104 Absatz 7 Empfehlungen an den betreffenden Mitgliedstaat."

b) Absatz 4 wird durch folgende Absätze ersetzt:

„(4) In der Empfehlung des Rates nach Artikel 104 Absatz 7 wird dem betreffenden Mitgliedstaat eine Frist von höchstens sechs Monaten für die Ergreifung wirksamer Maßnahmen gesetzt. In der Empfehlung des Rates wird ferner eine Frist für die Korrektur des übermäßigen Defizits gesetzt; diese Korrektur sollte in dem Jahr erreicht werden, das auf die Feststellung eines übermäßigen Defizits folgt, sofern keine besonderen Umstände vorliegen. In der Empfehlung ersucht der Rat den Mitgliedstaat, eine jährliche Mindestverbesserung des konjunkturbereinigten Saldos ohne Anrechnung einmaliger und befristeter Maßnahmen zu erzielen, um die Korrektur des übermäßigen Defizits innerhalb der in der Empfehlung gesetzten Frist zu gewährleisten.

(5) Hat der betreffende Mitgliedstaat im Einklang mit einer Empfehlung nach Artikel 104 Absatz 7 wirksame Maßnahmen ergriffen und treten nach der Annahme der Empfehlung unerwartete nachteilige wirtschaftliche Ereignisse mit sehr ungünstigen Auswirkungen auf die öffentlichen Finanzen ein, so kann der Rat auf Empfehlung der Kommission eine geänderte Empfehlung nach Artikel 104 Absatz 7 aussprechen. In dieser geänderten Empfehlung kann namentlich die Frist für die Korrektur des übermäßigen Defizits um ein Jahr verlängert werden. Der Rat berücksichtigt insbesondere, ob der betreffende Mitgliedstaat

wirksame Maßnahmen ergriffen hat, um eine jährliche Mindestverbesserung des konjunkturbereinigten Saldos ohne Anrechnung einmaliger und sonstiger befristeter Maßnahmen zu erzielen. Der Rat beurteilt anhand der in der Empfehlung enthaltenen Wirtschaftsprognose, ob unerwartete nachteilige wirtschaftliche Ereignisse mit sehr ungünstigen Auswirkungen auf die öffentlichen Finanzen vorliegen."

3. Artikel 5 erhält folgende Fassung:

„Artikel 5

(1) Beschließt der Rat, den betreffenden teilnehmenden Mitgliedstaat gemäß Artikel 104 Absatz 9 mit der Maßgabe in Verzug zu setzen, Maßnahmen zum Defizitabbau zu treffen, so ergeht dieser Beschluss innerhalb von zwei Monaten, nachdem der Rat gemäß Artikel 104 Absatz 8 festgestellt hat, dass keine wirksamen Maßnahmen ergriffen wurden. In der Inverzugsetzung ersucht der Rat den Mitgliedstaat, eine jährliche Mindestverbesserung des konjunkturbereinigten Saldos ohne Anrechnung einmaliger und befristeter Maßnahmen zu erzielen, um die Korrektur des übermäßigen Defizits innerhalb der in der Empfehlung gesetzten Frist zu gewährleisten.

(2) Hat der betreffende Mitgliedstaat im Einklang mit einer Inverzugsetzung nach Artikel 104 Absatz 9 wirksame Maßnahmen ergriffen und treten nach der Annahme der Inverzugsetzung unerwartete nachteilige wirtschaftliche Ereignisse mit sehr ungünstigen Auswirkungen auf die öffentlichen Finanzen ein, so kann der Rat auf Empfehlung der Kommission eine geänderte Inverzugsetzung nach Artikel 104 Absatz 9 aussprechen. In dieser geänderten Inverzugsetzung kann namentlich die Frist für die Korrektur des übermäßigen Defizits um ein Jahr verlängert werden. Der Rat berücksichtigt insbesondere, ob der betreffende Mitgliedstaat wirksame Maßnahmen ergriffen hat, um die geforderte jährliche Mindestverbesserung des konjunkturbereinigten Saldos ohne Anrechnung einmaliger und sonstiger befristeter Maßnahmen zu erzielen. Der Rat beurteilt anhand der in der Inverzugsetzung enthaltenen Wirtschaftsprognose, ob unerwartete nachteilige wirtschaftliche Ereignisse mit sehr ungünstigen Auswirkungen auf die öffentlichen Finanzen vorliegen."

4. In Artikel 6 zweiter Satz werden die Worte „von zwei Monaten" durch die Worte „von vier Monaten" ersetzt.

5. Artikel 7 erhält folgende Fassung:

„Artikel 7

Kommt ein teilnehmender Mitgliedstaat den aufeinander folgenden Beschlüssen des Rates gemäß Artikel 104 Absätze 7 und 9 nicht nach, so fasst der Rat den Beschluss, gemäß Artikel 104 Absatz 11 Sanktionen zu verhängen, innerhalb von vierzehn Monaten nach der Annahme eines Berichts nach Artikel 104 Absatz 3 durch die Kommission. Im Falle der Anwendung von Artikel 3 Absatz 5 oder von Artikel 5 Absatz 2 dieser Verordnung verlängert sich die Frist von vierzehn Monaten entsprechend. Bei einem bewusst geplanten Defizit, das nach Feststellung des Rates übermäßig ist, wird ein Eilverfahren angewandt."

6. Artikel 9 wird wie folgt geändert:

a) Absatz 2 erhält folgende Fassung:

„(2) Der Zeitraum, für dessen Dauer das Verfahren ruht, wird weder in die Frist gemäß Artikel 7 noch in die Frist gemäß Artikel 6 dieser Verordnung einbezogen."

b) Folgender Absatz 3 wird angefügt:

„(3) Nach Ablauf der Frist gemäß Artikel 3 Absatz 4 erster Satz und nach Ablauf der Frist gemäß Artikel 6 zweiter Satz dieser Verordnung teilt die Kommission dem Rat mit, ob sie die getroffenen Maßnahmen - sofern sie vollständig umgesetzt werden und die Wirtschaftsentwicklung den Prognosen entspricht - für ausreichend hält, um innerhalb der vom Rat gesetzten Fristen angemessene Fortschritte in Richtung auf die Korrektur des übermäßigen Defizits zu gewährleisten. Die Stellungnahme der Kommission wird veröffentlicht."

7. Bezugnahmen auf Artikel 104c werden in der gesamten Verordnung durch Bezugnahmen auf Artikel 104 ersetzt.

8. Der Anhang zur Verordnung (EG) Nr. 1467/97 wird durch den Anhang zu dieser Verordnung ersetzt.

Artikel 2

Diese Verordnung tritt am zwanzigsten Tag nach ihrer Veröffentlichung im Amtsblatt der Europäischen Union in Kraft.

Diese Verordnung ist in allen ihren Teilen verbindlich und gilt unmittelbar in jedem Mitgliedstaat.

Geschehen zu Brüssel am

Im Namen des Rates

Der Präsident

ANHANG

FÜR DAS VEREINIGTE KÖNIGREICH GELTENDE FRISTEN

1. Zur Gewährleistung der Gleichbehandlung aller Mitgliedstaaten berücksichtigt der Rat bei den in den Abschnitten 2, 3 und 4 dieser Verordnung genannten Beschlüssen das abweichende Haushaltsjahr des Vereinigten Königreichs, so dass Beschlüsse in Bezug auf das Vereinigte Königreich zu einem vergleichbaren Zeitpunkt seines Haushaltsjahrs wie bei bereits getroffenen oder künftigen Beschlüssen im Fall anderer Mitgliedstaaten getroffen werden.

2. Die Bestimmungen in der folgenden Spalte I werden durch die Bestimmungen in Spalte II ersetzt.

Spalte I | Spalte II |

„in dem Jahr erreicht werden, das auf die Feststellung … folgt“ (Artikel 3 Absatz 4) | „in dem Haushaltsjahr erreicht werden, das auf die Feststellung … folgt“ |

„des Vorjahres“ (Artikel 12 Absatz 1) | „des vorhergehenden Haushaltsjahres“ |

[1] ABl. C […].

[2] ABl. C […].

[3] ABl. C […].

[4] ABl. L 209 vom 2.8.1997, S. 1.

[5] ABl. L 209 vom 2.8.1997, S. 6.

[6] ABl. C 236 vom 2.8.1997, S. 1.

[7] Siehe Anhang 2 der Schlussfolgerungen des Europäischen Rates vom 22.-23. März 2005.

[8] ABl. L 332 vom 31.12.1993, S. 7. Verordnung zuletzt geändert durch die Verordnung (EG) Nr. 351/2002 der Kommission (ABl. L 55 vom 26.2.2002, S. 23).

Literaturverzeichnis

ALEXY, ROBERT — Ermessensfehler, JZ 1986, S. 701- 716.

BARK, FELIX — Das gemeinschaftsrechtliche Defizitverfahren, Frankfurt am Main 2004.

BASEDOW, JÜRGEN — Zielkonflikte und Zielhierarchien im Vertrag über die Europäische Gemeinschaft, in DUE, OLE/LUTTER, MARCUS/SCHWARZE, JÜRGEN (Hrsg.), Festschrift für Ulrich Everling, Band 1, Baden-Baden 1995, S. 49 ff. (zit.: BASEDOW, Zielkonflikte und Zielhierarchien im EGV)

BERNHARDT, WILFRIED — Verfassungsprinzipien- Verfassungsgerichtsfunktionen- Verfassungsprozeßrecht im EWG- Vertrag, Berlin 1987.

BLECKMANN, ALBERT — Die Bindungswirkung der Praxis der Organe und der Mitgliedstaaten der EG bei der Auslegung und Lückenfüllung des Europäischen Gemeinschaftsrechts: Die Rolle des Art. 5 EWG- Vertrag, in BIEBER, ROLAND /RESS, GEORG (Hrsg.), Die Dynamik des Europäischen Gemeinschaftsrechts, Baden-Baden 1987, S. 161 ff

BLECKMANN, ALBERT — Europarecht, Köln (u.a.) 1997.

BLUMENWITZ, DIETER/ SCHÖBENER, BURKHARD — Stabilitätspakt für Europa – Die Sicherstellung mitgliedstaatlicher Haushaltsdisziplin im Europa- und Völkerrecht, Frankfurt am Main 1997 (zit.: BLUMENWITZ/SCHÖBENER, Stabilitätspakt).

BOFINGER, PETER/HEFEKER, CARSTEN/PFLEGER, KAI — Stabilitätskultur in Europa, Stuttgart 1998.

BORCHARDT, KLAUS-DIETER — Die rechtlichen Grundlagen der Europäischen Union, 2. Auflage, Heidelberg 2002.

CALLIESS, CHRISTIAN/RUFFERT, MATTHIAS (Hrsg.) — Kommentar zu EU- Vertrag und EG- Vertrag, 2. Auflage, Neuwied 2002 (zit.: Calliess/Ruffert, EUV/EGV-Bearbeiter).

CHOURAQUI, JEAN-CLAUDE/CAVANNA, HENRY — Public Sector Deficits in OECD countries, New York 1988 (zit.: CHOURAQUI, Public Sector Deficits)

CREMER, WOLFRAM — Forschungssubventionen im Lichte des EGV, Baden- Baden 1995.

DAIG, HANS-WOLFRAM — Nichtigkeits- und Untätigkeitsklagen im Recht der Europäischen Gemeinschaften unter besonderer Berücksichtigung der Rechtsprechung des Gerichtshofs der Europäischen Gemeinschaften und der Schlussanträge der Generalanwälte, Baden-Baden 1985 (zit.: DAIG, Nichtigkeits- und Untätigkeitsklagen im Recht der Europäischen Gemeinschaften).

DAUSES, MANFRED (Hrsg.) Handbuch des EU-Wirtschaftsrechts, Band 1, München, Stand: 11. Ergänzungslieferung 2002 (zit.: DAUSES, Handbuch EU-Wirtschaftsrecht-Bearbeiter).

ERICHSEN, HANS UWE/EHLERS, DIRK (Hrsg.) Allgemeines Verwaltungsrecht, 12. Auflage, Berlin 2002.

EVERLING, ULRICH Probleme atypischer Rechts- und Handlungsformen bei der Auslegung des europäischen Gemeinschaftsrechts, in BIEBER, ROLAND/RESS, GEORG (Hrsg.), die Dynamik des Europäischen Gemeinschaftsrechts, Baden-Baden, S. 417 ff.

GÄCKLE, THOMAS Die Begrenzung von Budgetdefiziten in einer Europäischen Währungsunion, Wirtschaftsdienst 1992, S. 264 ff.(zit.: GÄCKLE, Die Begrenzung von Budgetdefiziten)

GRABITZ, EBERHARD/HILF, MEINHARD (Hrsg.) Das Recht der Europäischen Union, Band 1 und Archivband II, München, Stand: 26. Ergänzungslieferung März 2005 (zit.: GRABITZ/HILF, EUV/EGV- Bearbeiter).

GROEBEN, HANS VON DER/SCHWARZE, JÜRGEN (Hrsg.) Kommentar zum Vertrag über die Europäische Union und zur Gründung der Europäischen Gemeinschaften, 6. Auflage 2003 (zit.: GROEBEN/SCHWARZE, EUV/EGV-Bearbeiter).

GROEBEN, HANS VON DER/THIESING, JOCHEN/EHLERMANN, CLAUS-DIETER (Hrsg.) Kommentar zum EU-/EG-Vertrag, 4. Auflage Band 2, Baden-Baden 1991; 5. Auflage Band 1, 3 und 5, Baden-Baden 1997 (zit.: GROEBEN/THIESING/EHLERMANN, EUV/EGV-Bearbeiter

HAHN, HUGO Der Stabilitätspakt für die Europäische Währungsunion – Das Einhalten der Defizit- Obergrenze als stete Rechtspflicht, JZ 1997, S. 1133 ff. (zit.: HAHN, Der Stabilitätspakt für die Europäische Währungsunion).

HAHN, HUGO Währungsrecht, München 1990.

HARTMANN, UWE Die Europäische Union und die Budgetautonomie der deutschen Länder, Baden-Baden 1994 (zit.: HARTMANN, Budgetautonomie).

HÄDE, ULRICH Ein Stabilitätspakt für Europa?, EuZW 1996, S. 138 ff. (zit.: HÄDE, Stabilitätspakt für Europa?)

HÄDER, MICHAEL/NIEBAUM, HENDRIK EWU und Stabilitätskultur aus institutionenökonomischer Sicht, WD 1997, S. 94 ff.

HERDEGEN, MATTHIAS Europarecht, 5. Auflage, München 2003

HILF, MEINHARD Die Organisationsstruktur der Europäischen Gemeinschaften, Berlin (u.a) 1982.

HOFFMANN-BECKING, GERHARD Normaufbau und Methode. Eine Untersuchung zur Rechtsprechung des Gerichtshofs der Europäischen Gemeinschaften, Tübingen 1973.

Hummer, Waldemar	Das „Institutionelle Gleichgewicht als Strukturdeterminante der Europäischen Gemeinschaften, in Miehsler/Moch/Simma/Tammelo (Hrsg.), Festschrift für A. Verdross, Berlin 1980, S. 459 ff
Ipsen, Hans Peter	Europäisches Gemeinschaftsrecht, Tübingen 1972.
Klemmer, Paul (Hrsg.)	Handbuch Europäische Wirtschaftspolitik, München 1998.
Koenig, Christian/Haratsch, Andreas	Europarecht, 4. Auflage, Tübingen 2003.
Konow, Christian	Der Stabilitäts- und Wachstumspakt. Ein Rechtsrahmen für Stabilität in der Witschafts- und Währungsunion, Baden-Baden 2002 (zit.: Konow, Stabilitäts- und Wachstumspakt).
Kortz, Helge	Die Entscheidung über den Übergang in die Endstufe der Wirtschafts- und Währungsunion, Baden-Baden 1996.
Kotzur, Markus	Zur Aussetzung der Defizitverfahren gegen Deutschland und Frankreich. EuGH, Urteil v. 13.7.2004- Rs. C- 27/04 (Kommission der EG./.Rat der EU), Urteilsanmerkung, JZ 2004, S. 1069- 1075 (zit.: Kotzur, Urteilsanmerkung).
Köhler, Claus von	Volkswirtschaftlicher Kurzkommentar: Vertragliche Grundlagen der Europäischen Währungsunion, Berlin 1999 (zit.: Köhler, VWL- Kurzkommentar zur WWU).
Kraußer, Hans- Peter	Das Prinzip begrenzter Ermächtigung im Gemeinschaftsrecht als Strukturprinzip des EWG- Vertrags, Berlin 1991.
Krägenau, Henry/Wetter, Wolfgang	Europäische Wirtschafts- und Währungsunion. Vom Werner-Plan zum Vertrag von Maastricht; Analysen und Dokumentation, Baden, Baden 1993 (zit. Krägenau/Wetter).
Lenaerts, Koen	Some reflections on the separation of powers in the european community, CMLR 1991, S. 11- 35.
Lesch, Hagen	Anmerkungen zu den Maastrichter Beschlüssen über die Errichtung einer Europäischen Währungsunion, DstZ 1993, S. 649 ff. (zit.: Lesch, Anmerkungen zu den Maastrichter Beschlüssen)
Martenczuk, Bernd	Der Europäische Rat und die Wirtschafts- und Währungsunion, EuR 1998, S. 151 ff. (zit.: Martenczuk, Der Europäische Rat)
Maunz, Theodor/Dürig, Günter (Begr.)	Grundgesetz Kommentar, München, Stand: 43. Ergänzungslieferung Februar 2004 (zit.: Maunz/Dürig, GG-Bearbeiter)
Maurer, Hartmut	Allgemeines Verwaltungsrecht, 15. Auflage, München 2004.

Nicolaysen, Gert — Der EuGH zum Defizitverfahren nach Art. 104 EGV und dem Stabilitätspakt, Urteilsanmerkung, DVBL 2004, S. 1321-1380 (zit.: Nicolaysen, Der EuGH zum Defizitverfahren).

Nicolaysen, Gert — Europarecht I, 2. Auflage, Baden- Baden 2002.

Nicolaysen, Gert — Rechtliche Bindungen einer Stabilitätspolitik. Blicke auf das deutsche Stabilitätsgesetz und den europäischen Stabilitätspakt, in Staat, Wirtschaft, Finanzverfassung, Festschrift für Peter Selmer, Berlin 2004, S. 883- 857.

Nicolaysen, Gert — Rechtsfragen der Währungsunion, Berlin und New York 1993

Oppermann, Thomas — Europarecht, 2. Auflage, München 1999

Ossenbühl, Fritz — Gedanken zur Kontrolldichte in der verwaltungsgerichtlichen Rechtsprechung, in Festschrift für Konrad Redeker, München 1993.

Palm, Ulrich — Die Beschlüsse des ECOFIN- Rates v. 25.11.2003 nach Art. 104 EGV, finanzreform, Beitrag 2004- 5, S. 70- 89. (zit.: Palm, Die Beschlüsse des ECOFIN- Rates).

Palm, Ulrich — Preisstabilität in der Europäischen Wirtschafts- und Währungsunion, Baden- Baden 2000. (zit.: Palm, Preisstabilität).

Pechstein, Matthias/Koenig, Christian — Die Europäische Union, 3. Auflage, Amsterdam 2000.

Röhl, Klaus F. — Allgemeine Rechtslehre, Köln (u.a.) 1995.

Scharrer, Hans-Eckart — Probleme einer Europäischen Wirtschafts- und Währungsunion, Hamburger Jahrbuch für Wirtschafts-und Gesellschaftspolitik, 37 (1992), S. 207-224 (zit.: Scharrer, Probleme einer Europäischen Wirtschafts- und Währungsunion).

Schulze-Steinen, Mathias — Rechtsfragen zur Wirtschaftsunion: Möglichkeiten der gemeinschaftlichen Gestaltung mitgliedstaatlicher Wirtschaftspolitik nach dem EG-Vertrag, Baden-Baden 1998 (zit.: Schulze-Steinen, Rechtsfragen zur Wirtschaftsunion).

Schwarze, Jürgen — EU-Kommentar, Baden-Baden 2000 (zit.: Schwarze, EU-Kommentar-Bearbeiter).

Schwarze, Jürgen — Europäisches Verwaltungsrecht, Band 1, Baden-Baden 1988.

Selmayr, Martin — Das Recht der Wirtschaft- und Währungsunion, Band 1: Die Vergemeinschaftung der Währung, Baden- Baden 2002.

Smits, René — The European Central Bank, Institutional Aspects, Den Haag 1997.

STREINZ, RUDOLF EUV/EGV, Kommentar, München 2003 (zit.: STREINZ, EUV/EGV-Bearbeiter).

STREINZ, RUDOLF/OHLER, CHRISTOPH/HERRMANN, CHRISTOPH *Streinz, Rudolf/Ohler, Christoph/Herrmann, Christoph*: Todgesagte leben länger- oder doch nicht?- Der Stabilitäts- und Wachstumspakt nach dem Beschluss des Rates vom 25.11.2003 über das Ruhen des Defizitverfahrens gegen Frankreich und Deutschland, NJW 2004, S. 1553- 1559.

TIETMEYER, HANS Staatsschulden und Geldwertstabilität im grenzüberschreitenden Vergleich, in HUGO HAHN (Hrsg.): Geldwertstabilität und Staatsschulden, Baden-Baden 1993, S. 69 ff. (zit.: TIETMEYER, Staatsschulden und Geldwertstabilität)

TSERKEZIS, ALEXANDROS Die Währungsunionen in Deutschland und in den Vereinigten Staaten: ein Lehrstück für Europa?, Frankfurt 1997 (zit.: TSERKEZIS, Währungsunion)

VERDUN, AMY The Political Economy of the Werner and Delors Reports: Continuity admidst Change or Change admidst Continuity? in MAGNUSSON, LARS/STRATH, BÖ *(Hrsg.)*: A European political economy in historical light. From the Werner Plan to the EMU, Bern und Brüssel 2001 (zit.: VERDUN, in MAGNUSSON/STRATH (Hrsg.), From the Werner Plan to the EMU).

VIEBIG, JAN Der Vertrag von Maastricht. Die Positionen Deutschlands und Frankreichs zur Europäischen Wirtschafts- und Währungsunion, Stuttgart 1999 (zit.: VIEBIG, Der Vertrag von Maastricht).

VITZTHUM, WOLFGANG GRAF (Hrsg.) Völkerrecht, 3. Auflage, Berlin (u.a.) 2004.

WOLFF, HANS J. (Begr.)/BACHOF, OTTO/STOBER, ROLF (HRSG.) Verwaltungsrecht, Band 1, 11. Auflage, München 1999 (zit.: Wolff/Bachof/Stober, Verwaltungsrecht I).

Kölner Schriften zu Recht und Staat

Herausgegeben von
Hartmut Schiedermair und Bernhard Kempen

Band 1 Bernhard Kempen: Die deutsch-polnische Grenze nach der Friedensregelung des Zwei-plus-Vier-Vertrages. 1997.

Band 2 Hans-Georg Maaßen: Die Rechtsstellung des Asylbewerbers im Völkerrecht. Überlegungen zu den völkerrechtlichen Rahmenbedingungen einer europäischen Asylrechtsharmonisierung. 1997.

Band 3 Udo Fink: Kollektive Friedenssicherung. Kapitel VII UN-Charta in der Praxis des Sicherheitsrats der Vereinten Nationen. 1999.

Band 4 Stephan Grigolli: Sprachliche Minderheiten in Italien, insbesondere Südtirol, und in Europa. Der Gebrauch der Sprache vor Behörden und Gerichten und die Vergabe öffentlicher Stellen. 1997.

Band 5 Uta Stoy-Schnell: Das Bundesverfassungsgericht und die Corte costituzionale. Ein Vergleich der Verfassungsgerichtsbarkeiten in Deutschland und Italien. 1998.

Band 6 Christian Hillgruber: Die Aufnahme neuer Staaten in die Völkerrechtsgemeinschaft. Das völkerrechtliche Institut der Anerkennung von Neustaaten in der Praxis des 19. und 20. Jahrhunderts. 1998.

Band 7 Jochen Seitz: Planungshoheit und Grundeigentum. Die verfassungsrechtlichen Schranken der städtebaulichen Entwicklungsmaßnahmen. 1999.

Band 8 Jochen Herbst: Rechtskontrolle des UN-Sicherheitsrates. 1999.

Band 9 Kristin Möller: Die Beschaffung naturschutzrechtlicher Ausgleichsflächen im Baurecht. 1999.

Band 10 Klaus Löffelbein: Genehmigungsfreies Bauen und Nachbarrechtsschutz. Die baurechtlichen Anzeige- und Freistellungsverfahren der Länder aus nachbarlicher Sicht. 2000.

Band 11 Patrick Mittmann: Die Rechtsfortbildung durch den Gerichtshof der Europäischen Gemeinschaften und die Rechtsstellung der Mitgliedstaaten der Europäischen Union. 2000.

Band 12 Martin R. Albus: Zur Notwendigkeit eines Internationalen Umweltgerichtshofs. Zugleich eine Analyse der Staatenpraxis zum Internationalen Umwelthaftungsrecht und der Rechtsschutzmöglichkeiten bei grenzüberschreitenden Umweltbeeinträchtigungen. 2000.

Band 13 Irene Baur: Die Haftung der Europäischen Zentralbank. 2001.

Band 14 Tobias R. Ehlen: Zentralisierungsmöglichkeiten der deutschen Börsenaufsicht. 2003.

Band 15 Ulrich Steiner: Wertsicherungsklauseln. Zur Europarechtskonformität des neuen § 2 PaPkG. 2003.

Band 16 Stephanie Vogel: Der Prüfungsumfang des Bundesverfassungsgerichts bei Verfassungsbeschwerden am Beispiel der Kunstfreiheitsrechtsprechung. 2004.

Band 17 Thomas Schmidt: Deutsche Hochschulräte. Begriff, Darstellung und rechtliche Analyse. 2004.

Band 18 Kirsten Schmalenbach: Die Haftung Internationaler Organisationen im Rahmen von Militäreinsätzen und Territorialverwaltungen. 2004.

Band 19 Gunter Warg: Von Verteidigung zu kollektiver Sicherheit. Der Nato-Vertrag *auf Rädern*. 2004.

Band 20 Bernhard Kempen / Yvonne Dorf: Bodenreform 1945–1949. Eine verfassungsrechtliche Neubewertung. 2004.

Band 21 Jeanette Nolte: Die völkerrechtliche Vertragspraxis der EG und die Haftung der Mitgliedstaaten am Beispiel der Fischereipolitik. 2004.

Band 22 Rüdiger Schmid-Kühnhöfer: Die Staatlichkeit von Beihilfen. Mittel- und Transferzurechnung nach Art. 87 Abs. 1 EG-Vertrag. 2004.

Band 23 Florian Schöler: Die Reform des Europäischen Kartellverfahrensrechts durch die Verordnung (EG) Nr. 1/2003. 2004.

Band 24 Christina Maria Pelzer: Die Kompetenzen der EG im Bereich Forschung. Eine Analyse ihrer Reichweite und Grenzen vor dem Hintergrund des Art. 5 Abs. 3 GG. Dargestellt am Beispiel der Gentechnologie. 2004.

Band 25 Nikolaus Vieten: Die verfassungsrechtliche Zulässigkeit der Wiedereinführung einer Vermögensteuer. Zugleich eine Untersuchung des Halbteilungsbeschlusses des Bundesverfassungsgerichts. 2005.

Band 26 Bernhard Kempen (Hrsg.): Die rechtsstaatliche Bewältigung der demokratischen Bodenreform. 2005.

Band 27 Erik Hansalek: Die parlamentarische Kontrolle der Bundesregierung im Bereich der Nachrichtendienste. 2006.

Band 28 Thomas Günther: Zur Zulässigkeit der Errichtung privater Volksschulen als Bekenntnisschulen religiös-ethnischer Minderheiten nach Art. 7 Abs. 5 GG. Am Beispiel einer islamischen Grundschule. 2006.

Band 29 Christian Hoppe: Staatshaftung und Rechtsschutz bei Verletzung grundfreiheitlicher Schutzpflichten. 2006.

Band 30 Julia Schäfer: Die Entscheidung des ECOFIN-Rats über das Vorliegen eines übermäßigen Defizits. Eine Entscheidung zwischen Politik und Recht. 2007.

Band 31 Erika Elisabeth Orth: Ein Grundrecht auf Umweltschutz in Europa? Eine rechtsdogmatische Einordnung des Art. 37 GRC. 2007.

www.peterlang.de